在受灾严重的北川中学前，
与姚明一起低头默哀。

2003年全明星周末，是飞人乔丹最后一次当全明星。

魔兽霍华德在奥运会上展示强壮身体。

帕克的前妻伊娃真的很娇小。

里克尔梅牌挺大，人挺好。

2004年的法网，费德勒还是如日中天的天王。

北京奥运会男篮决赛,美国队的实力太强大了。

奥尼尔还真有些熊猫的气质。

易建联现在已成为中国男篮的核心。

麦蒂训练时总是一副懒洋洋的样子。

兰德里的牙被打掉了,还那么开心。

科比告诉我,他很喜欢我送给他的熊猫。

我与麦蒂的合影。

好可爱的"鹿子",这是雄鹿队的吉祥物。

在南非的观球派对上。

一对来看球的夫妻。

日本地震带来的海啸让城市成了泽国。

性丑闻后老虎伍兹状态一直不好。

飞进风暴眼

王继飞 ▲ 著

——《成都商报》首席记者王继飞十一年采访历程

| Fly to The Storm Center |

成都传媒集团·成都时代出版社

图书在版编目（CIP）数据

飞进风暴眼/王继飞著. —成都：成都时代出版社，2011.11
ISBN 978-7-5464-0516-2

Ⅰ.①飞… Ⅱ.①王… Ⅲ.①名人-访问记-世界-现代 Ⅳ.①K812.5
中国版本图书馆CIP数据核字（2011）第202210号

飞进风暴眼
FEIJIN FENGBAOYAN

王继飞 著

出 品 人	段后雷 罗 晓
责任编辑	陈 放
责任校对	宋子瞻
装帧设计	墨创设计
责任印制	陈晓蓉

出版发行	成都时代出版社
电　　话	（028）86742352（编辑部）
	（028）86615250（发行部）
网　　址	www.chengdusd.com
印　　刷	四川联翔印务有限公司
规　　格	168mm×240mm 1/16
印　　张	16.5
字　　数	370 千
版　　次	2011年11月第1版
印　　次	2011年11月第1次印刷
书　　号	ISBN 978-7-5464-0516-2
定　　价	38.00 元

著作权所有违者必究。举报电话：（028）86697083
本书若出现印装质量问题，请与工厂联系。电话：（028）85952162

饮酒黄沙海,策马安第山。誓不战胜终不还。君作饶吹,观我凯旋。

自序

任何一次采访，都是飞近或是飞进的过程。

任何一位记者，都想飞进或是飞进，要么事件，要么人。然而，飞进谈何容易。

2000年进入成都商报社。作为记者，十一年间，飞进与飞近无数。十一年间，采访过与揭秘过的名人明星无数。

看似轻描淡写，看似风花雪月。其实，每一则高端采访的背后，都隐藏着艰难与困惑，以及克服障碍的智慧与决心。

十一年间，足迹留在了北美、南美、欧洲、非洲与西亚；十一年间，曾与姚明煮酒论英雄；十一年间，曾与博尔特论战百米的极限；十一年间，曾在日本地震重灾区见证生命的伟大……

回首十一年，幕幕采访如同幻灯片在脑海中滑过，各类人脸又重新浮现在眼前，笑着，哭着，叹着。每欲动笔，提笔又止。

太多的事件，太多的人物，从哪开头，到哪结束？十一年不短，十一年的故事甚多。压缩的不一定是精华，但绝对不会是糟粕。这不是传记，也不是小说,这将是十一年里我以记者的身份亲身采访的经历,所见,所闻,所感,贵在真实。

十一年前,我怀着惴惴之心,敲开了《成都商报》的大门。以新闻菜鸟的身份,在波涛澎湃的新闻大海里学习。《成都商报》的领导以博大的胸怀和对新闻的炽热追求,潜移默化着每一位员工;而其远见与气魄,则总能在关键节点上拔刀亮剑。2002年,姚明登陆NBA,成为历史上第一位亚洲状元秀。《成都商报》总编辑陈舒平同编委会成员敏锐觉察到姚明时代的到来,派出记者飞赴美国,在当时可谓大手笔。我记得,当陈舒平总编辑在外派采访单写上同意两字时,眼里透出对我的信任与鼓励;我还记得,在为我送行的晚餐上,体育部同事们的关切与希望……

2003年的姚明采访之行,成就了许多之最:最先赴美跟踪报道姚明的非体育专业报记者;采访报道姚明菜鸟赛季时间最长的中国记者;最先对NBA总裁大卫·斯特恩进行专访的非体育专业报记者;NBA场馆去得最多的中国记者……八年后,在姚明的退役新闻发布厅里,当年的几位记者重聚一起,感叹的不仅是岁月催人老,还有那些永远无法磨灭的回忆,一起欢笑,一起熬夜,一起坐灰狗去客场……

采访生涯始于姚明,却没有止于姚明。入社十一年,见证了世界最顶级的赛事无数,无论是奥运会还是世界杯,无论是法网还是欧锦赛;入社十一年,采访的VIP无数,无论是卡塔尔亲王还是NBA总裁;入社十一年,参与的灾难报道多多,无论是汶川大地震还是日本东北大地震……

用事实还原真相,用激情还原瞬间,用感动还原心声。无论用何种手法,记录的只有一样,那就是新闻。仅以此书,献给我仍在为之工作的成都商报社,并借此感谢报社的领导与同事们多年来对我的关怀与帮助。

千里之行,始于足下。对新闻的追求则永无止境,投身于此,乐此不疲。我来了,我见了,我已在路上。

Basketball storm
Hollywood Storm
Doha Asian Games Storm
Beijing Olympic Games Storm
World Cup Storm
The Storm of Tiger Woods' Sex Scandal
The Storm of Japan Earthquake
The Storm of Hummer Acquisition

Contents 目录

自序

001 篮球风暴

002 飞近姚明　从菜鸟到巨人的转变
- 005　A. 现场直击姚鲨大战
- 011　B. 最难过的是熬夜
- 014　C. 考个美国驾照玩玩
- 017　D. NBA球星都爱车
- 021　E. 场馆的那些事儿
- 027　F. 打客场绝对是极限运动
- 030　G. 其实姚明也挺大方
- 033　H. 是否大牌，看有没有保镖
- 035　I. 与"姚之歌"作者面对面
- 038　J. 姚明净高2米22
- 039　K. 提名姚明为名人堂成员

042 飞近乔丹　飞进全明星赛
- 045　A. 乔丹的最后一次全明星经历
- 047　B. 与乔丹面对面的两分钟
- 048　C. 姚明的全明星处子秀
- 049　D. 路遇劫匪，恐怖一夜

052 飞近王治郅　一个大男孩的篮球追梦路
- 055　A. 洛杉矶，谈论事情真相
- 058　B. 迈阿密，暗示回国不远

060 飞近科比　不当NBA老板，只想把球打好
- 062　A. 接受《成都商报》记者独家专访，科比展示他的未来

066 飞近大鲨鱼奥尼尔　NBA最懂娱乐的巨人，再见
- 068　A. 奥胖看熊猫，大胖看小胖
- 071　B. 别哭，男人的泪不能这样流

073 飞近拉拉队　美女，还得是身材好会跳舞的美女
- 075　A. 火箭动感女孩是这样选出来的
- 079　B. 唯一的华人拉拉队员是湖人女孩

082 飞近NBA总裁大卫·斯特恩
斯特恩：我们做了很多措施去杜绝假球发生

087 飞进美国的运动体育诊所
姚明搭桥，川版姚明美国动手术
- 090　A. 被认为是姚明的兄弟
- 092　B. 揭秘"丁医生"的诊所
- 094　C. 25分钟"川版姚明"重返健康路

097 好莱坞风暴

098 飞进格里高利·派克追悼会
这次，他在天上的罗马度假了

103 多哈亚运会风暴

104 多哈亚运一次炫富的盛会

107 飞近卡塔尔亲王
什么叫有钱，亲王就是榜样
- 109 A. 第一次未能见面
- 111 B. 第二次终于相见
- 113 C. 亲王法沙尔太富有

116 飞近多哈亚运会点火神马
神马，这次可不是什么浮云
- 118 A. 超级特训它这样点燃火炬

123 飞进半岛　半岛的伟大，
在于对新闻的认真追求
- 125 A. 剥开半岛　原来她是这样的友好
- 128 B. 内部——新闻追求无所不在
- 129 C. 先进的联络技术
- 130 D. 现在已经开始赚钱了

132 北京奥运会风暴

134 飞近博尔特
飞得再快，他也是地球人
- 137 A. 我很清白　让怀疑的人说去吧
- 138 B. 下一个目标：一指禅做俯卧撑

141 飞近博尔特父亲
他绝对可以跑进9秒65

143 飞近博尔特经纪人
30岁以后，允许博尔特泡夜店

146 飞近刘翔
从天到地，刘翔最懂这滋味
- 148 A. 巅峰时期·纽约锐步大奖赛
- 150 B. 低谷时期·刘翔退赛
- 152 C. 混采区
　　　才见罗伯斯笑，又闻女记者哭

156　世界杯风暴

158　德国精密，但不乏浪漫

159　飞近郎朗　我就像音乐舞台上的小罗

161　飞近足球皇帝贝肯鲍尔
　　　八个提问中，贝肯鲍尔分给我一个

164　飞进德国报纸　我成为头条新闻

167　南非世界杯之巴西探营
　　　夜圣保罗，夜罗纳尔多

170　飞近黑蝴蝶马麦罗　你在老家还好吗？
172　A. 马麦罗快乐的一家
176　B. 在巴西不敢说自己叫"黑蝴蝶"

178　南非世界杯　让人怀念，让人担心

180　飞近南非特警　与南非特警同车巡逻

185　飞近特警的家　采访隆比，其实是个意外

190　飞近总统祖马　总统官邸，还养着鸡与羊

194　飞近总统家族代言人库拉·祖马
　　　拥有三个金矿的国家代言人

197　飞近南非巫婆莫林
　　　神灵附身，预见南非队前景

203 伍兹性丑闻风暴

204 虎年里，老虎真的不走运

205 飞进伍兹喜欢的夜店
肉联厂区，伍兹曾经寻欢之地

209 飞近伍兹的家
奥兰多——伍兹的豪宅，不卖

215 日本大地震风暴

221 飞近长崎核爆幸存者、
核爆受灾协会事务局长山田拓民
直面核辐射的恐怖与可怕
和平年代，为何又会出现这样的状况

226 飞近中国驻新潟总领馆总领事王华
"再困难，我们也要把人撤出来"

228 飞进新潟华人安置点
直击新潟撤侨

230 飞近日本"核难民"
撤还是不撤，那是心中永远的伤痛

233 飞进海啸重灾区陆前高田市
唯一想寻找的，就是照片

234 A. 海啸所到，像垃圾场

236 B. "就是不在了，我也想看看她的样子"

238 飞近世界第一防波大堤
再大的防波大堤都不是万无一失

243 四川企业收购悍马风暴

244 悍马收购失败，谁的责任？

247 飞近悍马公司首席执行官吉姆·泰勒
收购如果失败，将是所有人的耻辱

252 腾中不必为3000人开工资

篮球风暴

Basketball Storm
BASKETBALL STORM
Basketball Storm

篮球风暴
BASKETBALL STORM

飞近姚明
从菜鸟到巨人的转变

每个赛季末姚明都会在姚餐厅请记者吃饭

2011年7月20日,上海浦东嘉里酒店三楼。

姚明环视四周,娓娓道来:"今天我退役了,一扇门已经关上,而另一扇门却在徐徐开启,而门外有崭新的生活正在等着我去认真品读。"

姚明退役了,九年的NBA生涯,最后终于划上了句号。在发布会现场,很多很长时间都没有看到过的记者,这次全部出现,甚至包括2002年最早跟随姚明赴美采访的几位记者。于是有人呼了一下:"姚一期的来合个影。"几个从2002年开始报道姚明的记者站在一起,算上我,数一数也不过5人。接着姚二期、姚三期分别合影,似乎这就是高校毕业生在吃完散伙饭后最后的留念。专程从美国回来的姚明好友安迪见证了从姚一期到姚三期的变化,有些人已经不再是记者,但因为姚明的关系,还是专程来到现场,想亲眼见证这个时刻。最让人感动的莫过于姚明的前翻译潘克林的出现。小个子潘克林居然一直没有什么变化,还是那么青春。当年正是他陪在姚明左右,为英语还不溜的姚明当翻译。九年前潘克林的中文还不算很好,他甚至会因为无法将姚明的话语翻成得体的英文而急得面红耳赤。九年后,姚明与潘克林再次坐在了一起,不同的是,现在的姚明英文很好,身体更加强壮,而潘克林也进入了NBA中国工作。但只要他俩坐在一起,时光就会倒流,仿佛又见姚明的青涩菜鸟时代。

姚明的退役,将是中国篮球甚至是NBA的一大损失。姚明已不单单是一名球员那么简单,他在某种意义上说代表着中国文化,构架着一座横跨中国与外国的桥梁。尽管在球场上姚明并没有夺得总冠军,但他的影响力已经超越了总冠军,他已变成了一个篮球符号,只要走出来就能马上被人认知的篮球符号。退役后的姚明将走向新的生活,打打高尔夫,学学做生意,去做九年中他想做却一直没时间做的事情。作为一名最早报道姚明NBA之行的记者,我的脑海里浮现出了太多的画面,而向奈史密斯篮球名人堂提名姚明为名人堂成员算是我送给姚明退役时的一份礼物。回想起来,最近一次与姚明在美国相见,是2009年的一天,那时我正以访问学者的身份在密苏里新闻学院上学。

2009年11月20日。密苏里当地时间早上10时,天下着大雪,几辆扫雪车正在忙碌地清扫着道路。我拨通了姚明的电话,几声短暂的"嘟嘟"之后,熟悉的声音响起:"Hello!"

姚明的声音很特别,低沉,就像加载了低音炮。正处于脚踝康复期的姚明,并没有放松对自己的要求,接电话时,由于时差关系,休斯敦还是早上9时,姚明已开着自己的英菲尼迪SUV飞驰在公路上,目标是丰田中心。"大姚,学校放假,我想到休斯敦来看场比赛,顺便见

姚明在康柏中心

见老朋友。"11月底是美国的感恩节假期，我正好有时间出行，休斯敦自然是不能不去的地方。"好啊，没问题，我给你留两张球票。"姚明回答得很快，"我在开车，就不多说了，到了休斯敦给我电话。"

休斯敦，这座美国南部大城，正以年轻有力的发展速度，接纳着来自世界各地的人们。从2002年到休斯敦起，姚明已经在这座城市里住了8年。而跟着姚明前来报道NBA的记者，无不痛恨地称它为"美国最大的农村"，甚至有好事者出谋划策，力谏姚明前往洛杉矶，或是纽约这些美国繁华之所在。然而，来到美国，总还是想去一次休斯敦，这似乎已变成了一种习惯。"家"，或许就是这样的感觉。2009年，对于姚明来说，并不是一个好年份。5月，饱受伤病折磨的左脚再次发现骨裂，姚明不得不告别赛场。手术相当成功，但手术后的康复期却是那么的漫长。11月底，姚明还需要穿着保护靴，但已可以拄着拐杖行走。姚明是闲不住的人，也是危机感较重的人。当下肢无法承重时，姚明想到的是保持上肢的力量，一旦左脚可以受力了，加练下肢力量，很快就能回到球场，那才是他的战场。

11月的休斯敦，依然温暖如春，中午温度高达20℃。由于是感恩节假期，繁忙的休斯敦变得非常平和与安静。如果说美国是建上车轮上的国家，那么休斯敦就是一个非常好的证明。这座城市太大了，几乎每周都在修高速公路，或是在扩宽道路。双向六车道已不能满足城市的需求，不少路面被扩成了双向八车道，就是这样，堵车的次数，也不见少。

与姚明约好，中午12时在丰田中心媒体通道口处见面。丰田中心是休斯敦市中心地标性建筑，巨大的圆顶让方方正正的城市多了一丝的圆润。这里是火箭队的主场，像NBA其他28座球馆一样，现代而又多功能。

媒体入口与球迷入口隔得很远，是一个不起眼的小门，离售票点很近。姚明上午要在丰田中心进行康复训练，训练结束之后，差不多正好是中午时分。由于不是比赛日，休斯敦的市中心出奇地安静。不远处是不久前才打造出来的步行街，一些店铺还在装修中，但"姚餐厅"这几个字样，在众多的铺面中，异常显眼。不错，这正是最早开在威斯坦默大道的姚餐厅的分店。在丰田中心开设分店，那将极大方便姚明用餐，估计火箭队中喜欢中餐的队友们，也少不得前去光顾。不过，开设分店，多少从侧面说出，姚明其实已经打定了在休斯敦"退役"的想法，因为他与火箭队的合同，只剩一个赛季了。

12时，姚明开着SUV，准时停在了媒体入口前。摇下车窗，姚明先是一笑："王继飞，有好长时间不见了吧。"姚明还是那么的精神，短发之下，汗珠可见。刚刚训练完，姚明得开着车回家吃饭。姚明的家在休斯敦的富人区,离丰田中心并不算远。"脚伤恢复得如何了?"我问道。"还行,现在可以拄着拐走动了,算是一个进步吧。"姚明递过一个信封,"票在里面,两张。"我则递给姚明一盒茶叶,几袋四川特产牛肉干,算是自己的小心意。姚明一笑,也就收了。"行了,我得回家吃饭了,你在休斯敦待几天?有事就电话吧。"姚明启动了车子,不一会儿就消失在视野之外。

那是一场没有姚明的比赛,我坐在离场边很近的位置上,一旁的美国人都投来异样的目光。"哥们,你牛啊,这可是姚明父母的专座。"旁边的一位白人忍不住提醒我。在看了我的球票后,他笑了。

虽然是一场NBA的常规赛,但没有姚明,总觉得比赛少了点什么。我也没有想到,这可能是我最后一次在现场观看NBA常规赛了。2010年8月,姚明与火箭队一道,来到中国的北京与广州,进行了两场季前赛。虽然仍处于康复的末期,姚明的表现仍可圈可点,但与巅峰时的姚明相比,眼前的姚明似乎已不再具有那种霸气,他处处要考虑到受伤的脚,小心翼翼,害怕谁一不小心,踩在上面,造成又一次的伤害。

可是悲剧再次袭来。在一次例行的核磁共振检查中,姚明被查出在左脚踝处有一条头发丝状的骨裂——姚明再次应力性骨折!这次骨折,最终让姚明的NBA职业生涯划上句号。无论如何,姚明都堪称是中国体育史上最为成功的运动员,前无古人。而我与姚明的相识,还得从2002年他成为NBA状元秀说起。

A 现场直击姚鲨大战

2002年成为中国篮球史上空前绝后的一年,是因为姚明。

2002年,姚明以选秀状元的身份,加盟NBA。姚明没有想到自己的一次西进,掀起了中国对NBA的热潮。而我也是众多前往NBA跟随姚明报道的记者之一。那时的姚明,需要面对的是一个陌生的国家,而我,不但要面对陌生的国家,还要面对陌生的姚明。在踏上前往美国的航班之前,我从来没有见过姚明。从不认识姚明到成为姚明为数不多的记者朋友,这其中包含着相互的信任与尊重,如何让一位大牌球星接受你,其实也是一门学问。

  2003年1月15日深夜,休斯敦布什国际机场。经过11小时的飞行,我终于站在了美国的土地上。2003年派出记者前往美国采访NBA赛季,这在中国报媒中算得上大手笔,而放眼全国,能有这种前瞻和气质的报社,也没有几家。我还记得签证时,美领馆的签证官带着怀疑的眼光,似乎不太相信,成都的一家报纸会花重金前往美国报道美国的一项赛事。问询是常规的,在回答完几个问题之后,签证官打了一个电话,随后便通知我下午去取护照,这意味着我的签证已得到通过。

  一中年妇女用羡慕的眼神看了我一眼,因为她的签证被拒。我没有想到,我的护照上的第一个签证,居然是美国的签证。几年之后,曾经是王治郅经纪人的夏松解开了谜底:"那个签证官是我的朋友,他的电话是打给我的,问我认不认识你,我说认识,可以给签证。"

  拖着两件行李,我站在布什国际机场到达大厅门外。几位等待朋友来接的乘客在吸烟区吸着烟,交谈着什么。面前的大巴车来来往往,都是前往机场附近的停车场或是租车公司。我眼前一片茫然,第一次出国,第一次来美国,没有熟人接站,我甚至连自己的酒店在哪个方位都不清楚,只知道叫comfort suit,离康柏中心大约10公里。打车,听朋友说过,美国打车很贵,况且机场离市中心很远,而当时美元与人民币汇率高达1比8.7,实在舍不得。于是转向shuttle service。布什国际机场有super shuttle,相当于一种从机场到市中心的"通勤车",多人分摊车费,因而比较便宜。

  "what's up?"黑人司机用很浓的南方腔调打着招呼,车载收音机正播报着休斯敦当晚的新闻。将近晚上12时,shuttle把我放在了高速公路边上的酒店。天是那样的黑,路灯也只能照见眼前不远的距离。想象中那金碧辉煌的大堂全然不见,只是一扇窗户里还亮着灯,百叶窗内隐约可见人影。"我要入住。"对着一个像极了中国的银行窗口上的对话器,我说道。"护照。"百叶窗拉起,一位黑人女士看了我一眼,通过对话器说。在窗口下的小通道里,我塞过了护照，就像在银行里递进一张存款单。酒店是来美国前在网上订的。那位黑人女士回给我一张房卡，一张地图，上面标着我的房间位置，"你向西走，过了那个口，再左转，往前就是你的房间。"就像绕口令一般，她很快说完，拉上了百叶窗，留下一头雾水的我，望着眼前数幢两层高的建筑发呆。旅行箱的轮子与水泥地磨擦出来的声音，在宁静之夜被无限放大，一不小心踢到了一个空啤酒瓶，巨大的声响足以吓人一跳。按照地图上的标识，在转了几圈之后，我终于找到了自己的房间。

房间很大，床更大。我第一次体会到什么叫king size的床，你简直可以在上面翻几个滚，而不会担心掉下来。不过第一夜总是很难熬，尽管身体很疲惫，但时差的关系，却又睡不着觉。睡不着还因为想着第二天的采访，毕竟不是来旅游，而面对的工作对象，却又是一片模糊。

天麻麻亮，我几乎未眠。对于时差，有经验的人通常这样来倒：最想睡时一定要坚持不睡，而不想睡时也要按时上床。据说这很管用，可以用最短的时间解决时差问题。于是翻身起床，出门时才发现酒店的确很偏，高速路上汽车飞奔而过，留下的声音让你很不舒服。美国大多数城市的公交系统都不发达，因为大多数的人家都有至少两辆车。汽车在美国就像自行车在中国一样的普遍。美国打车也需要预定，没有出租车会招手就停，没有一辆出租车会"打街"。前台帮我叫了一辆出租车，黄色的福特，很大很宽。20分钟后，我站在了康柏中心前。

康柏中心，一座四四方方的建筑，现在已被改造成一座教

姚明与奥尼尔的对抗，总是场上的焦点。

堂。对于老火箭球迷来说，康柏中心曾经无限风光，大梦奥拉朱旺曾两率火箭夺得NBA的总冠军。在2004年前，康柏中心都是火箭队的主场，而我第一次见到姚明，就是在这里。走进康柏中心的地下一层，就像走进了迷宫。沿着通道走了一圈，在通道口听到了篮球击地的声音。我运气不错，火箭队一天之后，就将在主场迎战卫冕冠军湖人队。而那时，姚鲨对决才刚刚被叫响，那场比赛，早就被中国媒体炒得热气沸腾。从通道口望过去，一个瘦高的中国人，正在场上与球队的另一大个卡文·凯托争抢篮板球。凯托虽然个子没有姚明高，但黑人与身俱来的强健肌肉，让姚明看起来就像一根电线杆。姚明年轻，谦逊，脸上总是带着笑。在抢篮板球时，他总是被爆发力与弹跳力超好的凯托一挤就失去了位置，望着凯托的粗壮手臂，姚明无可奈何地摇摇头。但姚明的脚步轻灵，手感更好，这是凯托望尘莫及的。那天下午，火箭球场上还有另一位明星，美国美式橄榄球联盟2002年的状元秀大卫·卡尔。大卫·卡尔是专门前来与姚明相见的，两人是同一年的状元秀，都为休斯敦的球队效力。卡尔送给姚明一个橄榄球头盔，头盔价值数千美元，姚明高兴地收下了。卡尔是得州人队的四分卫，个头没有姚明高，但却是球队的进攻发动机。两人都是各自球队的核心，但谁也没有想到，两人在随后的职业生涯中都受到了伤病的困扰，大卫·卡尔甚至还没有姚明发展得顺利。年轻的大卫·卡尔对年轻的姚明说："别怕，对付奥尼尔，你就造他犯规，他的罚球可差了。"姚明那时的英语并不算好，还需要翻译潘克伦的帮助。他拍拍卡尔的肩，字正腔圆地说了一句英语："Thanks。"

事实上，姚明的压力非常大。他清楚，全美国，全中国的球迷都要收看火箭与湖人队的比赛，人们在等着看笑话，看来自中国的NBA第一高人被奥尼尔那庞大的身躯压垮时的场面，看NBA第一中锋如何教训NBA的选秀状元。而那一天，是我第一次见到姚明，第一次与他交谈。姚明那时很"苗条"，很腼腆，对于每一位从中国来的记者，姚明都心怀一份感激。"你从成都来的？成都不错啊。"这是姚明见到我时说的第一句话，似乎一下子就拉近了距离。在我来美国之前，《成都商报》做了一期策划，让球迷出招，帮助姚明击败奥尼尔。有成都球迷出了阴招，要姚明去踩奥尼尔的脚。姚明听了之后，哈哈大笑："谢谢球迷的关心，踩脚这种事，我可干不了。"

与姚明的第一次接触，他平和，说话风趣，总能将你的提问回答得滴水不露，看似满足了你，事实上又没多透露半点信息。我开始怀疑，是不是有专人在教姚明如何回答记者的提问。在人们的心里，运动员大多是头脑简单，四肢发达，如果有异样，必然是有高人在背后支招。姚明一踏进NBA，就有姚之队在帮其打理，因此这样的推论也不算过分。不过，与姚明熟悉之后，我才发现，姚明的口才是天生的，他反应极快，妙语连珠，经常逗得火箭队跟队记者们哄堂大笑。有一场比赛，姚明得了20分，有记者就问，姚明你是不是已经过了新秀墙？姚明一笑，"穷人过年也要吃顿饺子嘛。"记者们的提问多千奇百怪，就算最有经验的培训师，也无法提前给姚明打上预防针。所以姚明除了打篮球，他也许还能在一项工作中出彩——新闻发言人。

姚鲨大战一触即发。正值当打之年的奥尼尔，目空一切。突然有一天，媒体将一个来自东方的腼腆小伙与他相提并论，这让奥尼尔有些不快，更让他不快的，是这个名叫"要命"的小伙子，居然以一个菜鸟的身份，硬生生地把他连续9年的全明星西部首发中锋的位置，给抢了下来，真是要了大鲨鱼的"命"。美国媒体不遗余力地炒作姚鲨对决，而中国媒体也绝不落后。除了是NBA最强力的中锋外，奥尼尔还是最具有表演细胞的NBA球星。他非常懂得炒作自己，时刻让聚光灯照在自己的身上。早在姚明登陆NBA之前，奥尼尔已经下了"战书"。在一次选秀前的采访中，奥尼尔说会用肘撞姚明的脸。在选秀后的一次电视采访中，奥尼尔又怪模怪样地模仿中国口音，说了一句谁也听不懂的中国话。这在华人世界里掀起了大波浪，认为奥尼尔带有种族歧视，甚至希望姚明正面回击。于是，本来就不平常的火箭与湖人之战，背后又多了这样一层意义，更显出不同来。

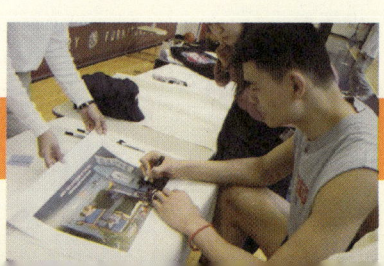

姚明每天的工作之一，就是为火箭俱乐部签名。

姚明与奥尼尔之间的较量，在随后的几个赛季里几乎都在上演，但第一次自然显得格外珍贵。赛前最后一次训练之后，超过一百位记者包围着姚明，以致姚明的翻译潘克林不得不拿来一个梯子，站在最高处，以便他翻译的声音能够让大多数人听见。记者们都想知道，如果奥尼尔真的用肘来撞姚明的脸，他会怎么应付？姚明只是一笑："希望他的肘够肥，这样我就不会觉得太疼。"

　　记者们哄堂大笑。

　　其实姚明很清楚，奥尼尔只是嘴上说说，他喜欢耍宝，那就让他耍去。圣诞节前，姚明给奥尼尔寄了张圣诞卡，地址是他在佛罗里达的家。上面写道："感谢你的鼓励。你是我唯一景仰的人。我的目标是——和奥尼尔一样棒。"奥尼尔的继父收到了贺卡，第一反应是，这不是真的。于是，他带好贺卡，连夜开车来到休斯敦，前来观看姚鲨大战。在赛前热身时，奥尼尔的继父直接走到场边，掏出卡片，"姚，这是你寄的吗？"姚明点了点头。奥尼尔继父高兴地说，他回家要用相框把卡片框好，挂在墙上。

　　姚鲨大战第一季，最终以火箭的胜利结束。这是姚明第一次在NBA对抗奥尼尔，他感受到了大鲨鱼那强大的压力。姚明共送出6记"火锅"，其中的三个，送给了奥尼尔。但姚明的高潮只持续了5分钟，剩下的43分钟里，他都在接受奥尼尔的"摧残"。

　　"他有350磅。"姚明气喘如牛，汗如雨下。那时的姚明，只有290磅。为了阻止奥尼尔接近篮筐，姚明用上了吃奶的劲，最后累得连投篮的力气都没有。加时战胜湖人，火箭上下十分兴奋，相约出去庆贺。姚明懒懒地坐在自己的更衣间前，用冰水泡着脚，困顿这时全方位袭来。他努力调整着呼吸，动也不想动。"奥尼尔在赛前给我说了一句话。"姚明乐了，"他说，'我爱你，我们是朋友'。"其实，姚明当时想逗逗奥尼尔，"你刚刚才结婚啊。"话到嘴边，姚明又吞了回去，因为他不知道奥尼尔是否理解这种玩笑。姚明回答了句，"谢谢。"

　　姚鲨的第一次大战，姚明快乐而疲惫。他没有精力出去玩，而是回到家中，打了会儿游戏，早早上床睡了。他需要时间去恢复体力，在这点上，亚洲人与黑人的区别挺大。黑人球员比赛之后，一般会结伴去夜总会寻开心，第二天的训练还能生龙活虎。

姚明坐在全明星的更衣室里，他第一次当选全明星。

 **最难过的是熬夜**

　　姚明在睡觉的时候，我则在酒店里挑灯夜战。采访NBA其实是一件非常辛苦的工作，虽然能看到很多大牌球星，能接触到以前只能在电视上看到的偶像，可任何事情，如果从爱好变成了职业，就不那么有趣了。

　　姚鲨大战是我刚到美国后遇到的第一场NBA比赛，而且是最重头的比赛。重视程度空前，我不得不把自己的眼睛当成了扫描仪，争取不放过任何细节。因此，神经一直紧绷。奥尼尔是巨星，姚明是中国人的巨星，还有科比，还有弗朗西斯……满眼都是明星，但文章只能有一个主角，那就是姚明，于是其他的都成为浮云……比赛非常精彩，火箭居然与湖人拼到了加时，最后取胜。但作为记者，我的脑海里却时刻在盘算着，应该从哪个角度去写作。而手上的本子，记录的是姚明和奥尼尔的交手细节，以及每节每个动作的描写。NBA比赛虽然只有四节，每节只有12分钟，但算上电视广告暂停，以及正常的暂停和中场休息时间，一场比赛下来两个小时是很正常的，如果再遇上加时赛，那就更长。在比赛快结束时，所有的记者都开始收拾东西，当终场的铃声响起，跑得最快的，肯定是记者。根据经验，当比赛结束时，球员们会通过球员通道回到更衣室。他们会开一个小会，然后更衣洗澡。在赛后20分钟时，更衣室开放，记者们可以进入更衣室进行采访。而有时大牌球星会提前开溜，如果你晚来一步，他很可能就带着棒球帽，大耳机挂在脖子上，目光游离地从通道走过，前往停车场。而记者一般是不准跟随球星进入停车场的，两名五大三粗的安保人员能够确保这点得到贯彻执行。

　　当然，还有对主帅的采访。火箭一般会安排主帅鲁迪·汤姆贾诺维奇和姚明或弗朗西斯前往新闻发布会现场。那是在康柏中心的一角，布置得非常简单，一张桌子，一个有火箭队队标的背板，然后二十把椅子，那是给记者留的。一般来说，主帅的采访先于更衣室开放，以保证主帅的讲话有足够多的记者来听。

在更衣室里都是群访，记者把球员围住，左一句、右一句地问。球员见招拆招。通常，姚明与弗朗西斯是最受关注的两位球星，他们身边聚的记者最多。当然，姚明身边永远跟随着中国的记者，由于大家都用中文交流，这已成为火箭更衣室里的一景。火箭球员有时眼神有点怪异，因为他们听不懂中文，因为他们很忌妒姚明。当时姚明的英文还不太顺畅，需要翻译潘克林的帮助。"那个，那个……"姚明有时会习惯性地说出这个词，而在黑人的耳朵里，这个中文的发音，就是英文单词"nigger"（黑鬼）。潘克林很快意识到这点，随时提醒姚明不要说这个词。有一次，火箭队的大前锋卡托叫住潘克林："你是不是在教姚明说……"潘克林马上回答："不是，不是的。"卡托随后说道："那很好。如果是你们黄种人这样说，情况还不算太坏，如果是白人这样说，我会和他干上一架。"卡托身高2米11，体重125公斤，壮实无比，潘克林那张白净的小脸，被吓得连脸上的雀斑都失去了颜色。

采访完毕，记者们可以选择在球馆的媒体工作间写稿。那时还是电话拨号上网，网速奇慢，不过好处是媒体工作间有很多资料可以参考，包括技术统计，赛后的球员引语等等。不过，我一般不会在媒体工作间写稿，因为我没有车。

在美国，如果没有车，寸步难行。美国有出租车，但不会招手即停。如果不预定的话，你站一天，手挥断，出租车看都不看你一眼。所以，在采访结束之后，我

弗朗西斯在当年可是火箭队说一不二的一哥。

第一件事，是打电话给出租车公司，预约一辆车。等打车回到酒店，已过午夜十二点。而我的工作，才刚刚开始。

　　我并没有截稿时间的压力，因为在国内正是中午。不过，瞌睡虫却阵阵袭来，这是我到美国的第三天，时差已经倒过来，但事实上，我好像更需要过的是中国时间。写稿强打着精神，努力回忆着球场上的新闻点，按照之前脑海里的构思，将其变成文字。构思是个很悬幻的东西，事实上在比赛开始之前，你会对比赛的走势，可能出现的状况以及哪些是亮点进行设想，这样看比赛才有的放矢，不会一场比赛看下来，除了傻笑，什么也没留下来。当然，如果比赛与你的预想差十万八千里，那你就得重新构思稿件结构了。与睡意作斗争，还得保证稿件的质量，我就在一束灯光的笼罩下，奋力地敲打着键盘，尽量不转头去望身后的那张床，以防意志崩溃。当最后一个句号打上之时，我看了看手提电脑上的时间，凌晨5时许。在电邮发送完毕之后，我长吐一口气，倒头便睡。

　　但往往睡不踏实。由于我供职的是日报的缘故，每天都得发回新闻。第二天没有比赛，但火箭队有训练。按照惯例，火箭队的训练将在早上10时进行，有时会在训练开始前15分钟接受媒体的采访，之后是封闭训练。所以，为了赶上采访，早上8时就得起床，想办法前往火箭的训练地——西部网球中心。西网中心是美国最好的网球场之一，老板娘琳达和她的丈夫十多年前就花了3500万美元买下了西网中心。周围绿树成荫，幢幢别墅掩映在绿的海洋中。有一天火箭老板亚历山大来西网打球，感觉西网环境很好，就建议她修个篮球训练馆，以后火箭队就搬到这儿来训练。于是琳达拿出了350万美元，修了目前的火箭训练营。"火箭队在这训练是免费的，他们已经在这里训练了四年。"琳达很高兴地告诉我，"弗朗西斯是一个网球迷，非常喜欢网球，他有时间也会下场打打球。姚明还没打过，我想我会想办法让他也来打打网球。他现在可是全明星了，能在这里打球，这可是我的荣幸。"

 考个美国驾照玩玩

火箭在2004年从康柏中心搬到丰田中心后,训练场地就由西网中心转到了丰田中心,姚明自然没有工夫打网球。不过西网中心也给姚明留下了很深的记忆,因为他在那里开车出了一次擦挂事故。

姚明的第一辆车是丰田越野,但开车的是他的翻译潘克林,因为姚明还没有考到美国驾照。美国是一个架在汽车上的国家,休斯敦尤其如此。出门就是高速路,高架桥高耸天际,桥上重桥,双向十六车道。居然还会发生堵车的情况。不会开车,举步维艰。记得刚到休斯敦时,我习惯性地问路。一位好心人对我说,"那里啊,不远,向前,大约就十分钟吧。"我习惯性地想,那挺近的啊,于是走路。结果感觉腿都走断了,还没有走到目的地。后来明白了,美国人说的远近,都是以开车作为前提的。

姚明出门必须坐车,因为他的目标实在太过显眼。但如果不会开车,他将感觉到十分不方便。你总不能天天要求潘克林为你开车吧?而且总有一天,姚明的英文会说得很溜,潘克林会完成他作为翻译的使命。于是,在打球之余,姚明加紧学车。通常,姚明会在他家的小区里开车转转,要不就是在西网中心篮球馆外的停车场转转。一天,火箭训练结束之后,因为要等姚之队的成员,姚明闲来无事,开着车兜圈。几圈下来,姚明开得挺顺。这时,一位来自北京一报社的女记者隔着窗对姚明说:"你不会开车,你只是在转圈。"

"噢?是吗?"姚明有些得意,"上来,我让你看看。"这位女记者毫不客气,开门上车,再关上门。姚明开始倒车,谁也没有想到,丰田车直直后退,向一辆

BASKETBALL STORM

SUV倒去。姚明没有停车,直到撞上。潘克林在外面急了,大叫"停车",并挥动着双手。姚明终于看见,刹车,停车。潘克林要姚明把车开到停车位。姚明下来才知道,自己闯祸了。丰田车左挡泥板被撞凹了,而那辆SUV的左挡泥板也被撞凹。姚明没有驾照,也没有买保险,他甚至不知道该怎么办。潘克林急得满头是汗,因为他害怕姚之队找他的麻烦。姚明是一个心善之人,他首先给章明基打了电话,先说事情与潘克林无关,再说发生了什么事。这时,姚之队的成员比尔·桑德斯走了出来,看了一眼后笑了,"欢迎来到美国。"自然,赔偿等一系列的事情,都有姚之队的人来处理。姚明事后坦言,他当时的兴奋大于担心,"毕竟是我的第一次撞车,这可是个新鲜事。"

经过努力,姚明终于拿到了驾照,但在公路上开时,免不了被人狂按喇叭。后来我在美国考驾照之前,姚明的好友姚安鸿时常宽我的心,"你有什么好担心的?连姚明都拿到驾照了,你怎么可能不过呢?"美国学车其实不难,特别是在得州。现在想考一个中国驾照,确实不容易,桩考已用红外线监测,靠边停车后考官还会用皮尺量车体与马路牙的距离,必需在25至35厘米之间,据说运气不好的,还会抽到去压大饼。路面上人为设置了一块块圆形的水泥饼,你得开着汽车通过这些水泥饼,如果压上了饼,测试就结束,你未能通过。

得州挨着墨西哥湾,休斯敦又是得州最大的城市。众多的墨西哥人跨过了美墨国境线,来到休斯敦谋生,他们多数干的是美国人不愿意做的清洁工作,需要开着车前往城市郊外

接受完丽萨·林的专访后,
姚明与翻译准备驾车回家。

的各种生活小区。电影《一球成名》中桑地亚哥的父亲就是做着这样的工作,这些人很可能没有身份证,但他们也需要谋生。在美国,谋生的首要条件,就是得会开车,更为可贵的,驾照就是身份证,无论住酒店,还是乘飞机都需要它。因此,休斯敦的驾照考试,简单但绝不随便。首先是笔试,就是在电脑前做100道题,只要考过60分,就算合格。笔试合格后,考官会发一张临时驾照,你就可以在有人陪同的情况下,开车了。待到你认为可以通过路考时,就得起个大早,前往休斯敦的什么什么地排队。2003年的一天,我记得我6点就起床,6点半就已来到门前,那里却早已排了数十人。考点7点40开门,在我的身后,人群排得像长龙,各色人皆有,但墨西哥人居多。得州的路考简单,一位很胖的黑人考官坐在副驾上,先让你检查车况,开闭车灯,雨刷,喇叭,然后泊车。那是一个长条形车位,考官要你在退车时不停车的情况下,把车停进车位。在考官认可之后,你将车开走,然后进入美国的一个小区转悠着,考官会观察你的开车习惯,比如在有停止标志牌的地方,你是否完全停住,比如变道时是否开转弯灯,比如当有行人在过马路时,你是否会停下来等待。我完成得非常好,最后回到考点时,考官只说了一句话:"你开得太慢了,还需要再练练。"说完,抬起巨大的屁股,从车上走下。我顿时感觉车身一轻,但心却随即一沉。得,我在美国的第一次驾照考试,没能通过。

NBA 球星都爱车
BASKETBALL STORM

我总是同姚明开玩笑，说他那么大牌的球星，却开着一辆丰田SUV，简直太"低调"。美国的汽车确实"便宜"，在中国人眼中属于豪车级别的奔驰宝马，美国的普通人也都买得起。就拿王治郅在美国开的宝马745Li来说吧，这在当时属于宝马的顶级豪车，大郅买下来也就花了10万美元左右，相比于大郅年薪200万美元来说，确实算不了什么。而姚明作为火箭队的选秀状元，他第一年的工资将近400万美元，除去交税和上缴部分给上海队后，还能余下近200万美元。

不过，这辆丰田车可不是姚明订的第一辆车，早在2002年8

月,中国男篮在美国印第安纳波利斯的世锦赛上大败,最终排名第12位。全队心情不佳,有一种疯狂消费的冲动。姚明说,他突然特别想花钱,"我都状元了,虽然钱还没拿到,但我可以用信用卡预支啊。"姚明的队友们都出去买东西,姚明也买了,比谁都买得贵,他订下一辆奔驰,价值8万美元。交了订金,约好11月以后送到休斯敦。不过,三个月后,姚明在一家宝马专卖店里看上了一辆宝蓝色的745Li,一下子被宝马的气势给吸引住了,立刻打电话退了那辆奔驰,订了辆宝马。宝马车是为姚明量身打造的,座轨重新设计过,音箱也经过改进,而宝马车尾部的标识,相信所有的人都看得明白,YY11。"YY"这是姚明与妻子叶莉名字的第一个拼音字母,"11"则是姚明在火箭队的球衣号。本来这辆宝马是8个汽缸,动力极为强劲,姚妈害怕姚明开得太快,特意让人拆了两个,纵是如此,在夜深人静的时候,姚明也会飙飙车,有时车速会开上100码。那时,美国刚刚时兴苹果ipod,姚明也买了一个,装上了许多歌曲。最让姚明高兴的,是他的宝马车有连接ipod的接口,一上车,姚明就会把ipod与车载音响接上,顿时车内到处都流淌着快乐的乐章。

我搭过姚明的顺风车。一进副驾,才发现驾驶位都退到了后座,当姚明坐进来后,他的双膝基本上与方向盘同高,偌大的空间瞬间变得很局促。车况极好,在高速路上开时,几乎听不到发动机的声响。车载GPS上,去韩国城吃烧烤的路线是常设路线之一。"大姚,你为何不买辆悍马?"我问姚明,在我眼里,似乎也只有悍马才配得上铁血男儿,才配得起姚明的大块头。

火箭队的后卫莫奇·莫里斯就开着一辆悍马2,相当威武。莫里斯是火箭队的开心果,发型三天一变,从爆炸式的蓬蓬头到玉米辫子,总能让球迷们念念不忘。悍马2绝对让莫里斯拉风,在2003年,悍马2可不是有钱就买得到的,需要订制,而莫里斯则享受着拥有悍马2的欣喜。每场比赛结束后,总有一些球迷会守在停车场的出口处,想近距离的再看一眼自己心爱的偶像。莫里斯开着坦克一般的悍马2,在出口处戛然停下,摇下车窗,朝着球迷咧嘴一笑，顿时迷倒一堆球迷。莫里斯是个情种，有两个女人同时爱上了他。两个女人一同住在他的家里，同时为他养育着儿女。最让人"羡慕"的是，同在一个屋檐下的两个女人，相安无事，其乐融融。在球队里，莫里斯只能算一位角色球员，属于蓝领工人，但在感情处理方面，绝对是大师级的。这些年来，他的模样一直浮在我的脑海，甚至比那些全明星们还要清晰。姚明也还记得莫里斯，不过对于悍马，姚明不感兴趣。"悍马看起来很宽敞，但里面的空间并不大，不适合我。"除了宝马，姚明还买了一辆英菲尼迪的SUV。有一天，姚明在MSN上问我，凌志的英文该怎么拼。我马上传给了他。"想换车了？"我问道。姚明说打算去看看。其实，姚明这是为妻子叶莉在做准备。不过最终姚明没有买凌志，也没再开他的宝马7系，而是换了辆空间更为宽敞的英菲尼迪SUV。坐在姚明的英菲尼迪车里，感觉坐在了飞机的头等舱。

王治郅也喜欢汽车。由于在NBA的生活比较漂泊，每到一个新的城市，他都要自己去找住的公寓，唯独不变的，是他的白色宝马745Li。大郅会将自己的爱车空运过来，然后开着汽车，在新的城市里飞驰。对我来说，印象最深的莫过于姚明与大郅的团聚。火箭客场战热队，作为东道主，大郅自然要做东。开着车，大郅来到酒店接上姚明。我与《篮球先锋报》驻迈阿密的记者段冉开车在后面跟着。夕阳西下，白色宝马如白练般，穿梭在绿荫环抱的公路上，时不时超车，让我们跟得很辛苦。传说中大郅喜欢速度带来的那种刺激，似乎得到证实。要不考虑到后面跟着我们，估计他还可以开得更快。

在NBA，买辆车算不得什么事。一个球星家里有好几辆名牌车，也非常普通。雷·阿伦的座驾是陆虎，他爱车如命，常常自己动手洗车。当时

姚明坐在自己的车上，给朋友们签名。

球队还叫超音速，所在的城市是西雅图。在球队的训练馆外是露天停车场，雷·阿伦的座驾停在那里。雷·阿伦会提上一桶水，拿上一把刷子，用心的，轻轻地擦拭着他的爱车。美国有很多自动洗车机，就在高速公路的辅道上，使用也非常简单，投币后，按下按钮，汽车就直接被洗车机接管，洗一次车，也不过就5美元左右。"我不喜欢让自动洗车机洗车，它们洗不干净。有些事情，应该自己动手去做。"这是雷·阿伦的性格，就同他在球场打球一样，一丝不苟，直到现在还是联盟最稳定的射手之一。科比最喜欢的车是一辆黄色的兰博基尼。这辆车就停在斯坦普斯中心球员出口处，靠近内场。这个车位是科比的专属车位，两边由红色绒缎围住，一位体格健壮的工作人员站在一边，防止不相关人等靠近。科比在接受完采访后，会从球员通道出来，三两步就能坐上他的宝车，然后呼啸而去。记得有一位记者曾写过他如何在科比的座驾前专访科比，报道后来被传为笑话，因为去过现场的记者都知道，你根本没有机会接近科比的座驾，早有几位强壮的工作人员，把你拦在半道，直到科比的车绝尘而去，唯能听到的，不过是兰博基尼引擎留下的巨大声响。

　　不过，车王非霍华德莫属。魔术队的超人花了31万美元买了一辆比悍马还要强悍数倍的"武装坦克"——2010SUV款骑士车。整车重达5吨，搭载一台福特6.8升V10发动机，最大功率400马力，最大扭矩达到680Nm。车子的门板使用的是64毫米的透明防弹玻璃，可以对抗小型便携式火箭弹的袭击。这款车不仅外型很酷，内饰也十分豪华，电动按摩椅、羊毛地毯以及超大触摸式液晶屏将让霍华德以及他的家人万分享受。原车由加拿大Conquest公司生产，厂商表示，由于每一辆新车必须经过1500个小时才能手工打造完毕，首批车将只接受100张订单。卖完再造下一批，霍华德很幸运地抢购到一台。

全明星周末就是一场篮球秀。

NBA的记者们也分了个三六九等。最高等级属于《休斯敦纪事报》以及《体育画报》等大报的记者,最让我羡慕的莫过于《纪事报》的老记费根。《纪事报》相当于火箭队的队报,因为休斯敦除了《纪事报》外,就没有别的报纸了。当然,那种像黄页般的,刊登全是按摩女郎、夜店信息的《休斯敦新闻报》除外。假如当天《纪事报》不写火箭队的消息,那么整个休斯敦就会以为火箭队今日没发生任何新闻,由此可见,《纪事报》对火箭队的重要性。

费根的位置就在场边,他只要跨出两步,就能与场上的球星们面对面。费根由于长年报道火箭队,坐的时间太多,显得大腹便便。挺着肚子,走路

场馆的那些事儿
BASKETBALL STORM

一摇一摆,有时为了赶时间,不得不飞奔起来。其实在我的眼中,那几近于小跳,他的体重,想飞可不容易。

费根是有特权的。火箭队的新闻官可以对任何一位记者怒目,但决不会对费根横眉。甚至有一次采访火箭的主帅范甘迪,由于费根还没到,采访就不能进行。范甘迪和一众记者都在等着,新闻官则给费根打电话。几分钟后,费根气喘吁吁地跑来,采访才正式开始。那时我就在想,如果我所在的城市,只有一家报纸,我们记者是不是也可以这样的牛?

话说回来。当时中国媒体的记者们,在老的康柏中心,坐的是篮板后的第四排,同我们属于一个级别的,还有来自于休斯敦附近小城的报纸,估计发行量也就几万份吧。每个座位前都贴着媒体的名称、记者的名字,对号入座。NBA的场馆中央上空,都悬着六面电子屏,比赛时会重放,以照顾每个现场球迷看清楚每一次有争议的判罚。数据统计也会在电子屏上显示,通过得分、篮板以及助攻这些直观的数据,球迷能够马上察觉出,哪些球员在偷懒,哪些球员发挥不正常,哪些球员则完全不在状态。

记者席上也有小的电视屏,但并非所有的记者都有这个待遇。NBA把最好的位置都拿出来卖钱,而留给记者的位置,除了最为重要的媒体外,大多数都不算太好。而电视屏则可以方便记者通过电视转播来看清楚一些具体的细节,方便写稿。NBA对记者最好的球队,应该要属小牛和太阳队了。小牛与太阳队都将记者安排在靠近球场的地方,每次来到这两个球馆,球赛都看得特别过瘾。而一旦某场大热的比赛,前来采访的媒体人数过多,就有部分记者得被请上"天台"———也就是球馆的最高一层。火箭的新场馆丰田中心里,我曾经坐过几次"天台"。坐在上面,连姚明这般身高的人,都变成了小蚂蚁。有经验的记者,会准备一副望远镜,一旦被请上天台,也能够看清场上的形势,对于一些细节描写,自然是非常有帮助的。丰田中心耗资2.02亿美元,同时也是冰球场与歌剧院。场馆于2001年夏天开始修建,整个体育馆地上两层,地下两层,球场位于最下层。从位于街道的主入口处进入,便是球馆的主厅,球迷也不用像以前一样爬上几层去找入口处。观众区分上下两部分,中间由很多小包间隔开。往下的观众区占全部观众席的60%,离地面32英尺。

到下面的观众区可通过主厅的十二个通口进入,向上便要乘电梯或是扶梯。这样观众便可分流,不必都挤

这是在NBA有着魔鬼主场之称的爵士主场能量解决中心

一个方向，有利于赛前赛后疏散。球馆的设计是以方便球迷为宗旨的，设计人员到美国各地一流的球馆进行了考察，最后将其优点合在一起，融入到休斯敦体育馆的设计中。因此，这所球馆当时是全美国最好的球馆之一。整座体育馆总面积为77.5万平方英尺，总座位数达到1.85万个，其中有豪华包间92间，豪华座椅2800个，除此之外，还有273个专用于停放轮椅的位置。球迷当然不能不吃饭了，体育馆有两个9000平方英尺的用餐室，一间150座位的高档餐厅，还有一个9000平方英尺的自助餐室。

球队的更衣室里除了更衣间，还有温泉浴池、恢复室和一个小健身房。新馆特意修了训练馆，球员们可以更好地将精力集中在训练上。对于火箭队的职员来说，他们将在新馆找到自己更加宽敞的办公空间，体育馆与办公室的合二为一，更有利于俱乐部的管理。

新馆采用最先进的计分牌和电视柱，保证每个观众能看清场上的每一个细节。新场馆的停车位有2500个，在离新球馆大约三街区远的地方，还有一个大型停车场，容量是7500个车位。在新馆的宣传画册里，有这样两句话："在城中的新馆是一个人建造的，那就是你。很多细小周全的考虑让这座体育馆变得很大。"

NBA的球馆大都很现代化，最豪华的莫过于小牛队的主场美航中心。美航中心外表看上去很像一家豪华歌剧院，外表富丽堂皇，共有7层楼高。球场最多能坐下2万人。

其实最能看出球馆是否豪华的地方，就是更衣室。更衣室最基本的功能就是球员换衣洗浴之地，而美航中心的更衣室却与球队的办公室在一起，中间用一道厚重的木门隔开。一进更衣室，先是一间力量房，摆放着各式各样的健身器材。小牛老板库班常常在力量房里锻炼，而那也是找到他，采访他的最佳地点。库班已过不惑之年，却很是明白运动不止，生命不息这个道理。在楼梯机上，库班能够连续踩上1个小时，任凭汗水将他的T恤全部浸湿。这时，总会有一帮记者围在楼梯机前，仰着头望着库班，提出一串串问题。库班居高临下，畅所欲言，那些头发花白的记者

飞近姚明
姚明，从菜鸟到巨人的转变
Basketball Storm
PAGE 24/25

骑士的快贷中心

太阳主场美西中心

们，则在笔记本上飞沙走石，一阵狂记，还频频点头，为晚上有料可写而偷笑。库班之所以如此受记者们的追捧，是因为他愿意接受采访，还因为他是联盟为数不多敢向裁判开炮的老板之一。有人说库班是NBA最有性格的老板，他对体育的爱好确实发自内心，他一心一意想将小牛队带到总冠军，花钱毫不吝啬。虽然是亿万富翁，库班基本是T恤加牛仔裤，混在球迷之中，你很难将他与一位身价超过20亿美元的巨富联系在一起。库班的家在达拉斯，房子很大，但里面的装修相当一般，甚至他的夫人也曾抱怨，还没有球员更衣室舒服。

库班是要把钱花在刀刃上，在对他的球队方面，他是绝对的大方。通过另一个门进入球员区，靠着球员区的是餐房，球员饿了可以进食。在球员区里，你一眼就能看出小牛的财大气粗来：每个球员的更衣间墙上都镶有一台液晶电视，电子游戏机与DVD机将是球员们自己的选择，他们可以在自己的位置上享受电视带来的轻松，也可以坐在自己的位置上重温比赛录相，或是玩一盘虚拟的NBA比赛。在所有的更衣间中，前小牛队员芬利的更衣间最有特色——他衣柜上堆满了运动鞋，而且全部都是飞人乔丹牌的。芬利可是飞人乔丹品牌的"模特"，每一次他的球场亮相，都相当于在为飞人乔丹品牌打广告，而能够成为飞人乔丹品牌的模特，在NBA是一种荣耀。一件41号球衣挂在柜里，像一幅广告，告诉你这里属于来自德国的NBA超级巨星德克·诺维茨基。牛魔王诺维茨基当时是小牛队最"邋遢"的：更衣柜上乱放着训练裤，而浴巾则扔在座位边，几双袜子也散乱的摆在一边，那时的诺维茨基长发飘飘，他的衣柜乱得就像他那飘飘长发，在更衣室里格外显眼。

而最让人难忘的球馆当属洛杉矶的斯坦普斯中心和纽约的麦迪逊花园广场球馆。斯坦普斯中心外形犹如一艘太空飞船，夜晚灯光将馆顶染成天蓝色，更加的魔幻。离中心不远处有三座高楼，高楼的外墙成为了湖人队的"广告墙"，2003年上面画着科比、奥尼尔和三座奥布莱恩杯，高调着湖人的三连冠。球场有自己的守护神——魔术师约翰逊的铜像矗立在球馆之前，他那出神入化的"NO LOOK PASS"不知多少次帮助湖人笑到了最后。斯坦普斯中心是湖人队和快船队共同的主场，但湖人队的主场更加吸引人。地板铺成了黄色，一种忠诚与尊贵的感觉油然而生。那一面面总冠军旗帜如同标识，述说着湖人队的悠久历史和辉煌战绩。湖人的主场永远是明星云集，第一排的座位永远属于好莱坞的大腕们——奥斯卡影帝尼可尔森可是每个主场都不落下，老爷子喜欢湖人超过喜欢电影，对他来说电影是谋生的手段，而现在他已功成名就，看湖人的比赛就是享受生活了。纵观NBA30支球队的主场，球票卖得最贵的莫过于斯坦普斯中心，近两万个座位，最便宜的馆顶位置，也需要30美元，而场边座位轻松突破2500美元。要是遇到季后赛，场边座位少于5000美元，你别想买。

斯坦普斯之所以有名，与湖人队在NBA的地位是分不开的。坐在球馆里，恍如走进了名流的派对，一会儿看见了基努·李维斯，一会儿又瞧着美国甜心布兰妮朝身旁的一位帅哥莞尔一笑。而球场上奔跑着的，也都是明星：科比、奥尼尔、奥多姆……名流明星是湖人队的"陪伴"，只要是主场比赛，就必不可少，这也让不少球队眼红。记得有一次马刺主场战湖人，圣安东尼奥特意找来出生于美国得州的影星汤姆·李琼斯前来扎场子。当现场的镜头捕捉到李琼斯那憨厚的笑声时，马刺主场爆发出前所未有的欢呼声，似乎在向湖人示威：你们主场有名流，我们一样也有！

纽约的麦迪逊花园广场球馆则代表着一个传奇。虽然球馆远远比不上斯坦普斯中心现代化，也没有丰田中心那么崭新，但每位前来麦迪逊打球的球员，都怀着一颗崇敬的心，因为那是篮球的圣殿，早在上世纪40年代就开始成为专业的篮球馆，更是美国艺术家们向往登上的最高舞台。每年的NBA选秀都是在麦迪逊举行，新秀们就是从这里踏上了NBA的征程。一些NBA的历史时刻也是在这里上演，比如著名的"米勒时间"，还有飞人乔丹总是在这里得到40分以上。其实，在我看来，麦迪逊花园广场最与众不同的，是它的灯光。坐在球馆里面，你似乎在看一场电影，周围很暗，而灯光聚焦之所在正是球场，灯光呈现出让人舒服的灯泡黄，如同小时在家中写作业时头顶那盏白炽灯透下的光芒，温暖，梦幻。很多人说，在麦迪逊看球，就像在看一场秀。没错，麦迪逊是一个舞台，每个站在球场上的球员，都像电影里的演员，每一个动作，因为灯光的聚焦，而显得特别清晰，特别有感觉。

事实上，这个舞台不仅仅是篮球舞台，麦迪逊花园广场开了不知有多少场的演唱会，那挂满走道的歌星画像，足以说明这里的荣光，就连音乐界的奥斯卡——格莱美大奖的颁奖盛典，也是在这里举行。我还记得2003年的格莱美颁奖典礼是在寒风中举行的，那时的天后还是小甜甜布兰妮，天王则是痞子阿姆。整个纽约都为之激动，靠近麦迪逊花园广场的地铁入口早早被封，两名警察站在地铁出口处，拦住想进入地铁的行人，让他们前往更远一些的入口处坐地铁——一切都是为了安全。麦迪逊广场花园外早就人满为患，甚至对面的建筑台阶上都挤满了人，一位老兄更是骑在了他的兄弟身上，为的就是看一眼红地毯上的歌星。最让人难忘的，是一位黑哥们。他大约20出头，穿着一条破烂的牛仔裤，头戴着扬基队的球帽。由于天气太冷，他被冻得鼻涕长流，但手上却拿着一张破旧的白纸，上面写着：小甜甜，我爱你。

提起球馆，不得不说说餐厅。NBA球馆一般提供了吃喝玩乐各种服务，一大家人来到球馆，先去快餐店买一些汉堡或热狗，再端着啤酒杯，大摇大摆地来到自己的座位所在的排数，然后很温柔地喊一声："excuse me!"座位上的人会马上站起来，侧身，为你让出足够过去的空间。你坐在座位上，喝着啤酒，大口吃着汉堡，一记精彩的进球，会让你激动得跳起来，与身边的人碰杯庆祝，或是拍手称快，而卖零食的小贩们则不时在走道上吆喝着，"冰镇啤酒……花生……"

在球馆的顶层设有游乐室，小朋友们可以在里面练习投篮，或是踢踢足球。第二层到第三层则设有球衣专卖店，这里也是球迷们最喜欢逛的地方。买一件自己喜欢球员的球衣，穿在身上为他加油，别提有多给劲。第四层是包厢区，设有比较高级的餐厅，为名流们提供一流的晚餐。而作为记者，也有吃饭的专门所在——地下负二层。

各球馆都有专门的媒体工作区，记者们为了赶上赛前的采访，一般都没有吃晚饭。当球队更衣室大门在赛前45分钟关闭后，记者们的用餐时间便到了。每个球馆都设"食堂"，给媒体和工作人员提供晚餐，以免比赛结束后这群人无处吃饭。

我最喜欢的球馆有火箭的前球馆康柏中心，马刺的球馆SBC中心，爵士的球馆能量解决中心，因为它们都提供免费的自助晚餐，其他的球馆，晚餐全部收费，比如小牛的球馆美航中心需要记者自己掏7美元买张餐券才能吃到。不过，一次我在吃晚餐时，进来一位大腹便便头发花白的老者，定睛一看，居然是小牛队当时的主帅老尼尔森。只见老尼尔森也掏出7美元，买了一张餐券，端着盘子走向餐台。老天，这可是小牛的主场，主帅吃饭还给钱？并且还是吃"会议伙食"？在NBA，队员们都是在自己的更衣室里吃饭，主教练没有特权，他只能到这里和记者们同甘共苦了。

当然，最痛苦的记忆莫过于火箭的丰田中心的食堂。丰田中心的工作餐一顿是8美元，可内容居然千篇一律，以鸡肉为主打：不是炸鸡块，就是烧鸡翅，再配上意面，雷打不动。如果头一次吃，感觉还可以，长此以往，食之无味。为火箭队把守更衣室的是一位体重超过300斤的超级肥仔，有一次我赛前采访结束后路过更衣室，见到那哥们，随口问了句："今晚吃什么？"那哥们回答得相当幽默："还能有什么？"说完就把自己的胳膊抬了抬，作了一个翅膀的姿势，顿时笑声一片。

每场比赛后，分析师们都要对球员的每个技术环节进行分析。

# 打客场绝对是极限运动

NBA是世界上赛程最密集的赛事，一个赛季光是常规赛就多达82场，更不要提季后赛、总决赛了。难怪联盟里的老油条奥尼尔经常装病，而一到季后赛就虎虎生风了。对于姚明来说，最大的挑战就是背靠背，最困难的赛程莫过于十天五场比赛，还有两个背靠背。背靠背是一个非常形象的比喻，指的是两场比赛之间没有休息间隔，就像两个人背靠背一样那么紧凑。NBA的比赛强度很高，对于中锋的体力需求就更高。姚明来到NBA后，面临着在如此魔鬼的赛程面前如何调整体力的难题，而更为困难的，是在远离家的客场。

我体会过背靠背的那种苦累。NBA一场比赛结束，加上采访完成，一般都是半夜时分。这时回到酒店，立马写稿。睡觉那是不可能的，3500字的稿子，一般完成后已是凌晨4时左右，而飞向第二个城市的航班，将会在上午10时左右起飞。在迷迷糊糊睡了不到三个小时后，又得起床收拾，退房，向机场奔去。坐飞机其实是一件很累人的事。过安检，无所事事地等着登机，在飞机上度过漫长的两三个小时……尽管你没做什么运动，但身体总是处于一种无法完全放松的状态，听着引擎的嗡嗡声，身边的人需要如厕，你得起身让路，想睡一觉也不可能。美国的空姐基本上都是"空婆"或是"空爷"，毫无秀色可言，精神上也无法得到"愉悦"。而除了饮料与一小袋饼干外，飞机上的一切都需要自费，包括中国人认为最理所应当的餐饭。一个小小的三明治需要10美元，不好吃，还吃不饱。

抵达之后，又得马不停蹄地去下榻的酒店放行李，这时一般都已是下午2时。在酒店外找一家快餐店，匆匆吃个汉堡，勉强填填肚子，又该去球场，在外围找点新闻花絮，丰富稿件内容。接下来的一切都重复着前一天的行程，看比赛，采访，回酒店，写稿……人极度疲劳，但还得硬撑着。有一天，在菲尼克斯太阳队的球馆里，我来到客队更衣室，姚明坐在那里发呆，整个更衣室里，只有我与姚明两个中国人。姚明知道跟客场的辛苦，而且这次还是一个背靠背的比赛。"累吧？"姚明问道。我点了点头，"基本没怎么睡觉。"

姚明往后一仰，盯着我想了想，"要不这样吧，反正你是所有客场都去的，我去跟球队的官员们说说看，看能不能让你上我们的包机，你也省事点，不必太辛苦。"球队的包机！这对我来说无疑是天上掉下馅饼的好事。要知道NBA球队都有自己的包机，飞机宽大，而且人到即飞，不会浪费过多的时间在机场。而且每场比赛结束之后，球队在上大巴之前就会接受安检，大巴将直接开进停机坪，下了大巴就上飞机，那将是多么痛快的事啊。但当时我很犹豫，考虑到那时客队的采访将肯定无法进行，而且也无法拿到赛后的一些重要的数据。姚明真是跟球队的官员谈了，但让记者乘坐球队包机违反了球队的管理条例，最终未能成行。

客场偶遇潘玮柏

《休斯敦纪事报》的老记费根也是需要跟客场的，而且是每个客场必去。因为截稿时间的关系，他必须在比赛结束后两个小时向后方发回一篇稿件，所以他也无法搭乘球队的包机。有很多次，我都在机场碰到费根，我俩订的行程差不多，很多时候都乘坐同一班飞机。对于背靠背，费根也是一耸肩，拍拍他的皮箱，"没办法，NBA记者就得这样。这个小箱子里放着我的换洗衣服，足够应付我在外面漂十天左右了。"

跟客场次数多了，我已经掌握了一套订机票、订酒店、订机场接送车的方案，知道哪个网站上的机票便宜，哪家网站上的酒店实惠。酒店一般都订在球馆附近，美国大部分城市的公共交通都很糟糕，如果订得太远，打车的钱足够买一个名牌包包。我住过各种类型的酒店，次数最多的还是汽车旅馆，便宜。旅馆一般两层楼高，房间不大，一张床，一张桌子，再加一台空调，剩下的空间，只够侧身通过了。绿色的地毯已经磨旧，整个房间里弥漫着一股说不出来的味道，怪怪的。奇怪的是，几乎每家汽车旅馆都有这种味道，似乎这是廉价酒店的身份证明。记得2005年NBA全明星赛在丹佛举行，瞬间房价上扬，市中心的汽车旅馆价格都能赶上三星级酒店。为了省点银子，我与几位记者一起订在了离球馆大约10公里远的一家汽车旅馆，那里基本上成为了中国记者的大本营。全明星赛自然群星荟萃，然而最让人想不到的是，晚上从球场回来时，楼下走上来一人。借着廊灯，渐渐看清脸庞，居然是潘玮柏。

潘玮柏居然也住汽车旅馆？当时我不太相信自己的眼睛，但潘玮柏确实站在我的面前。"潘玮柏，你是来看球赛？"我问道。"是啊，赞助商给我了一张球票，我来看看。"潘玮柏边说边朝自己的房间走去，"这家酒店是别人帮我订的，我得去看看房间怎么样。"十分钟后，我打了个电话去他的房间，想跟他聊聊比赛的事情。"我要换家酒店。进屋后我发现墙上居然有弹痕，这太可怕了，我得马上走了。"潘玮柏挂了电话。不一会儿，楼下响起了汽车发动的声音，潘玮柏开车走了。我仔细看了看我的房间，除了窗帘上有一个不知是枪打的还是烟烫的洞外，一切均好。再说，这么多中国记者住在一起，

与潘玮柏在汽车旅馆相遇。

还有比这更安全的地方吗?

当然,常在河边走,哪有不湿鞋的。我出了一次车祸,地点就在马刺主场SBC中心的外面。比赛结束,采访完成,打了一辆出租车回酒店。司机是位球迷,他正在听着电台广播,讨论着刚刚结束的比赛。于是我也加入了讨论,跟着司机争论着姚明厉害还是海军上将大卫·罗宾逊厉害。车还没开出500米,突然一阵剧烈的撞击从我的左侧传来,剧响的同时,我也跟着飞了起来,重重地撞在了司机驾驶椅上。出租车跟着横移,司机赶快刹车,并快速打方向盘,将车停下,嘴里不停骂着"SHIT"。我只感觉左腹一阵疼痛,抬头一看,撞我们的一辆卡车,已快速向前逃逸。司机马上打了911,不一会儿警笛响起,一辆警车赶到。出租车的左侧已被撞坏,司机气恼地在骂娘。警察问询车祸的情况,看到我捂着肚子,便问需不需要救护车。我按了按左腹部,首先判断肋骨没断,可能只是碰撞导致了肌肉软组织受损,想到稿子一个字还没写,我谢绝了警察的好意,碰巧一辆空的出租车驶来,赶紧挥手叫住,上车就往酒店开去。第二天在圣安东尼奥的机场,我给休斯敦的朋友打了一个电话,朋友是位医生,我把疼痛的部位以及痛感描述了一遍后,他判断问题不大,我一颗悬着的心才算落地。

飞近姚明
姚明，从菜鸟到巨人的转变
Basketball Storm
PAGE 30/31

其实姚明也挺大方

BASKETBALL STORM

篮球风暴
BASKETBALL STORM

跟客场虽然辛苦，但这也是同球星建立友谊的最好机会。在休斯敦，无论是训练还是比赛之后，姚明都会及时回家，与记者们在一起的时间并不多。但在客场就不一样了。一到客场，姚明与记者一样，要面对一个陌生的环境，特别是在他的新秀年，因而也显得比较孤独。 于是晚上邀姚明一起吃个饭，或是去姚明的房间玩网游，成了客场打发时间的好方式。美国的城市中，姚明最喜欢的莫过于西海岸的西雅图和波特兰了。这两个城市都不算大，但挺别致。特别到了秋季，开车前往华盛顿湖畔，看着湖面上快艇飞驰，岸边豪宅掩映在绿树丛里，你就会马上爱上西雅图这座城市。了解西雅图，还是通过电影《西雅图夜未眠》，"甜妞"梅葛·瑞恩与汤姆·汉克斯在西雅图的恋爱故事,曾经打动了无数的人。而当真正行走在西雅图的街道上时,那阵阵咖啡的香味不时钻进鼻孔,强烈刺激着嗅觉神经。对了,西雅图可是咖啡之都,风行全球的星巴克就是从这里走向世界的。不过,我更喜欢Best Seattle,这也是一个咖啡连锁店,煮出的咖啡味道更胜一筹。坐在咖啡店的玻璃窗前,透过玻璃看着来往的匆匆行人,再喝一口香浓的咖啡,感觉就是在西雅图了。

姚明当然无法同我一道前往Best Seattle去品尝那里的咖啡了,他的目标太明显了。不过,在美国,姚明的自由程度还算是很高了。记得有一次在盐湖城,姚明同我一起去一家牛排店吃饭,他一出现就引发了一阵小小的"骚动",食客们抬起头,表情惊讶,然后笑容满面,边点头边说:"YAO,YAO。"但没有人冲上来,姚明也很大方地打了个招呼,走到座位上用餐。这时有人前来索要签名,姚明只是淡淡一笑,指了指盘中的牛排,"对不起,我还在吃饭。"索要签名者便很知趣地离开。用餐完毕,走到餐馆门口等车时,几位胖小子拿着纸和笔,靠近姚明,用央求的口吻说道:"姚明,能给我签一个名吗?"姚明想了想,点了点头,胖小子便很高兴地得到了姚明的签名。一位白人太太走过来,想同姚明合张影。这时接姚明的车开了过来,姚明摆了摆手,说了声"我得走了",便钻进汽车里,留下一群围观的群众,用相机拍照留念。我至今还怀念着那顿牛排。那顿晚餐是在美国高级牛排连锁店Ruth's Chris Steak House里吃的,我点了一块七分熟的牛排,结果还没能吃完。打包带走后,又落在了姚明的车上,让我营养丰富的早餐打了水漂。

波特兰也是一个很漂亮的城市,特别是当落叶飞下,将小石路铺成一片金黄之时,异常美丽。由于姚明新秀年的赞助商是耐克,耐克公司的总部就在Oregon(俄勒冈),所以每次来到波特兰,总有朋友请姚明吃饭,这让客场之旅,变得热闹非凡。姚明比较喜欢吃日本菜,而波特兰有着美国最正宗的日本餐馆,这更是对了姚明的胃口。一次客场比赛结束，火箭不但赢了比赛，姚明的发挥更是不错。回到酒店后，姚明稍事休息，便有朋友开车在酒店楼下等候了。叫上火箭队的体能训练师、医学主管以及相熟的中国记者，一群人浩浩荡荡前往宵夜之所在，一家日式餐厅。几张矮脚桌通排而放，榻榻米两边坐满了人。球队赢了比赛，姚明自然很放松，他甚至不停与医学主管凯斯·琼斯开玩笑，全场笑声不断。

当然，姚明也有足不出户的时候。有时比赛后实在太累，姚明只想待在酒店里，而酒店里的食物又不合胃口，这时他便会托记者帮他买些自己喜欢吃的东西，比如一种叫Popeyes的炸鸡块。火箭队的主帅换成范甘迪后，这位名帅对酒店很是挑剔，每次去洛杉矶，他只住里兹·卡尔顿大酒店，而那座奢华大酒店，位于洛杉矶的郊区，面朝大海，幽静无比。酒店的环境十分到位，但出行却十分不便，因为离市中心实在太远。洛杉矶的唐人街全美闻名，但姚明要想去吃一顿中餐却很困难。这时他也会托记者去中餐馆打包几样菜，拿到酒店的房间里，大饱口福。在客场待久了，就特别想念中餐。面对洛杉矶湖人队这样的强手，有什么比吃一顿满意的中餐，休息足够的时间更加有助于发挥呢？

穿上西服，姚明立马像个商人。

是否大牌，看有没有保镖

篮球风暴
BASKETBALL STORM

天后惠特尼·休斯顿主演的电影《保镖》让人见识了美国保镖的职业与不可缺少，保镖这个职业在美国的确有着巨大的市场。NBA的巨星们都有自己的保镖，有些是职业的，有些则是由自己的亲戚来担当。刚到休斯敦时姚明还不会开车，美国人潘克林既当姚明的翻译，也当姚明的司机。在路上，潘克林给姚明讲，开车时要警惕，因为在公路上开车时，会遇到有人拿枪乱射的情况。姚明笑了，没当回事。美国宪法规定，公民拥有枪支的自由。枪在美国确实很常见，得州的枪支铺更是随处可见。每年一度的枪支秀总是热闹非凡，一把手枪，也就几百美元。当然合法拥有的前提是你得拥有持枪证。事实上搞到持枪证也并非难事，只要你没有不良记录就行。我在休斯敦的一位朋友最大的爱好就是周末去射击学校学射击，他的车后面就放着一把手枪以及几匣子弹。NBA球星都是富翁，而巨星则更是如此。年薪动辄超过上千万美元，再加上巨额的广告收入，巨星们在美国也成为眼红的对象。小时混在贫民窟的NBA球星们更是明白保镖的重要性，所以像大鲨鱼奥尼尔这等的大牌，就有自己的私人保镖。奥尼尔的私人保镖名叫克劳福德，身高1米9，体重250磅，但站在奥胖的身边，也仍然显得"娇小"，让人怀疑到底是谁在保护谁。克劳福德做过纽约的警察，奥尼尔说他亲眼见过克劳福德打拳，"全世界我只害怕两个人，一是克劳福德，另一个就是我的父亲。克劳福德打拳可真厉害，能在纽约当警察，那就是件了不起的事。"早在1996年奥尼尔加盟湖人队时，他就请了克劳福德当自己的保镖。有保镖在身边，奥尼尔走哪都挺放心。为奥尼尔保驾护航的还不仅仅是克劳福德一人。2006年奥尼尔造访中国，计划从北京飞往成都。就在过安检时，X光照出一名黑人男子随身的包里有一把手枪。安检人员随即对那名男子的包进行开包检查，发现在那个包内有一把弹夹内装满子弹的手枪和一些零散的子弹。安检部门立即通知首都机场警方。目击者称，警察到达现场后，奥尼尔情绪非常激动，不住用英语询问："我还能不能再看我兄弟一眼？他没事吧，他到底怎么了？"被查出持枪的黑人男子名叫Andre Malik Spellmn，自称是奥尼尔的表哥，随奥尼尔去成都参加活动。这位Andre便是奥尼尔的第二位保镖。

一开始姚明并没有觉得自己有请保镖的必要。美国的警匪片与枪战片也多半是从电影里看到的，似乎离他还很远。但当他发现球迷跟踪自己到家门口时，那种心情可谓忐忑。2007年3月15日晚，在结束与快船队的比赛后，有些疲惫的姚明来到停车场。保安向他点头致敬，铁栏将球迷与姚明分在了两边。上车，发动，姚明踏上回家的路。高速路上车流并不算多，这一路下来也还顺畅，但姚明却没想到，他一直被人跟踪。几个热心的火箭球迷一直跟在姚明车后，一直开到了姚明的家。当然，这几位球迷没有恶意，就是很喜欢姚明，希望能够与偶像合影，并索要他的签名。最后，姚明满足了他们的要求，甚至连姚妈妈也成了合影的对象。从照片上看，这几人居然还走进了姚明的车库。姚明虽然很配合，但是表情却有些无奈。这事虽然不大，但随后有人将这些照片公布在火箭球迷论坛上。这个帖子很快引发了口水大战，有球迷表示后悔没有一起跟踪姚明到家，"不然我也能得到姚明的签名了。"也有球迷批评称，不应该进入球员的私人空间。与姚明关系不错的朋友都很紧张，认为姚明开车实在太不小心，连被跟踪也没发现，而且对跟到家的球迷也太客气了，"在这种情况下理应报警。"一位在休斯敦住了多年，与姚明关系很铁的朋友跟我讲道，"多危险啊，你根本不知道这几个人的意图。"

跟踪事件促使了火箭队为姚明配保镖的决心。随后姚明的身边就多了一位名叫布彻的美国人，他中等身材，留有一撮小胡子，很喜欢休闲西服加牛仔裤的搭配。布彻做事干练，总是站在姚明的身边。当姚明前往停车场时，布彻为姚明挡住记者或是球迷的步伐。当姚明外出就餐时,布彻也不离姚明左右。有了布彻在身边,姚明也觉得安全多了。布彻到底是什么身份,我曾经问过他,但布彻却摇头不愿意回答。火箭的工作人员透露,布彻是一位退休的警察,身手不凡,所以被指派来保护球队的球星,那时姚明自然是重点保护对象。姚明很信任布彻,有什么事也都跟布彻讲。但布彻并不能24小时保护姚明,而姚明的住址已经被泄露,为了以防万一,姚明很快搬了家。这一次,他搬到了休斯敦的富人区,这里的房子动辄数百万美元。姚明的房子是一处豪宅,房子有三层,带一个私人花园,花园可能有200平方米,有一个小游泳池。"我特别喜欢这个花园。"姚明说道。这个花园种上了热带植物,有一个50平方米的草坪,而墙外是古树参天,感觉特别的好。

房子很大,一楼有健身房、陈列室、书房,二楼是大客厅,三楼是顶楼,姚明将其建成了小电影院,投影机似的,有四个座位,都是超大号的Lazyboy,坐着特别舒服。

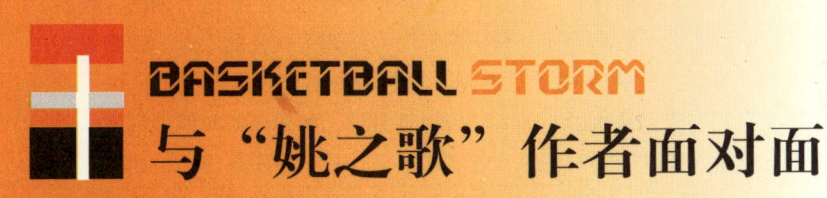

BASKETBALL STORM
与"姚之歌"作者面对面

穿黑西服的黑人就是姚明的保镖布彻。

2003年,最火爆的歌是"姚之歌"——《为姚明所作》:姚明,姚明姚明……从老外的嘴里冒出来,姚明就变成了"要命,要命要命……"每每听到这样的声音,姚明就觉得又气又好笑。在火箭队的主场,姚之歌几乎能响彻整场比赛,只要姚明一得分,姚之歌便唱响。这首歌好唱,易记,听过一遍,就能跟着一起吼。不但如此,你还可以登陆www.pulltabmedia.com,再回车,一个窗口将弹出来,"你正在下载姚之歌,需要一点时间,但值得等待。"数十秒后,熟悉的旋律在耳边响起,"姚明,姚明,姚明……"但这是2003年的事了。现在这个网站连同那首"姚之歌",都已成为浮云,不知所踪。不可否认的是,这首歌曾经流行,也曾经激励了众多的华人。那时只要姚明进球,康柏中心就会响起这样的曲子,而这也是姚明所拥有的特殊待遇。

整首歌长达2分钟。前面的曲调借用了世界杯的加油曲,后面则是美式的说唱。姚之歌是由两位作者合写的,一人作词,一人作曲。

姚之歌不仅风靡休斯敦,更让词作者麦克雷恩一炮走红。麦克雷恩年纪不过30多岁,喜欢穿T恤,牛仔裤,戴一副金丝镜,很是休闲。我有一次跟麦克雷恩一起吃饭,在与他谈话的一个小时里,他的手机响了十多次。"不好意思,现在有很多人打电话找我,我都不敢接手机了。"麦克雷恩表示歉意。由于小有名气,已有各种球队找他,要求量身订做队歌。"冰球队,棒球队,足球队……我每天都忙得要死,工作到深夜2时才会睡觉。但早上起来,仍然精力充沛,因为这是我喜欢做的工作。"

谈到姚之歌的创作,麦克雷恩的话匣一打开就收不住了。"我是一个超级体育迷。火箭队是我最爱的篮球队。火箭队上个赛季糟糕透了。在选秀期间,我就特别留意那些新秀们。《体育画册》有一期专门介绍选秀大会的人选。我随意翻着,翻到一页,我被一个人迷住了,姚明,7尺6的身高,技术细腻,"这不是奥拉朱旺第二吗?"麦克雷恩回忆道,"当时我就想,如果休斯敦能抽到第一选秀权,姚明不就是火箭队的吗?当时我就有个预感,想到是不是该为姚明做点什么。选秀那天,我开着车,听着收音机,里面讲着选秀抽签的情况。一听到弗朗西斯抽到了第一选秀权,我就高兴得唱起了'姚明,姚明……'灵感来了,真的,我就在车上将整首歌词写了下来。"麦克雷恩当时直接把车开到了一个小录声室,那是他的姐夫出资修的,主要是满足他对音乐的爱好。凯文,麦克雷恩最要好的朋友,也是一位很有才气的画家,同时对作曲也相当在行,当时正在里边听歌。麦克雷恩冲进去对凯文大叫:"伙计,我们得到了姚明,你快谱个姚之歌的曲子。"按麦克雷恩的话讲,凯文愣了半天,问谁是姚明。一阵解释后,两人才坐下来商量如何谱曲。

"你是英式足球迷吗?"我问道。因为歌曲的复唱部分,分明是借了足球迷的"OLE,OLE OLE……"的模式。"我不是英式足球迷,但那首歌是国际化的,在网络上流传很广,我借鉴了一下。"麦克雷恩解释道。第二天,当街上的报纸刚刚登出火箭队抽到第一选秀权时,麦克雷恩已将作好的歌曲试样交给了火箭队的官员。"他们真的吃了一惊,不过听了歌后,都很喜欢。到后来就一直用上了。"

《为姚明所作》里面的合音听起来有上百人在齐唱,实际上也就是麦克雷恩与凯文两人的声音,只不过用各种手段进行处理,达到了上百人合唱的效果。

这首名为《为姚明所作》的歌词前半部分是回忆奥拉朱旺为火箭队带来的光荣,以及近两年成绩的晦暗;后半部分就是姚明带给休斯顿的巨大喜悦和希望。歌词简单好记,唱起来朗朗上口,RAP的风格很强,所以连火箭队的总经理道森也会哼上两句。

《为姚明所作》这首单曲收录在《最伟大的成功》这张专辑里,是专辑的主打歌。专辑都是麦克雷恩与凯文的作品。专辑共有11首歌,其中包括两首火箭队歌。

据麦克雷恩介绍,从专辑上市以来,在美国销了2000张,每张售价12美元。"以前我将歌放在我的网站上,球迷们可以随意下载,那是免费的,现在出了专辑,想听完整的歌,只能去买CD了。"麦克雷恩还透露,他目前正计划开发中国市场。"中国版会是火箭队专辑,里面包括《为姚明所作》的英文、普通话和广东话三种形式,再加上弗朗西斯与莫布里之歌、穆奇之歌、火箭队歌,一共有7首。"

理想与现实总是有差距的,《为姚明所作》这首歌的生命力也仅仅存活到了2003赛季,随后便完成了历史使命,淡出了历史舞台。麦克雷恩开发中国市场的计划最终也没有获得成功,现在也不知道混在哪个行当。2003年是姚之年,那时他的一件普通签名T恤,都能被拍到400美元。时光一转眼,姚明已到了他职业生涯的末期,但只要一听到《为姚明所作》,当年姚明在休斯敦所创造的轰动效应就会浮现于眼前。

姚明在休斯敦深受欢迎,而在休斯敦的华人更是因为姚明而感触良多。

 # 姚明净高2米22

"拜托,回国两周内别给我打电话。"大姚笑称他现在最怕就是电话铃声,这也是他接受我专访的前提条件。当他的第一个赛季结束后,自然要给出一个总结。那时,他正在收拾行李,准备回国。我一直有个疑问,那就是姚明到底有多高?火箭队给出的身高是7英尺6,换算下来是2米26,而其他的球队又将他身高写为7英尺5,也就是2米23。"其实我的净高是2米22。2米26?可能是我穿了鞋后的身高吧。我16岁时,身高就是2米,当时每隔一段时间教练会给我量一次,每次我都会长一些。有记者看见了,就把我的长幅记下来,然后每到一定时间就给我加一点。我在20岁以前确实在长,但20岁之后就没再长了。可那记者还估计应该再长点,于是又给我加身高,2米26就是这么出来的。"

高大的姚明在刚到NBA时,显得消瘦。而一个赛季结束之后,他已经开始适应NBA的强度。姚明最大的特点,就是适应。经过一个赛季的比赛与训练,大姚壮了。"比起我刚来NBA时,我重了8磅。""那你觉得这个赛季,你最大的收获是什么?"我问道。"最大的收获,就是对抗力强了,自信心足了。"大姚坦承自己的技术提高并不是很大,"技术提高主要靠夏季联赛,但这个夏天我要参加国家队的集训。不过,在训练中我想技术会慢慢提高吧。这个夏天,我主要练的还是力量。"

当我问起国家队与其他世界强队的差距时,大姚想了一会儿。"总是说国家队的差距,其实这是让队员们最尴尬的问题了。这个问题从大郅出去开始问,现在问到我回国,队员们只能说自己的实力不行等话。但事实上,这并不单单是球员的问题。我承认我们球员自身的不足,比如身体对抗不行、技术不好等等。但仅仅是这些吗?"大姚顿了顿,"你知道琼斯吧?就是火箭队的体能教练。2000年奥运会时,他是美国教练组的成员。我有次请他吃饭时问他,当年美国队是如何准备与中国队之战的,他的回答让我非常的吃惊,我们收集了中国队的情报。从CBA到国家队的都有,共收集了大约20盘比赛录像,再专门进行剪辑成不到半盘的带子,里边都是针对中国队的打法与战术的专门介绍。'我当时就惊住了,怪不得别人什么都知道。你知道我们的情报吗?我们一个夏天研究法国队的情况时,就只有一盘带子,一盘法国队对南斯拉夫队的比赛录像。我说这话不是开脱球员的责任,但所谓知己知彼,才能百战不殆。还有一点,你知道火箭队给我进行身体检查花了多少钱吗?这笔钱足够CBA两名临时球员的转会费。当然,有些也不是我们目前就能做到的,但如果尽力去做了,我想效果是会出来的。这个与强队的差距,实在是一个太模糊的概念了。"

不可否认,那时的姚明,对于自己的未来相当的自信,他已经成为NBA的巨星,第一个赛季就已经吸引了国际大品牌的关注,广告代言的都是知名品牌,但有一点姚明从来没有改变,那就是对中国国家队的承诺。这是姚明爱国心的体现,也是他商业价值的保值手段。尽管一个赛季下来,姚明已经很累很苦,需要时间休息,但只要中国男篮需要他,姚明总会站出来,尽自己的一份力。或许,这也为姚明数次骨折埋下了伏笔,但姚明无怨无悔。

提名姚明为名人堂成员
BASKETBALL STORM

姚明有资格入选奈史密斯篮球名人堂吗?正当全世界的篮球专家球迷们都还在争论时,2011年7月20日,我已把姚明的资料传给了篮球名人堂总裁约翰·多乐瓦先生,并填好了申请表,递交了申请。多乐瓦先生称,我是第一位向名人堂提名姚明的人,姚明正式被提名,能否入选最早明年就能知道结果了。

斯普林菲尔德市的奈史密斯篮球名人堂,我恰巧路过一次。2009年底,悍马公司的新闻官尼克开着一辆红色的悍马,接我去悍马的越野性能测试基地。我们从底特律出发,一路狂奔,到了斯普林菲尔德时,尼克指着一幢建筑对我说,那就是奈史密斯篮球名人堂总部。很遗憾,由于赶路,我没能进去参观,印象中这个世界篮球精华之所在的地方,由灰色的砖彻成,门并不宏大,但难掩其在篮球界的地位。篮球名人堂到现在为止已经"入住了"很多名人,包括乔丹、罗德曼,包括韦斯特和魔术师约翰逊,当然还有为世界篮球作出突出贡献的人。入选篮球名人堂,绝对是对篮球人士最高的褒奖,其意义远远超过一枚或几枚NBA总冠军戒指。毕竟不是所有的NBA总冠军们都能进入篮球名人堂。这也是为什么当姚明退役消息传出来后,美国篮球圈里对他是否应该入选篮球名人堂产生了争议的原因。

为了表彰姚明的贡献，休斯敦特别设立"姚明日"。

可我想说，姚明绝对有资格入选篮球名人堂。有争论是好事，说明人们记得你。分歧来自姚明的球场成绩。作为状元秀，姚明让火箭队充满梦想，让休斯敦人试图重温"大梦"奥拉朱旺时代的辉煌。然而，直到宣布退役，姚明都没能带领火箭队杀进过西部决赛，更别提总决赛了。不过，这只是球场上的战绩，是姚明篮球贡献卡上的一个选项而已。火箭队总经理莫雷说，姚明是休斯敦历史上最优秀的运动员，这不是客套话。姚明开创了一个大时代，一个属于休斯敦，属于中国，属于篮球的大时代。作为《成都商报》记者，我于2003年1月飞赴休斯敦采访报道姚明，属于记者们眼中的"姚一期"。那时的姚明很菜鸟，标准的瘦竹竿，尽管在NBA之前，姚明已是CBA总冠军，但在火箭队，他就是一位新人，一个什么都需要学习的新人。姚明并不知道，他的影响力从踏上休斯敦的土地开始，已经扩散开去。直接受益的是休斯敦的华人们，因为姚明的存在，他们的社会地位似乎提高了不少，因为姚明，电视镜头也多次对准了黄皮肤的球迷。姚明开始成为休斯敦各阶层谈论的话题，而华人们也因为姚明的纽带作用，越发地团结。这些姚明或许不知道，但作为当年在休斯敦生活了5个月，与无数华人和白人接触过的我来说，却是十分明显。姚明热由此而来，当时他的一件签名T恤，会被拍卖到400美元，足以买一个名牌手包了。

但人们不是无缘无故地喜欢姚明，是姚明自己的表现征服了那座城市。作为新人，姚明很快被火箭队接受，很快与火箭当家球星弗朗西斯成为好朋友，姚明性格上的魅力表露无遗。有两件事我记得很清楚，姚明的第一场NBA比赛，得到0分，两个篮板。姚之队的经纪人海逊格以为姚明会难过得要死，当他在更衣室里见到姚明时，姚明笑了，"如果我吃两块饼干，我会打得更好一点。"第二件事，赛季的第七场比赛，姚明被太阳队的马布里假动作晃得绊倒在地。这个动作连火箭队队友们都笑得花枝乱颤，格伦·莱斯说他们笑了姚明一个礼拜。但姚明没有生气，他从容面对，这就让火箭队上下对姚明另眼相看了。

好性格让姚明很快被球队接纳，而努力提高球技则让姚明获得了足够的尊敬。姚明是火箭队训练最刻苦的球员，没有"之一"。他对比赛态度认真，而且积极学习NBA的知识与规则。记得前火箭主教练范甘迪会给球员发厚厚一本战术书，全英文，要求队员们熟记于心。姚明那时英文还不算太好，但他总是尽最大努力去学习新的战术，牢记每一种手势所代表的含义。最让范甘迪满意的，是姚明的无私与团队意识。作为球队的核心，姚明需要数据支撑，但如果队员们有更好的投篮机会，姚明总是第一个将球传出。每次后卫不传球时，姚明会费很大的气力去抢位，然后再出去，再抢位，他的认真与努力，教练看在眼里，球迷看在眼里，姚明的声望就这样慢慢建立。在场外，姚明更是积极参加了各种社区活动，在慈善方面他也主动参与。姚明利用自己的名气，吸引更多的人进行慈善事业，帮助贫困儿童，用他标志性的笑，传扬着中国的文化。他是全世界认知度最高的人之一，他也很好地运用了自己的优势，让更多的"老外"，了解中国，了解中国文化。人们为姚明的精神感动，人们甚至因为姚明而爱上篮球，而更多的中国孩子相信，有一天他们也能像姚明一样，在NBA找到自己的梦想。

　　这些都是姚明对篮球的贡献，这些难道还不够吗？所以，当姚明决定退役的消息曝光后，我立马给篮球名人堂总裁约翰·多乐瓦先生发去了一封邮件，约定一个采访时间。7月12日晚，我拨通了约翰的手机，对他进行了一次专访，了解到提名名人堂的条件与规则，这也是中国记者第一次正式详细了解名人堂的入选程序。约翰告诉我提名所需具备的各种条件，我突然发现两件事。一是如果以有突出贡献类提出申请，姚明今年就可以被提名；二是只要是对姚明的贡献非常了解，能够提供相关材料的人，是具备向名人堂提名的资格的。在与约翰进行了数次的电话以及电邮通信后，约翰终于在7月14日将提名表格发给了我。

　　作为媒体，《成都商报》在2003年就派我赴现场采访，之后在2004年，2005年，2007年分别派出记者采访报道姚明，记者曾在美国最长时间达到7个月，《成都商报》可以说是全中国除专业体育报外在美国采访报道姚明最长最多的平面媒体。由于与姚明及其团队联系紧密，所以由《成都商报》提名非常合适。在与约翰沟通后，约翰也认可，要求将提名表认真填写之后，发传真到总裁办公室。就在姚明退役那晚，我又与约翰再次确认，得到肯定答复，称这是他收到的第一份关于姚明入选名人堂的提名表，姚明已正式被提名。据约翰介绍，"在10月31日前都是提名阶段，这个时间所有的提名表格都将汇总到我这里。而正式评审开始是在12月份。明年2月将是入围名单出炉之时，如果姚明入围，而且得到了足够多的票选，明年4月将会宣布最后四名候选人。而明年9月将是最后出结果之时。"

　　随后给姚之队的负责人章明基去了电话。章明基表示，提名是好事。现在，提名已经完成。不过，姚明认为自己刚退役就参与入选名人堂为时太早，他申请推迟提名，名人堂批准了他的请求，"提名继续有效，但要等姚明通知后，才会陆续进入下一程序。"名人堂总裁多乐瓦说道。

篮球风暴
BASKETBALL STORM

飞近乔丹
飞进全明星赛

我采访了两届NBA全明星赛，但印象最为深刻的，还是2003年的那届。2003年的全明星赛在亚特兰大，那是姚明的第一次全明星经历，也是飞人乔丹的最后一次全明星赛。玛莉亚·凯莉现场演唱的那曲《英雄》催人泪下，真情流露之下，连乔丹也湿了双眼。尽管之后的全明星赛娱乐氛围依然十足，但相比我的第一次全明星经历而言，都少了令人怀念的独特的味道。

全明星赛对众多的球员来说，是难得的假期。没有入选全明星的，将各自安排自己的行程，有的回家陪亲人，有的计划出游，有的干脆当宅男，好好地睡一觉。2003年火箭队有两位首发全明星，姚明与弗朗西斯。弗老大是全明星赛的常客，而姚明则是第一次。状元秀，首发全明星，这一切让姚明无形中有种压力。

再过三天就是全明星周末了，尽管火箭队主场败给了骑士队，但队员们心情并不坏，因为至少还有"大假"：霍金斯将回家待着，哪也不去；莫布里感到累，"睡觉，我要睡觉"；弗朗西斯也不着急飞往亚特兰大，而是先去一次华盛顿。后卫诺里斯收拾好东西，走过来，对姚明说："好好享受你的全明星大餐。你拿着球就投，投中越多越好，最后你就会将MVP拿到手。"姚明一听乐了："这下好了，还多了一个MVP头衔。"弗朗西斯拍了拍姚明："兄弟，周五见了。"姚明笑着说："老大，你可得罩着我。"弗朗西斯用手拍拍姚明的膀子："没问题，你得请我吃顿饭。"姚明笑了："好，汉堡一个。"在一阵笑声中，姚明感到了一丝的放松。

亚特兰大是一座充满动感与活力的城市，让无数人感动的电影《乱世佳人》的原著《飘》的背景就是亚特兰大。女作家米切尔生在此地，用了十年的时间，写成轰动文坛并获得普利策奖的《飘》。不但如此，CNN和可口可乐的总部也都在这里，这里还是1996年奥运会的举办城市。但当全明星周末来临之时，亚特兰大全城开始大堵车。气温不高，大约在－1℃，但游人们兴致盎然，街上人头攒动。警察开始指挥交通，各大酒店生意红火。在球员下榻的海悦大酒店，更是聚集了不少的球迷，拿着本子，痴痴地等着喜爱的球星出现。

NBA的全明星周末中，周六是新秀挑战赛，中场休息时会进行三分大赛、技巧大赛以及扣篮大赛；周日则是全明星赛，而对记者来说，最有可能采访到大牌球星的日子，则是周五。海悦酒店负一层的"百年宴会大厅"被改成了采访室，硕大的厅内，由屏风隔了一下，分成两间，隔几米放一张圆桌，桌上放着球星的名字。我粗估了一下，一共有50张圆桌。NBA工作人员先安排国际媒体对国际球员的采访，然后是新秀赛球员的采访，最后是全明星球员采访时间。球星陆续走进会议室，在工作人员的陪同下，找到自己的桌子，一坐下，采访便开始了。球星太多了，记者们只恨分身乏术。诺维茨基、加索尔、伊尔戈斯卡斯……都是腕儿

乔丹的眼神很犀利，这是他最后一次全明星之旅了。

啊,哪一个人身边都围着一圈记者,如果你用心不专的话,一转移阵地,你就会发现你连原来的地盘都失去了。你经常会看到记者们"跳槽"的场景:背着大包,一只手拿录音机,一只手拿照相机,从这张桌子跑到另一桌子,没听几句话,看到另一个大腕走进来,又赶紧跑到那一边去。

国际球员的采访很好玩,因为来自世界各地,语言也就五花八门,虽然大多数国际球员英语很好,但一些媒体用球员母语发问,球员多数会用母语回答。加索尔来自西班牙的巴塞罗那,西班牙记者便和加索尔用加泰罗尼亚语(还不是西班牙语)交谈。天,围着的一圈记者除了西班牙人外,其他的只好当聋子了。诺维茨基、斯托贾维诺维奇等球员均会发生此类情况。一时间,大厅里飘荡着德语、葡萄牙语、塞尔维亚语、法语、俄语……中国记者只能恨恨地想,姚明来了,咱们可就解气了。

姚明来了。大厅开始混乱,而姚明接受采访时所在的圆桌早就围满了记者,见到这个阵势,姚明还是略略吸了一口气。对于记者,姚明总是保持着一定的距离。刚一坐下,各种牌子、长短不一的录音笔都伸到了他的面前,无法进入核心圈的记者,则只能尖起耳朵,希望能听到姚明的声音。那些来自NBC,ESPN,NHK,FOX等知名电视台的记者,则只有尽可能地接近翻译,离翻译越近,对他们越有利。给姚明作翻译的有两位,除了姚明的"贴身保镖"潘克林外,NBA还专门请来在联合国任同声传译已十多年的梅江中。由于全明星周末是一个全娱乐的周末,所以记者提问尺寸也都放得很开。有记者问姚明以后不打篮球了,准备做什么时,姚明鬼笑了一下:"我准备当记者。我现在挺讨厌记者的,一天到晚围着我。我也要去骚扰一下其他的人,这才平等嘛。"

在全明星周末,姚明自然是明星中的明星。

BASKETBALL STORM

乔丹的最后一次全明星经历

2003年的全明星赛备受关注,不仅因为姚明这位刚刚登陆NBA的中国小伙,一来就抢了当时的内线巨无霸奥尼尔的首发中锋位置,还因为NBA的天王乔丹即将退役,那是他的最后一次全明星赛。

乔丹虽然已过了他职业生涯的巅峰时期,但飞人职业生涯中的种种传奇早已把他推上了神的地位。尽管是奇才的队员,乔丹的待遇已不一般。

在奇才的主场MCI中心主队更衣室里,要想采访到乔丹,最重要的是耐心,口诀就是等。十分钟,二十分钟……记者们无聊得慌,三三两两吹起牛来,摄像记者们肩扛着摄像机,等得腰酸背痛,最后齐刷刷地将"大炮"放在地上。20分钟过去了,冲澡房的门仍然紧闭。而有记者的截稿时间很早,实在等不了了,不得不匆匆地离去。一跟NBA已有4年的资深美国记者透露道,乔丹一般要等上1个小时。这就是腕儿,他会先冲澡,然后在力量恢复室里进行按摩,放松,等得差不多了,才穿上西服,绝对绅士般地出来接受采访。又过了10分钟,有些记者都谈得无话可说了,可冲澡房门仍然关着。又一个10分钟后,有人喊了声"来了",各路英雄纷纷抢占有利地形——在一台跑步机旁相互挤着。奇才与其他球队的更衣室有一个不一样地方,就是中间莫名其妙地放着一台跑步机。而更怪的是,这台跑步机竟然是乔丹的新闻发布台,飞人每次都是在跑步机的旁边接受记者们的采访的。门开了,乔丹身着灰色西服,打着素色领带,款款走到跑步机前。

飞人乔丹的更衣间在进门靠墙的最右一间,几许杂乱,桌面上随意堆着两个篮球,一条运动裤,还有一幅乔丹飞身上篮的画像。如果不是衣柜上写明了"23号 乔丹"的话，我怎么看也看不出有什么特别的地方。但视线往下一转，不一样的地方出来了，在墙脚边，堆了许多双乔丹鞋，我数了数，共有9双之多。有灰色的，有黑色的，有白色的，都用针线绣着23号字样。据NBA娱乐杂志的人说，乔丹每次都会从众多的鞋中选一双自己感觉最满意的穿。

由于乔丹决定在2003赛季结束之后退役，亚特兰大全明星周末，就是乔丹的最后一次全明星经历。恰巧，那届全明星赛的主题是"回到70年代"。整个球场的设计风格就很复古，一道道彩线交合着星星，再加上上世纪70年代在美国风行一时的迪斯科乐曲的衬托，一股70年代的浪潮跃然脑海里。在比赛暂停时间，大屏幕上回放着乔丹身着公牛队服参加全明星赛时的画面。画面为黑白，而背景音乐又是迪斯科，一下就吸引住了人们的心。观众有些干脆站起，和着迪斯科乐，叫着"Jordan, one more year.（乔丹，再来一年。）"在体育馆的走廊上，几个70年代打扮的女孩在跳迪斯科，在球场上，一群孩子头戴着爆炸式的假发，狂疯地扭动身体的每一个部位。为了将复古的风味再加重些，70年代红极一时的"Village Voice"组合也登台献艺，吼叫了一首又一首70年代流行的歌曲。更有趣的是，猫王埃尔维斯也凑了一回热闹。当然猫王只是模仿秀而已，那一次的全明星周末，所有的全明星都成了陪衬，主角只有一人：乔丹。

在嘉年华的中央球场。乔丹率领着东部群豪在球场上训练，周围的球迷被保安拦在场外，只能一声声大叫乔丹。乔丹先投了几个三分球试手，场外掌声阵阵，"迈克，我爱你！"一个中年妇女高声喊道。乔丹回头，笑了笑。这一笑不打紧，惹得一群女球迷都想往场内钻。保安一下就紧张起来，几个大汉展开双臂，像老鹰一样将她们挡在场外。

乔丹喜欢不一样的东西。这不，他觉得投三分没意思，便要在中线附近投篮。基德第一个来吃"螃蟹"。结果投出个三不粘。乔丹出场了。乔丹将球拿在手里掂了掂，然后用眼睛瞅了瞅篮，用力向外一送，球朝着篮圈飞去。"哐！"乔丹笑了，基德笑了，球迷也笑了，球从圈上弹飞。

乔丹并不是全明星的首发后卫。美国球迷没有把乔丹当作特殊的人物，而是把选票投给了表现最为出色的球星。不过，乔丹对于那些首发全明星们来说，依然是值得敬爱的人物。埃弗森、麦蒂都表示愿意把首发的位置让给乔丹。头戴小皮帽，身着阿玛尼，十足的精品男人味的乔丹在中午的新闻发布会上，面对台下黑压压的记者，再次重申他将退役，"我不准备再回来了。我觉得现在是我离开的最好时机。我之前回来是帮助奇才队更快地走上正轨，我想我已完成任务了。"乔丹称，埃弗森与麦蒂想将自己的首发让出来，心是好的。"这是对长者的尊重。但我想说的是，球迷想看的是正真的比赛，所以，你们只要好好的比赛，便是对我的最大尊敬。"不过谁也没有想到，在开赛前五分钟，飞人卡特突然决定，他要把首发的位置让给乔丹，让乔丹的最后一次全明星赛完美落幕。当介绍东部全明星首发阵容时，坐在板凳上的卡特却穿着训练服，正当记者与球迷搞不清发生了什么状况时，乔丹被当作首发后卫向全场介绍。得知这是卡特的主意后，所有在场的球迷全部起立，向乔丹致敬，也向卡特致敬。两万多名球迷的掌声，飘荡在体育馆的上空，久久没有消失。

与乔丹面对面的两分钟

　　全明星赛放在鹰队的主场菲利浦体育馆举行。球馆如同雄鹰般矗立于亚特兰大的城中心，在体育馆外，很多人等着排队入场。球迷们穿着自己喜欢的球星的衣服，三三两两地在一起谈论全明星的事。这次的保安工作做得很严，从大门进去，就像机场安检一样，你得把所有的东西掏出来，放到一小盘里，然后通过一道小门。如果身上有金属物品，过门时就会铃声大作，你可就惨了。你不仅要脱鞋，连皮带也得解开，然后探测器从头到脚给你扫描一次，少说也得花你十多分钟的时间。从媒体通道进入了球场，感觉真的很棒。球场能容纳大约两万人，从篮球场向上看，你会觉得这不是球场，而是一幢五层宾馆。全明星的标志随处可见，计时器正在倒数计时，告诉观众离全明星赛还有多少时，多少分，多少秒。

　　全明星赛是精彩的，让人难忘，但赛前的两分钟对我尤有价值。两分钟是短暂的，甚至什么事都做不成；两分钟的时间也许很长，你会一生都不忘记。与乔丹相见的两分钟，我一生难忘。

　　在全明星赛开始前40分钟，我在球场通道口看自己的座位号，突然听到球迷一阵激动，大叫"Jordan"。我忙回头，一看，果然是乔丹，就在离我不远的过道上。乔丹笑容满面，在几个随从的护卫下，正想从通道走出。乔丹基本上不接受记者的专访，所以要想面对面访问乔丹，几乎比登天还难。机不可失，我蹿到乔丹面前，在保镖们反应过来准备把我拦下之前，用最快的速度简单介绍了一下自己。2002年是中国记者开始现场采访NBA的元年，2003年在现场的中国记者人数也并不多。听到来自中国的记者，乔丹停下脚步。"乔丹，作为篮球界的一代宗师，你想对你的接班人说些什么？"时间紧迫，我也只来得及问这个跟乔丹关系最为紧密的问题。乔丹笑了："我的采访时间还没到，你的采访可是要付费的。"见我一愣，乔丹大笑，"跟你开玩笑呢。我没有特定的接班人，因为篮球运动员都是我的接班人。我希望他们能够把篮球这项运动更好地推广出去。"说完，乔丹便表示要去更衣间换衣服，快步离开，而这也成了我唯一一次独自面对乔丹的采访，虽然时间不长，却令我永生难忘。在随后的岁月里，乔丹尽管退役，但没有退出篮球圈。他购买了山猫队，成为球队的老板。不过，他再也没有接受记者们的采访，包括像写了《乔丹规则》的《芝加哥论坛报》记者山姆·史密斯也无法约到乔丹的采访，而这更显出那两分钟的珍贵。

BASKETBALL STORM
姚明的全明星处子秀

姚明是新人，但却无法参加新秀赛，因为他是全明星。于是，身着西服的姚明，坐在替补席上，盯着跟他一同进入NBA的新人们在球场上飞奔着。"原来看比赛不如自己去打。"姚明在赛后对我说，"看着他们轻松的扣篮，随意的传球，创造性的进攻配合，我真的想去打一打。我的手痒了。"

"没关系呀，你明天就可以好好地过过瘾了。"我刚一说，大姚就回道："你指全明星赛？说真的，我现在挺盼着它快点到来，也许是我急于想扔包袱吧。""包袱？"我问道。"当然，凡是带给我压力东西，我都想把它扔掉。"姚明说得很平静，但新秀年就成为全明星，对姚明来说，确实有着不小的压力。

全明星赛说来就来。与他同台的，是科比、奥尼尔、乔丹、麦蒂等神一般的人物。姚明说是不紧张，但站在球场上，多少还是有些僵手僵脚。在比赛开始前，乔丹就来到姚明面前，用手轻轻打了打小巨人的胸口，说了声"加油"。姚明听了很感动，这是来自飞人的祝福。赛前姚明表示，他不会为乔丹而改变游戏规则，不会将球传给乔丹，因为这样乔丹是不会高兴的。"这是我感到遗憾的事，我没法与乔丹在一个队打球。"但乔丹的加油让姚明心中的那块大石落了下来，他渐渐开始兴奋，开始享受比赛。

比赛刚开始1分15秒，小巨人就接到了队友弗朗西斯的妙传，用一记扣篮拉开了姚明全明星赛之路。现场的观众也为小巨人的第一次得分高兴，全场报以热烈的掌声。姚明整场比赛上场17分钟，得2分抢2个篮板，从技术统计来看是不尽人意的。然而，这是小巨人的第一次全明星之行，在姚明看来，他这个年纪还应该是坐在电视前，喝着果汁，吃着爆米花看，而不是亲自参加。"太快了，我觉得这一切来得太快了。"姚明不止一次提到快。"我觉得几年后我再来打，表现一定会好很多。"这不是托辞，姚明说的是实话。没有谁会觉得小巨人打得不好，因为场上的球员是NBA最精华的部分，随便一看，星级都是五。"我在场边看，太精彩了，要是我在比赛，我肯定体会不到有多精彩，因为我的注意力在球上，而不是其他。"小巨人说这话时笑了笑。"移动速度太快，与常规赛相比，我觉得我都有点跟不上了。"姚明当然有这个感觉。东西部全明星每个位置上的人都是最好的，他们对篮球的理解与感悟也最到位，所以怎么传球，传给谁最佳，用什么方式得分，他们球一到手就有了概念。于是出现了让人眼花缭乱的传切配合，也出现了姚明待在后场看球的场面。姚明在后场抢篮板，球刚一传给弗朗西斯，眨眼工夫，所有的球员都进入对方半场，只有姚明还一个人在后场站着。"我只是来欣赏比赛的，我的目的达到了。"不错，姚明在众多明星里，只是一个新人而已，尽管这个新人已被发现其内在的巨大能量。西部队主教练阿德尔曼认为这已经足够了。"姚第一次参加全明星赛，他的表现我感到很满意。通过这次的比赛，我想他是值得我们信任的。他将成为一名伟大的球员。"

阿德尔曼没有想到，姚明也没有想到，有一天，他俩会成为师徒，或许，这就是天意。

路遇劫匪，恐怖一夜

喧嚣的亚特兰大经过两天的疯狂之后，渐渐显露出了疲态。全明星赛结束之后，整个城市陷入了超级大堵车中。采访结束之后，我收拾好东西，准备回酒店。全明星周末让亚特兰大的酒店价格飙升，市内的酒店爆满，结果我只能订在远离城市，位于高速公路边上的一家旅馆，价格还不算离谱。但我没有考虑到的是，晚上该如何回酒店。没有驾照，也无法租车，当我走出菲利浦球馆时，顿时傻了眼。偌大的球馆外，车来车往，但就是没有一辆出租车。等了二十分钟后，我决定走到球员下榻的海悦酒店，按理说酒店应该有出租车在等客吧。

球馆离海悦酒店大约20分钟左右的路程，而夜幕沉沉的亚特兰大，完全没有了白日的那种温美与平和。我知道美国的市中心晚上都比较危险，但毕竟是大型赛事刚刚结束，警察应该会加强巡逻。抱着侥幸心，我朝着海悦酒店走去。

海悦酒店是一家五星级的酒店，门口站有两位服务员。我走过去，告诉他们，我需要一辆出租车。服务员笑着说，现在没有出租车，"全明星赛才结束，出租车都在路上拉客呢。"没办法，我只能要求给我一个出租车公司的电话，预订一辆还是比较靠谱的。让我失望的是，出租车公司告诉我，城里大塞车，出租车根本过不来，"可能要等上两个多小时。"我看了看手腕上的表，指针指着12点。如果出租车两个小时后才来，到酒店就快三点，而我订的回程航班是在早上9时起飞，这意味着留给我写稿的时间将非常紧张。

这是我第一次采访全明星赛，脑子里有很多可以写的东西，但我不可能站在亚特兰大寒冷的夜里，浪费两个小时的时间。海悦酒店大堂吵闹无比，而且没有电源，根本无法写稿。唯一的办法，就是希望能够拼车。我走到公路上，努力看着有没有空的出租车。这时一辆黑色的雪弗莱停在了街角，那巨大声响的说唱乐也开始占据整个空间。雪弗莱是经过改装的，后备箱被装上了超重低音炮，强烈的鼓点经过超重低音炮的渲染，变得无比的震憾。我感觉天摇地动，心脏都差点被震出来。开车的那位黑人，头包着白帕，靠在车身前，头随着乐点，上下摇着。他的双眼在不停扫着街道，难道在寻找目标？我心一阵狂跳。

但街上仍没有出租车。两位外国记者走在前面，他们也在寻找出租车。我决定跟着他们走，毕竟一个人是最容易成为"牺牲品"的。正当我的脚步加快之时，三位黑人已经围了上来。他们穿着羽绒服，宽大的牛仔裤松松垮垮，露出半个屁股。"哥们，要不要这个？"一个黑人摇了摇手上的东西，我瞄了一眼，小袋子里装着的，好像是白粉。在黑夜里，他们的眼睛显得特别的白。我顿时明白，遇上毒贩了。我决定装听不懂，只顾摇头摆手，并加快了脚步，黑人也加快了脚步，试图把我拦住。我急中生智，大叫一声："Tom, wait for me!"走在前面的两位外国记者转过头来看了一眼，我赶快跑了过去，与他们一道走。那三个黑人放慢了脚步，我暗自庆幸逃过一劫。这时仍然没有空的出租车驶过。两位记者也急着回去发稿，两人决定拦车，看能否拼车。一辆出租车被拦下，司机摇下窗，正想破口大骂，两人急忙解释，说明了情况。车内的乘客在听说可以分摊车费时，同意了两人上车。

又剩下我一人了。这时一辆空车从远处开来，我急忙挥手，站在路中央，将车拦下。正当要开门时，另一边的门也被打开，三个小伙子也要上车。司机问了问方向，大致相同。考虑到当时打车的确不容易，我决定与他们一起拼车。但谁也没想到，这居然是最危险也是最错误的决定。

夜已很深。凌晨一时的亚特兰大，散发出狂欢后的慵懒。这座城市渐渐进入了梦乡，而搭载我的出租车，正随着车灯照亮的道路前进。离开城区，开上一条小道。这时，坐在后排的三人开始不老实起来。他们大声开着带色的玩笑，瞬间让我感觉到了一丝的不对劲。汽车继续行驶，我那刚刚平和下来的心，再次狂躁起来。难道这就是所谓的刚脱虎口，又入狼穴？我还没来得及细想，后脑就被一把冰冷的东西抵住了。枪，一把手枪。我马上反应过来。后面传来了笑嘻嘻的声音："别动，我们只想要钱。"我下意识地将电脑包从膝盖放下，踩在脚下。"千万别把手提电脑给抢，不然稿子怎么办？"这是我脑子里想的唯一一件事情。"把钱全部拿出来。"对方命令道。出租车司机想停车，但相信他的后脑上也同样对着一把枪，所以他只能继续开着。我身上有大约100多美元的现金，就是为了支付出租车的费用，现在全部掏了出来。我知道美国抢匪有条不成文的规矩，他们一般只图财，不伤人。所以一定要带点现金在身上，而且一定要全部掏出，不然搜身被查出来，后果就很惨。后座的人拿了钱后，让司机停车。三人匆匆下车，朝反方向跑去，很快消失在夜色中。出租车司机问我，需不需要报警。我抬手看了看表，已经将近凌晨2时。如果报警，还得跟警察回警局，这一夜将全部浪费。"算了，我

BASKETBALL STORM
BASKETBALL STORM
BASKETBALL STORM

还有事,不过我没有钱付你车费了。"司机拍拍我,笑了,"谁也没想到会遇到这件事,万幸的是我们都没有受伤,这趟算我免费送你吧。"半小时后,惊魂未定的我坐在房间里,突然回想起,为何出租车司机没被抢呢?

这恐怕是一个团伙作案吧。但我实在没有时间去仔细分析了,伏案就写稿。经历了一个多事之夜,精神十分疲惫,在写完最后一个字时,天已微微放亮。眼皮已打架多时,我倒在床上,很快就进入了梦乡。当睁开眼时,已是上午十时。

惨了,误飞机了!

我一跃而起,三下五除二,将手提电脑塞进包,收拾好行李,冲了出去……来到机场,我的航班早已在飞向休斯敦的途中。疲惫与懊恼如洪水般在脑海里搅动着。怎么办?我决定试试运气。来到航空公司的柜台,我首先将全明星赛的记者证拿在手中,然后将事情的原委说了一遍。航空公司的工作人员耐心地听完我的讲述后,微笑了一下,露齿三颗。接着手指在电脑键盘上哔哩啪啦一阵敲打后,轻柔地问了一声:"12时的航班你看可以吗?"一股暖流涌入心田,"可以,当然可以。"只要能回到休斯敦,只要是免费的机票,一切都可以。

等待是难熬的。睡意持续袭来,我努力睁着眼睛,可不能再错过第二班了。登机,我的座位在2A。我一愣,再仔细看了看登机牌,没错。居然是头等舱!宽大的座位,宽敞的空间,让我一时有些摸不清头脑。我之前的机票是在网上购买的经济舱,没想到错过班机,却阴差阳错地被升上了头等舱。从亚特兰大飞到休斯敦需要两个小时,而头等舱的待遇相当给力,除了提供免费的午餐配红酒,饮料更是随便点。更让人欣喜的是座位的宽大,让我好好地睡了一觉。一切的不快,都被头等舱给冲抵了。当飞机起飞时,我再看了一眼亚特兰大。风轻云淡,高楼大厦越变越小,城市变成了一块小巧克力,白天看不见夜的黑,留下的只是甜蜜。

篮球风暴
BASKETBALL STORM

飞近王治郅
一个大男孩的篮球追梦路

飞近王治郅
一个大男孩的篮球追梦路
Basketball Storm
PAGE 52/53

在斯坦普斯中心，王治郅刚刚结束了训练，接受我的专访。

2006年4月10日，前中国男篮中锋王治郅，从美国洛杉矶飞抵北京。首都国际机场数百位记者凌晨守候，其中不少记者是从很远的省份赶到，足见大郅的影响力。屈指一算，王治郅已有近1600天没能回家了。从大郅被指"叛国"到他踏上中国的土地，我都现场见证了这些时刻。在我的眼里，大郅睿智、幽默、爱思考，他不光篮球打得好，而且对祖国的热爱从未改变。那些插曲，是对大郅的考验，让这位阳光男孩，在考验中成长，渐渐成为成熟的男人，成为中国男篮的核心之一。打开电脑，看着以前所作的对大郅的专访，就像一部纪录片一般，记录着我眼中的大郅的"回归历程"。

王治郅的篮球天赋极高。如果他能够在1999年6月被小牛选中后就去NBA打球，或许现在早已没有诺维茨基什么事了。1999年NBA选秀大会上以第二轮第三十六顺位被选中，但直到率领八一队夺冠后，王治郅才于2001年4月正式登陆NBA。那时常规赛只剩下十来场，匆匆到位的大郅表现依然让人眼前一亮，被选进了季后赛名单。而当赛季结束之后，大郅回国代表中国男篮参加亚锦赛和世界大学生运动会，直到2001年11月才又赴小牛队。两年多的时间里，王治郅基本上都在为国效力，甚至当时的小牛队助教小尼尔森也毫不客气地指出，大郅这两年来基本上没什么进步。

2002年4月，王治郅再度入选王非执教的中国国家队。2002年5月13日，达拉斯小牛队以总比分1比4不敌国王无缘西区决赛。王治郅因未与球队续约而希望留在美国参加夏季联赛，寻求继续在NBA打球的机会。然而，按照中国篮协的规定，大郅理应在结束小牛队的赛季后，回到国内，参加国家队的集训。大郅则希望留在美国训练，不参加亚运会，在美国与国家队会合，一道参加世锦赛。

同队不同命。小牛队的另一位国际球员诺维茨基于1998年被小牛队选中,德国篮协立马放人。尽管那时诺维茨基无论从技术还是名气上均不敌大郅,但经过三年多在NBA的系统训练与比赛,他已成为球星,是球队重点培养的对象。这一切,大郅看在眼里,急在心中。

2002年6月6日,《达拉斯晨报》女记者朱迪·弗拉德在其报道中称王治郅留美目的是想"叛逃并对抗政府"。一石激起千层浪,王治郅开始公开表达自己不参加亚运会而只想打世锦赛的想法。2002年6月7日,王治郅通过媒体回击《达拉斯晨报》的不实报道:我在美国训练并想参加NBA的夏季联赛,达拉斯那名女记者不知从哪里来的消息,而且故意把问题政治化,不知她的目的何在。我在达拉斯打了两个赛季,与小牛队的队员、官员和记者都保持着良好的关系,我对达拉斯球迷也有很深的感情,希望这家报纸停止不实的报道。

2002年10月,中国篮协在釜山亚运会期间作出将王治郅从中国国家队开除的决定。事态越发严重起来。事实上,王治郅只是提出了一个正常球员都想提出的要求,想留下来参加已经被耽误多次的夏季训练营和联赛。要知道,当时王治郅和小牛队的合同已到期,急需提高球技,找到新的球队。所谓内忧外困,那年王治郅25岁。 不可否认,与中国篮协的关系僵化后,大郅在美国的篮球生涯开始走下坡路。尽管随后加盟快船、热队,也能拿到上百万美元的年薪,但他明显受到了此事的影响,状态起伏较大,上场时间减少。越是上不了场,越想表现自己,结果在有限的上场时间里,因为急切而发挥不出原有的水平。但大郅从来不在记者面前表露自己的情绪,那段时间,我所见到的大郅总是乐呵呵的,尽管眉宇间,能够读出那隐藏很深的忧愁。

BASKETBALL STORM

洛杉矶，谈论事情真相

2003年3月25日，王治郅坐在斯坦普斯中心的球场边上。刚刚结束训练，他头上的汗水止不住地往下滴。面对我的专访，大郅有话要说……

一辆宝马公司最新出品的白色BMW745Li奔驰在洛杉矶的高速路上，车上放着节奏很强的RAP，开车的人跟着合唱着"Ya go make me lose my mind,up in there,up in there"。——这是美国影片《BE LIKE MIKE》中洛杉矶球队一位球星训练后开车回家的写照。

而现实中，一辆同样牌子的宝马车也飞驰在高速路上，车上飘扬着同样的RAP乐，车主随着节拍也摇头晃脑唱着："Ya go make……"

不同的是，车子没有开回家，而是开去了海边。在洛杉矶的海滩上，一位高大的中国男子，望着浩瀚的大海，展开双臂，让海风直拂他的脸庞和身体，一种难得的轻松传遍了全身。

"我最喜欢这种感觉。"王治郅对我说。

这是一种忘记一切的感觉，不快、痛苦、兴奋，等等，只剩下平和与自然。

然而，这样的感觉毕竟不是每天都能得到，因为稀有才弥显珍贵。大郅要面对的，荆棘多于玫瑰。

给点阳光就灿烂

大郅的三月春暖花开，万物复苏。在3月19日，大郅拿到其NBA职业生涯中第一个20分；3月22日，大郅上场26分钟，一扫以前只能在垃圾时间上场1分钟的局面，并砍下12分。来到快船那么久，大郅终于看到前方的太阳了。

"两次发挥都如此出色，现在主教练应该看到你的价值了吧？"我问道。刚刚从训练场下来的大郅，满头的大汗，他想了想，说："这个教练比较认可我，对我的球艺与打法较熟悉，我想以后上场的时间会比以前多吧。"大郅保持着一贯的谦和。"能不能说现在是你的春天？"大郅笑了："还不行，再等等吧，只要教练给我上场时间，我就会发挥自己最大的潜能，让球员球迷认识王治郅不是只会坐板凳，给我阳光，我就会灿烂的。"

到快船，因为能打内线

我不能忘记的是快船客战火箭，大郅几次切入篮下，上篮得分的情景。他灵巧的步法让在场的观众都鼓掌叫好。"当初离开小牛，选择去快船，图的是什么？"这是许多人想知道的问题。"离开小牛，有许多的原因。不过，比较重要的一个是，小牛限制我太多。他们只让我打外线，进行远投或中投，不让我参与内线的进攻，这让我很失望。快船对我没这些限制。"大郅不否认他以后的上场时间会很少，"这就是代价。快船的中锋都很优秀，所以我是知道自己得等待机会。做板凳的这段日子里，我努力训练，保持状态。""那现在是不是机会来了？"因为快船主力中锋奥洛渥坎迪因伤缺阵，大郅才得以有了上场表现的时间。"对，可以样说。我得把握机会。"

感谢宫指导

大郅现在变得更加结实了。"我长了10多磅，目前有275磅了。"大郅将自己的袖子卷了卷，到肘部就卷不动了。"中国球员的下肢都比较有力，但上肢不行。所以这也是我刻苦训练的结果。"我将国内女篮教练宫鲁鸣目前对大郅不归事件发表的看法转达给了大郅。大郅听了后，沉默了好一会儿。"我非常感谢宫指导，他教了我很多东西。1996年奥运会就是他带的我，有他这样的老师，是我的福气。"但大郅坦言，自己之前还不知道宫指导作出这样的言论。

叛国，真是胡扯

对于《达拉斯晨报》发表的王治郅叛国的言论，大郅至今都耿耿于怀："哪跟哪的事。太缺德了，有人将这样的料报给《达拉斯晨报》，当然《达拉斯晨报》要当猛料处理了。这种人只图自己的利益，就从没想过别人受到多大的伤害。"大郅有些激动。"作为一个中国人，我哪能不爱国，怎么不想为国效力？为国增光？唉！"大郅叹了口气，"我是希望为国比赛的，只是我们的意见可能不太统一，有些东西……"大郅没有再说下去，埋着头想着事。对于亚锦赛，大郅也希望能够参加，"可惜将我开除了，不知还有没有机会。"

与阿的江见过面

对于目前传媒盛传的阿的江与匡鲁彬特意访美见大郅,大郅故意躲着不见一事,大郅只能苦笑。"我与阿的江见了面的,我们还在一起吃过饭。匡鲁彬那一次没见到,但后来他来美国时,我也与他谈过。"

"你们谈得怎样?为什么没谈成功?"我追问道。"这事不好说,我现在也不想说。"大郅以不说应万说。不知怎么的,谈到了1996年奥运会。那时大郅刚刚19岁,却已经引起了世人的关注。"我还盖了罗宾逊两记帽呢。"大郅回忆道,脸上挂着笑,一个大孩子,一个追风少年的模样又回来了,"那时真好。我其实就是想好好地打球,也没有别的要求。"

还没在洛杉矶买房

到洛杉矶也快一年了,大郅仍没有买房子,而是在斯坦普中心朝北大约20分钟车程的地方租了一套公寓。"我对美国的生活也基本习惯了。就是现在还不做饭,到外边买东西吃。洛杉矶不错,华人挺多的,气候也好,还能到海边散心。""美国油炸食品太容易让人长胖了。"我已深有体会。"你别吃他的油炸食品,多吃点沙拉了。"大郅劝记者。"追风少年"大郅不久前才买了一辆宝马公司新上市的745Li,"我喜欢好车。美国的车又不贵。"大郅的驾照早在达拉斯就拿到手了,"只用了一天时间就搞掂,当然有朋友帮忙了。""听说你快要当爸爸了?"我试着问。大郅吃了一惊,"谁说的,没有没有啦。我现在挺好的,就是有些想家,想父母了。毕竟一年多没回去了。"

最喜欢四川

王治郅喜欢历史,所以对拥有众多历史景观与自然景观的四川感觉特别好。"四川是个好地方,成都很休闲呀,我很喜欢。"一说到成都,大郅兴致高起来,"好山好水好人,真的,我上次来成都参加明星赛,就在球馆外的茶楼里喝茶聊天,特别舒服。再到九寨沟,峨眉山,青城山,乐山大佛去看看,赛过神仙了。其实主要是人的心情特别的好。"大郅还例举了其他城市的缺点:"北京总是忙忙的,风沙也大;上海广州气候不好,太热了,成都天气好,人也轻松,我喜欢。"

然而,这一切在当时只能留在记忆中,大郅要走的第一步,就是回国。然而,什么时候回国?大郅也说不清楚,只是在两年后大郅请我吃饭的饭局上,透露出了一个信息,离回国的日子,不远了……

再次专访大郅，他已经为迈阿密热队效力了。

BASKETBALL STORM

迈阿密，暗示回国不远

在2005年5月21日那天，我写下了这样的一段文字：从中国飞到美国，需要16小时；从休斯敦飞到迈阿密，需要两个多小时；昨天，我在迈阿密与大郅坐在了一起，一边吃饭，一边聊起他回国的话题。可惜的是，要想打开他那扇紧闭的心门，可能还需要X小时。X等于几，我没有找到答案。不过，大郅临别时与我的一个认真的约定表明，他显然对回国前景充满乐观："你就把火锅烫好了等着吧，我肯定会来的……"

提起最近几天被热炒的"回国之事"，大郅会心地笑了，"这事不好说。"随后摇了摇头，显然还是不愿就此开口。

"最近与国内的联系增加了吗？"

"确实联系过了。"

"有什么进展吗？"

大郅迟疑了一下，想了想，"谈不上什么进展不进展的，都在努力。其他的就不太好说了。"

"真的是一本护照阻止了你回国吗？"

一阵沉默，大郅盯着记者，笑了，"这个我也不能说，其实我能说的早就说了，剩下的，都是我不能说的。你问其他的，没问题，问这些，真的，我只能以'不太好说'来回答你。"

"能不能告诉我，今年回国的可能性，比起前两年来，是增加了还是没有变化？"我仍有些不甘心。

"你还是绕着圈子问同样的问题。"大郅又摇着他的头，"慢慢来吧，急也没有用。"

大郅对于回国之事，真是三缄其口。提起回国的事，大郅与我都有些不自然，似乎那是禁区，谁也不要去闯为好。气氛有些尴尬。大郅首先开口了。"要喝点酒吗？"大郅看着我，问道。"你想喝就点啊，我补了牙，不能喝。不过说实话，我对酒那东西，是没有什么兴趣的。"

"你又不抽烟又不喝酒，真是好孩子啊。"记者打趣道。大郅却叹了一声，带着自我解嘲似的口气说："现在……成了坏孩子了。"思绪回到了1998年。当时在国家队集训的大郅和姚明闲暇时还在一起玩电子游戏，时光如箭，转眼间，大郅已不是国家队的一员了。

相视一笑。此时无声胜有声。

尽管回国一事尚无定论，但感觉大郅的心情还不错，他主动与我分享那份当父亲的喜悦。"你看过我的儿子吗？"大郅很自豪地从钱包里将两张儿子的照片拿出来，"这是他7个月时照的，现在已1岁多了，比照片上的大多了。"一脸的幸福。照片上那小胖墩儿也实在是可爱，眼睛大大的，笑容可掬，"跟我小时候一模一样，就是眼睛比我大多了，像他妈妈。"大郅拿着相片仔细瞧了瞧，然后小心地放回钱包，心比蜜甜。

"这个赛季结束后，我就成自由球员了。经纪人会帮我联系球队。我还是想在一支能够让我上场的球队中打球，但那都是后话了。等季后赛一完，经纪人马上进入谈判状态，我也要在夏天忙上一阵子了。"大郅话锋一转，关心起我的家乡来。"成都是个好地方，我还记得当年我们在成都的中山广场，喝着茶，晒着太阳，打着扑克，那日子别提有多悠闲了。"大郅陷入了往事的回忆中："朱东还请我吃火锅，那火锅味道真是好。朱东现在还好吧？四川玩的地方也多，什么乐山大佛、九寨沟、峨眉山……我都去过了。那时真是好啊……"

宝马车发动了，大郅坐在车里，将车窗摇下，对着记者挥挥手，"我到四川可要找你呢。你得请我吃火锅。"我笑了，"不怕你来，就怕你不来。"大郅很认真地说："你就把火锅烫好了等着吧，我肯定会来的……"宝马转了一个弯，消失在迈阿密的夜色中。

过了一会儿，我的手机响了，一看是大郅打来的，"忘了说了，你回去替我向朱东问好，我到四川会去看他的。"大郅用带着京腔的四川话作为结束语，"好好保重啊，有事就打我手机吧。记着请我吃的火锅，不要太辣。"

这次专访一年之后，王治郅果然回到了祖国。现在，他仍然为八一队效力，仍然是中国男篮不可缺少的核心成员，以前的一切不快，都已随风散去，快乐挂在了他的脸上。

篮球风暴
BASKETBALL STORM

飞近科比
不当NBA老板，只想把球打好

科比·布莱恩特，NBA的巨星，未来的名人堂成员，铁定的传奇人物。科比身上有着太多的光辉，但也为年少轻狂付出过代价。正是他的性格复杂性以及随着年龄的增长越发成熟的特质，让科比渐渐成为NBA的一张名片，一位继乔丹之后NBA着力打造的巨星。科比最吸引我的，不是他的天赋，而是他的努力。在NBA，天赋高于科比的人不是没有，比如麦迪的天赋就相当的高，但论球场的霸气以及对胜利的渴望能够超过科比的人，却并不多。科比是将天赋与渴望结合得最好的球星，人们看到了球场上他的精彩表现，但看不到的是在比赛后他的加练。场下的汗水与场上的成功密不可分，这也是为什么科比是最难防守的人的原因之一。

2004年的夏天，当OK组合分道扬镳，科比第一次以球队领袖的身份，独自带领湖人前行，他面对着太多的质疑。能否当好更衣室的老大，能否让紫金王朝重现辉煌，巨大的压力，直接放在了科比的肩上，而那时他才26岁。流言不少，但科比丝毫没有露怯，也从没放弃。前湖人队的中锋迪瓦茨是浪迹NBA的老江湖，这位万金油在湖人队中唯一害怕的人物就是科比。一次湖人队的比赛，接照规定在比赛开始前1个半小时球员应该抵达更衣室，准备热身。而迪瓦茨却姗姗来迟，进门轻手轻脚，首先看了一眼科比的更衣柜。科比的球衣已经不见，迪瓦茨知道科比早已到了。他吐了吐舌头，问旁边的武贾希奇，"科比呢？"武贾希奇用头点了点一旁的小屋，"早来了，球都练完了，在里面做按摩呢。"

迪瓦茨一句话也不说，赶紧换了衣服，匆忙上场热身去了。我当时就在湖人的更衣室里，目睹了这一切。更衣室的保安告诉我，科比会提前四个小时来到球场，在场上热身两个小时左右，当其他队员陆续来到球馆时，科比已经热身完成，回到理疗室进行按摩放松。其实科比很少在球队里讲什么，他是行动派，以身作则。

在NBA采访的时间长了，与各球星都混了个脸熟。我与《芝加哥论坛报》的篮球专职记者山姆·史密斯比较熟，一次他带着我一道去了湖人的更衣室，与科比聊了较长的时间，与科比的关系，由此进了一步。山姆·史密斯在美国的体育媒体圈地位

科比是很酷，不过人还是挺不错的。

很高，曾任美国体育记协的主席，在乔丹时代是乔丹最为信任的记者，著有《乔丹规则》之书。在乔丹退役之后，史密斯在圈内的声望让他很快成为科比的座上宾，科比甚至还不时与史密斯共进午餐，听取史密斯的一些建议。

随后科比两次造访成都，两次接受了我的专访，并很高兴地接受了我代表报社送他的礼物——一个很可爱的熊猫玩偶，据说他将此作为礼物送给他的女儿。在我的眼里，科比骄傲，自信，有一颗大心脏，而且超级负责任。

BASKETBALL STORM

接受《成都商报》记者独家专访，科比展示他的未来

2010年夏天，科比来了。成都球迷狂热了。

上午飞抵成都，中午接受媒体专访，下午去成体耐克篮球公园教孩子们打球，然后再乘坐飞机离蓉……科比在成都的时间不过5个多小时，但他再次看到了成都球迷对他的喜爱，他对《成都商报》的记者说，成都球迷的热情感动了他，他还会再来成都。什么时候？科比顿了顿，"我会悄悄地来，让你吃一惊。"

满堂笑意。中午12时，科比准时出现在了香格里拉大酒店的会客厅。酒店的空调很强劲，非常重视身体的科比穿着一件带帽的长袖衫，坐在暗红色的沙发上，神情安逸、平和。他对这里一点也不陌生，去年也是这个时候，科比坐在那里，接受了《成都商报》记者的独家专访。再次独家专访科比，他看起来兴致很高，率先伸出大手，紧紧地握了握，"哥们，还好吗？"一句简单的问候，暖在心里。

击败凯尔特人意义非凡

记者：一年之后，你再次来到成都，感觉如何？

科比：我非常乐意再次来到成都。上次我见识了这里的球迷是多么的热情，所以再次来到这里，对我来说是很重要的一件事。

记者：去年你带队拿到总冠军，是你第一次以球队领袖得到的。今年你又率队在总决赛中击败了湖人队的老冤家波士顿凯尔特人，成功复仇。你的篮球人生似乎已经相当完美了，有没有一种已顶到天的感觉？现在篮球对你来说还有吸引力吗？

科比：对我来说，总冠军永远都是目标。我不会满足5个总冠军，我希望有第6个。这也

是为什么每个赛季我们都要全神贯注。篮球是团队运动，我需要每一个队友都融入进来，为着共同的目标前进。这个目标一直没变，因此篮球对我来说，依然有着很大的诱惑。

成都商报：所以，三连冠就是下一个目标？

科比：当然。

记者：击败凯尔特人夺冠，是不是一个非常重要的时刻？

科比：当然。湖人与凯尔特人是死对头，有太多的历史恩怨在里面。但凯尔特人也只是其中的一个原因而已。这一整年，我们面对了太多置疑，我也一直被伤病包围，我糟糕的手指、糟糕的膝盖、糟糕的背……我不断地听到人们在说我们不可能卫冕，但我们做到了，这就是我为什么觉得这个冠军如此特别的原因。你知道，当比赛结束之后，我们已经都疯狂了，在更衣室里疯狂地庆祝，疯狂地笑，疯狂地跳，疯狂地拥抱在一起，天啦，那真是一种很棒的感觉。

记者：你现才都还能说流利的意大利语和西班牙语，这意味着你真的有语言天赋。你有没有想过学好中文？你知道，在中国你有太多的粉丝，如果你会说中文，你就能够跟他们直接交流了。

科比：我真的在很努力地去学中文，但这很难。我常常学了一些字，但过了一星期就忘了。到现在为止，我也只会一些很简单的"你好、谢谢、再见"等，没有超过5个字以上的。

记者：难道孙悦没有教你吗？

科比哈哈大笑：是啊，他是教了我很多，他是我的"中文老师"，但你知道，我是在赛季中学的，休赛期间就忘了，直到赛季重新开始，他给我提起，我才能重新回忆起。

"我一直在追求完美"

记者：当你决定换球衣号码时，你将8号换成了24号。能告诉我为什么你不选择23号，或是25号，却偏偏选择24号？

科比：我之所以选择24号，是因为24非常重要，因为一天有24小时，你每一天必须努力地工作，每一小时都不应该放松，这是我对自己的要求，我想把它当成号码，也能够随时提醒我。

记者：其实球星的作用，有时能给球队几倍的力量，但有时也有可能带来相反的效果。比如2004年的湖人队，星光灿烂，卡尔·马龙，佩顿，你，奥尼尔，哪个都是NBA的一流巨星，但最终却没有拿到总冠军。你认为球星的"堆集"真的能给球队带来质变吗？

科比：一个球队有两名球星的作用很明显，当有人包夹时，至少还有一个点能够打开局面。不过，最为重要的，其实是团结。只有团结一心，球星的作用才会相加，如果心不齐，那么结果就会相当不妙。

右手食指暂不手术

科比最让人敬佩的地方，其实是他的意志力。上赛季的季后赛，科比的膝盖严重积水，需要抽积液，而他的右手食指因为关节炎而需要戴指套，但就是在这样的情况下，科比还坚持在球场上拼搏，为球队拿下总冠军立下头功。

记者：球迷们很关心你的右手食指的伤势，能说一说现在的情况如何？

科比把右手张开，动了动自己的食指：感觉还可以吧。我很高兴在带伤的情况下，能有一个很好的结果。虽然有时还能感觉到疼痛，但对我的运球与投篮的影响不算大。我也希望下赛季食指会恢复得更好，让我感觉不到疼痛。

记者：那触球时还是有痛感了？打算动手术吗？如果手指伤痊愈了，你的命中率肯定会提高不少。

科比笑了笑：当然痛了。不过，我还能承受。现在暂时不会考虑动手术的事情，先进行保守治疗吧。如果手指伤好了，我想我控球以及投篮都将变得更好。

记者：你觉得你在球场上是一个完美的球员吗？

科比：我只在我能够做得完美的事情上去尽量完美。你知道，论身高，我比不过2米13的大个子；论速度，我比不过那些矮小的后卫，我是介于两者之间。所以我尽量朝我能够完美的方向努力。

记者：那你觉得哪些方面还需要加强？

科比：我觉得在每一个方面我都还需要加强。关键是你的加强是在你的球队加强的基础之上，你应该让你的队友更好，这样才是真的好。

记者：能透露你有哪些小缺点吗？

科比：哈哈，我真的不懂怎么打扫房间。或者说，把东西整齐地收拾到一起，天啦，这真的是让我头疼，我想我这辈子也学不会做这些事情。比如每年圣诞节或者生日的时候，我的女儿们总会收到非常非常多的礼物，她们拆完礼物就会留下一地的盒子。然后我的妻子会让我帮忙把那些盒子收拾一下，我就会跟她说："你绝不会真的希望让我来收拾这些盒子吧？"我的意思是，那一定会比收拾之前还要糟糕。不过，我做饭还不错，能做很好吃的意面。

不会成为NBA的老板

无论是多么优秀的球员，都会面临这样一天的到来：跑得不如以前快，跳得不如以前高……退役是迟早的事情。而NBA的球星们，一些选择了做电视台的评论员，一些当了教练，还有一些干脆自己做老板，经营球队。作为NBA最大牌的球星，科比有什么打算？

Kobe – Bryant

▶▶▶ BASKETBALL STORM

记者：今年8月23日，你就满33岁了。你打球比以往更加的聪明，也更加的有经验。但不能否认的是，总有一天你也要面临跑得不如以前快，跳得不如以前高……你对未来的计划是什么？会去买一支球队自己当老板吗？

科比大笑：现在的我更聪明，我更多地学会用头脑而不是身体去打球，更多地知道我们有五个人在比赛。至于未来，我肯定不会当教练，至于老板，我也没有兴趣。未来做什么？嗯，我也不确定，走着瞧吧。

记者：会不会去当电影明星，寻找一下影帝的感觉？

科比：不，不，不。我是很喜欢看电影的，动作片，喜剧片，都是我的最爱，也是我平时放松的方式之一。但演电影，从来没有想过。

记者：南非看世界杯很过瘾吧？

科比：当然，我还去了索维托，跟那里的孩子们互动。哥们，那是世界杯，那是大场面。我从小也是个足球迷，世界杯的感觉太梦幻了。我与梅西也是好哥们，但可惜阿根廷队被淘汰了。这就是世界杯的一部分，最好的球队未必能得到冠军。但我很高兴，我的队友加索尔所在的西班牙拿到了世界杯冠军，我为他高兴。

记者：来中国也有几次了，但每次来都是因为活动，来也匆匆，去也匆匆。你会不会哪天纯粹的到中国来度假？哪个城市将是你最向往的地方？

科比想也没想就回答：当然了，我会悄悄地来，站在你面前，让你吃一惊的。（惹得在场的工作人员都笑了。）

篮球风暴
BASKETBALL STORM

飞近大鲨鱼奥尼尔
NBA最懂娱乐的巨人，再见

我专访过奥尼尔许多次。我眼中的奥尼尔，用两个字来形容：可爱；用一句话来形容：没有他，NBA的娱乐氛围将会减少一半。

去谈论奥尼尔是不是史上最伟大，似乎太严肃，也太不公平。因为你不可能把张伯伦从地下召唤上来，披上战袍与奥尼尔比一次。而现在的奥尼尔，也无法跟10年前的他相提并论。因此，NBA的记者们，对奥胖"最具统治力"的说法几乎从不评价，但对奥尼尔的一项天赋却异口同声地赞成：NBA史上最懂娱乐，最会搞笑的巨人。

"我会用手肘去击那个东方小子的脸。"2002年，当火箭队用状元签签下姚明后，奥尼尔面对镜头，吼出了这样一句话，似乎是对姚明的警告。从此，姚鲨大战拉开了大幕，中锋之争成为议论的焦点。事实上，姚鲨大战，除了噱头，还是噱头。就当人们纷纷申讨奥尼尔将对姚明下狠手时，奥尼尔私下却抱着姚明，悄悄地说："我爱你，我们是朋友。"

肉堆——这是见到奥尼尔的第一感觉。他那巨大的身体一坐下，就已无形地划了一个采访范围。采访奥尼尔是件让人痛苦的事，因为期望从他那里"听"点猛料的记者太多了。如果稍稍去晚一点，他已被重重包围。最让人崩溃的还有奥尼尔的"超重低音"，如此庞大的身躯，他发出来的声音，比蚊子声音大不了多少。去晚了的我，只能是尽量将录音笔从人缝中插进去，祈祷着录音笔的灵敏度够高，回去听听，看能否找到"爆笑点"。《洛杉矶时报》的大牌记者蒂姆·布朗为此还发明了一个说法，叫"奥尼尔的惊奇"，指的就是抱着忐忑的心去听录音时发现猛料的那种兴奋感觉。

卡哇伊——这是见到奥尼尔的第二感觉。可能是胖子逗人爱，那些从来不看NBA的女人们，都一致喜欢奥尼尔。我还记得当年奥尼尔前往成都大熊猫基地去看熊猫时，给奥尼尔当翻译的那位女士激动的神情在奥尼尔离开两小时后还没有平复。"他笑起来好乖噢，跟熊猫一样。"这是熊猫基地工作人员的评价。当奥尼尔抱着熊猫宝宝拍照时，熊猫宝宝咧了咧嘴，居然与奥尼尔笑得如此和谐统一。

活宝——这是见到奥尼尔的第三感觉。全明星赛场上，也只有奥尼尔有如此的创意，比如用那铁塔般的身躯，像控卫一样胯下运球；又或是坐在场边，把球鞋脱下，放在耳边装作打手机。奥尼尔在场外的故事多如潮水：为了拿到研究生文凭，他参加了网络学校菲尼克斯大学；成为预备警察后，他还真开着豪车去追歹徒；他可以一个赛季都在装病，却在季后赛里生龙活虎；他可以不说一个字，就把整个更衣室笑翻。奥尼尔不仅喜欢学语言，还是语言的创造者。他给自己取了无数的外号，从柴油机到定理，从大亚里士多德到大毕达哥拉斯，他 就像童心未泯的孩子，时不时要给这个世界带来欢乐。

奥尼尔在NBA征战了19年，也为这个联盟带来了19吨重的欢乐。不过，从今天起，这样的欢乐将会成为回忆——我们的开心果，他退役了。

 BASKETBALL STORM

奥胖看熊猫，大胖看小胖

这就是现实版的美女与野兽？晏紫在奥胖的怀里，显得多么娇小。

2009年7月的一天，冒着蒙蒙细雨，奥尼尔一大早来到成都熊猫基地，终于与大熊猫来了一次零距离接触。作为记者，我全程陪伴着这位黑巨人。尽管奥尼尔在熊猫基地待了不到1小时，但他非常满足。当他离开时，头上还戴着才买的熊猫帽，满脸微笑。

身子太大　勉强挤进电动车

"我一想到能去看熊猫，心里就激动。"在接受我的独家专访时，奥尼尔讲道。奥尼尔这次特意在成都留三天，就是为了能够有时间去看看中国的国宝。当奥尼尔的车队早上9时20分左右抵达熊猫基地的门口时，那里早已聚集了很多球迷。从双流赶来的小李早上6点就出发了，"我看了报道，知道奥尼尔上午要来看熊猫，所以8点不到我就来到这里等着呢。"从车上下来，本来想走一走的奥胖看到众多"粉丝"在等候，不得不快步走上了熊猫基地为他准备的电动车。因为"尺码"太大，奥胖非常勉强才挤了进去，一人就占了一排的位置，感觉还挺挤。

第一次 奥胖怕了

竹林如剑,青石悠悠。天下着细雨,奥尼尔呼吸着清新的空气,心情格外好。电动车径直开向了熊猫产房,游客们可以在那里抱着七八个月大的熊猫合影。待电动车停稳,奥尼尔刚走下车,旁边就有游客叫了起来:"啊,奥尼尔!"奥胖回头,灿烂地一笑。保镖将人群隔开后,奥胖低着头走进熊猫产房。

进入熊猫产房,按规定必须穿塑料衣、戴手套和鞋套。不过,巨人奥胖的鞋子大得就像小船,常规的鞋套根本套不进去,手套也没合适的。熊猫基地专为奥胖配的讲解员赵滢告诉他,想抱熊猫,就得把手洗干净。于是奥胖来到水龙头前,仔仔细细地反复把手洗了好多遍。

不一会儿,工作人员将一头熊猫幼仔带了出来,这个毛茸茸的小家伙一点也不怕人,奥胖也看得心痒痒,但真要让他抱时,大个子却显得有点迟疑。他转过头来,让伙伴先抱。看着自己的朋友把熊猫抱在怀中,悠然自得的样子,奥胖终于下定了决心。他坐在椅子上,小家伙坐在奥胖的大腿上,一大一小的两胖组成为一幅颇为搞笑的画面。"哈哈!"奥胖大笑,"我感觉又当了一回父亲!"

疯狂购物 奥胖变成"熊猫"

看过熊猫从产房出来后,奥胖杀向"熊猫博物馆",进行最后一项安排:购物。商店虽然不大,但全是与熊猫有关的产品,琳琅满目。奥胖一眼看中一个80元的熊猫玩偶,"这个我要。"一抬头,又看到另一个玩偶,"这个我也要。"他庞大的身躯在方寸之地灵活移动着,眼睛如扫描仪般在商品上扫过。

一顶熊猫帽子吸引了奥尼尔,他一把将帽子戴在头上,活脱脱一个"奥胖熊猫"。奥尼尔对这顶帽子非常喜欢,"买下。"然后,又买了几个绣着熊猫的包包。一转身,他又看上了画着有熊猫的健身球。"这个好,我要。"短短十来分钟,奥尼尔就买了近十件物品。一结账,800元。下楼梯时,心情好到极点的他一把搂过两名给他当保镖的安保人员,两人当他的"拐杖",快步冲下了阶梯,留下爽朗的笑声。

飞近大鲨鱼奥尼尔
NBA最懂娱乐的巨人,再见
Basketball Storm
PAGE 70/71

BASKETBALL STORM

别哭,男人的泪不能这样流

奥尼尔是一个很会做秀,也很随性的一个人。在绵阳一所学校,他可以抱着同来表演的中国网球金花晏紫,大展美女与野兽之风,也能为现场的小球员们带来欢乐。其签名的篮球送给小球员时,每个人的脸上都挂着幸福的笑。但随后不和谐之事发生了,赠送给小球员的篮球被学校方面强行收回。这件事被我报道了出来,反响很强烈,很多读者都认为校方的做法不妥。第二天,当我与奥尼尔面对面进行独家专访,并向奥尼尔讲述了这件事情之后,奥尼尔非常吃惊,"我没有想到会发展成那样,我能想象这些孩子们有多难过。"一向爱笑的奥尼尔略略沉思了一下,当即决定再签五个篮球,"我想告诉他们,我爱他们,别哭,男人的眼泪可不能这样流。"

想在全明星赛上表演茶艺

坐在电子科大篮球馆的休息室里,奥尼尔显得有些疲惫,刚才与球迷的互动,让大鲨鱼玩尽了兴,也玩得有点累。"今晚玩得很高兴,我很喜欢成都这座城市。"奥尼尔对记者讲。其中的一个互动环节,让奥胖久久不能忘怀。"那个茶艺,太精彩了。我就看着师傅把那把长嘴铜茶壶玩得跟篮球一样,我忍不住就想玩一回。可我没想到,铜壶上有个按钮,一按才出水。我第一次玩,以后我得多练习练习。""有没有想过在全明星赛上玩把这个绝活?"记者问道。"当然,当我练习好了,我就当着全美国秀一回,那肯定是酷毙了。"奥尼尔哈哈大笑,似乎已经设想到了他那让全场震惊的成都茶艺了。

再送给孩子们五个签名篮球

"这是我第四次来成都了。"奥胖的数学不错,他把那天去绵阳后回到成都也叫一次来到成都。"我之所以要来成都,一是对成都的感情比较深,而且汶川大地震让我也很想来到这里做点什么。"去绵阳,奥胖与那里的孩子玩得很开心,很少下场打球的他,居然突发奇想,要与孩子们秀上一把。"我玩得很高兴,但听你说了他们的球被收的事后,我觉得挺难过的。"奥尼尔大手一挥,在五个篮球上写上了自己的名字,"我会让工作人员第二天一早把球送到绵阳,送到这些孩子们的手上。帮我一个忙,把我的话转告给他们,别哭,男人的眼泪可不能这样流。"可以想象,当这些孩子们再次得到奥尼尔亲自让工作人员送来的签名篮球后,不知道会有多么兴奋。

准备拍电影《黑少林》

奥尼尔曾经出过一本卖得不错的书,名叫《沙克谈回归》。这本书本来写成于2000年,但每次他都会在原有的基础上加最新的内容,然后再出一本。这本书极为方便携带,因此看过的人不少。

"你将近期推出这个的续集吗?"记者拿出一本书,在他眼前晃了晃。"你问得很对,我确实准备在最近出新书了,这里面可有很多好的内容,你手中的过了时,记到买新的。"奥尼尔可真会"做生意"。不过,出新书还不是最轰动的事情,事实上当奥胖参观过少林寺后,这位老小孩就突然冒出了一个大胆的想法,那就是拍一部电影。"我计划拍一部电影,电影名字都取好了,《黑少林》。"《黑少林》?难道奥尼尔想要亲自主演少林功夫?"不不,我就是要投资拍这部电影,或许过一盘导演的瘾,哈哈。"

做生意,姚明是老师,说起投资,不由得要提一提湖人队的老前辈魔术师约翰逊,他退役后投资做得风生水起。奥尼尔作为球员是NO.1,那么在投资上会不会也很成功呢?没想到奥尼尔对这个问题居然有一个很干脆的答案:"很显然,我不是。"原来奥尼尔已经知道姚明将成为上海男篮的老板,他也知道在中国,姚明有不少投资。"在中国,姚明是第一,他是我的老师。"奥尼尔哈哈大笑,以一个中国式的抱拳,向姚明表达了自己的敬意。"或许有一天,我会在中国开餐馆,谁知道呢。"会是怎样的餐馆?"我晚上与朋友吃了火锅,我喜欢吃辣的东西,真是不错。"奥胖给了伤病中的姚明一个建议,"姚,该休息时就休息,千万别提前复出,要等伤好了再出来,要记住你的体重,我们中锋足部受伤是最多的,只有好彻底了,才能长时间战斗。"另外,奥尼尔这次来中国还专门给在热队时的队友王治郅打了电话问好。

不过,奥胖的结束语是:"我不会再与科比搭档了。"

篮球风暴
BASKETBALL STORM

飞近拉拉队
美女，还得是身材好会跳舞的美女

飞近拉拉队
美女，还得是身材好会跳舞的美女
Basketball Storm

NBA30支球队，就有30支拉拉队。拉拉队绝对是球场上的一道风景线，有了她们的存在，比赛变得刚柔相济，不至于过于猛烈。由于球队散布在各城市，拉拉队的风格也不尽相同。对于中国的球迷而言，最为熟悉的拉拉队要属火箭队的动感女孩。这都要拜姚明所赐，所谓爱屋及乌。况且，火箭拉拉队的水准，属于中上水准。最好的拉拉队当然首推洛杉矶湖人队的"湖人女孩"。位于美国娱乐业中心，拉拉队没两下子，也不好意思拉出来见人。要想采访NBA的拉拉队，其难度并不亚于采访一位NBA全明星。拉拉队有拉拉队的规定，而且还受制于球队的规定，所以在多年的NBA采访过程中，我有幸采访到了火箭的拉拉队和"湖人女孩"，全方位地解读了篮球场上的"特种部队"，并拍得大量场外的图片，现在来看，实属珍贵。

这是2003年的火箭拉拉队。

篮球风暴
BASKETBALL STORM

火箭动感女孩是这样选出来的

1993年,火箭老板亚历山大出钱组建了一支美少女助威团,火箭的拉拉队由此正式成立。1995年,正式改名为火箭动感女孩。

为什么要写拉拉队?其实她们是球队不可分割的一部分。拉拉队员不是脱衣舞女,她们以自己的热情平衡球场上的阳刚,让美撒满球场。30支球队,就有30支拉拉队。在我眼中,火箭的拉拉队最热情,对火箭队的热爱度最高;湖人的拉拉队队员最漂亮;尼克斯的拉拉队舞蹈排得最好;小牛的拉拉队更像杂技团;太阳的拉拉队员有些唐朝遗风——偏胖……

火箭俱乐部的名片上一般都有两支队伍在上面,一支是NBA的火箭队,另一支是WNBA的彗星队。其实不然,火箭俱乐部还有一支队伍也不可或缺,那就是火箭的拉拉队——动感女孩(Power Dancers)。

"火箭队,雄起!火箭队,雄起!"每次主场比赛,在记者席后的能量舞者们总是有节奏叫喊着,娇柔、野性的声音掺杂在一起,在康柏中心四处飘荡开来,传入球迷耳中,球迷往往回头偷看,盯着某位拉拉队员打手势,想引起她的注意;传到球员耳朵里,球员的精神会振作;传到记者的耳里,记者叫苦不迭:声音太大了,能不能小声点?

在比赛的开始、暂停时间和比赛结束后,动感女孩都会在球场上劲舞一番。曼妙的舞步,动感的音乐,总能吸引一部分球迷散场后不愿离开，站着不走，造成小小的交通阻塞。

　　18个女孩，18朵玫瑰，火箭的拉拉队员让篮球的阳刚之外多了几分柔美，很好地缓解了力的过度泛滥。甜美的笑容，骄人的身材，整齐划一的动作，也是火箭俱乐部用来增加票房的一件法宝。

　　齐肩长发，匀称身材，1米62的身高，如果不是肤色的差别，你就觉得一群中国女孩站在面前。在油炸食品与快餐风行的美国，想要保持这样的身材，的确不易。

　　"我们对吃的很讲究，油腻的食品不能多吃，也不能贪嘴，平时多吃水果。"索尼亚，一位金发美女，刚刚入选动感女孩一年，有着骄人的身材与不俗的相貌。笑是她的标志，甜美的笑容让人感到世界的美好。"美国也有这样的女孩？"记者想起街上看的肥大身躯，粗壮身材，在看到眼前的小家碧玉，感觉差别太大了。"索尼亚，谈谈好吗？"瞅着训练的空隙，记者询问道。索尼亚一个醉人的微笑表示了同意。"我今年二十，是休斯敦大学的学生。"边说，索尼亚还在练习着刚才学的动作。"你是为什么来做动感女孩的？"记者问道。"我喜欢舞蹈，我的专业也是舞蹈。跳舞让我快乐，让我放松。"带着迷人的微笑，索尼亚在记者面前一个劈叉。"最让你激动的一次跳舞是什么时候？"粒粒汗珠顺着索尼亚的脸上滑下。"我记得是姚明第一次进球后，在那个暂停时间里，我跳得最卖力，因为姚明是我最喜欢的球员。他是我的最爱。"索尼亚笑得更美了。"当动感女孩，你会不会遇到很狂热的球迷，或是很多人追你？让你感到有些不便？"这个问题虽然比较私人一点，不过记者确实想知道。索尼亚顺了顺头发，"不会的，赛场上保卫工作很周密，球迷是没有机会遇上我们的。""那球场外呢？比如你在大学里。""当然有很多人会说，瞧，她是给火箭队跳舞的之类的，但多数人不会冲上来做一些不礼貌的事，因为我有男朋友了。"

　　索尼亚轻轻地说着。"你有男朋友了？那我很失望。"记者开玩笑。索尼亚盯着记者，咻咻地笑了，"早几年你还有希望呀。"一阵笑声让其他的队员都朝这边看过来。

　　想知道NBA拉拉队员是怎么被选上的吗？想知道NBA拉拉队员能否与球队的球星谈恋爱吗？这些问题，只有动感女孩的教练能给出答案。在火箭队一间办公室里，一幅动感女孩的巨照挂在墙上，一盆康乃馨放在桌前，一位长发美女的照片嵌在玻璃框里,整个办公室,小而不乱,充满柔美感。这就是动感女孩教练玛瑞奴的办公室。

玛瑞奴可是一位大忙人,找她的电话不断,采访时不时中断。玛瑞奴觉得过意不去,便对记者说:"好吧,我给你一小时,这个时间里,我不接电话。"说完,便把手机关了,座机线拔了。采访得以顺利进行。

比总统还忙的人

"你怎么比美国总统还忙?"我开着玩笑。"我确实比总统忙。我一个人得处理很多事。训练啊,编舞啊。一大摊事呢。"玛瑞奴倒也不客气。"我们一般至少一周练三次。如果加上比赛,我们天天都在练,天天加班。你瞧我们每次都要练两至三小时,练完之后,我还不能回家,我得再加一个小时的班,确保一切都符合要求。一般我回家都快午夜了。"而拉拉队员的选拔,则更加引人注目。玛瑞奴告诉我,喜爱火箭并不是选拔的条件之一。"我们选人时,并不看中她对火箭队的情感。只要喜欢跳舞,她们会慢慢爱上为之工作的球队。"每年7月,火箭俱乐部会搞一次大的动感女孩征试。"我们会在火箭队的官网上发帖,上面写清时间与地点,想参加的都可以来。征试分为三阶段,第一阶段叫初步考核,就是让大量喜欢当拉拉队的女孩都参加,然后从中淘汰,前年就有近900人报考;第二阶段则是找出其中最好的30名到40名;第三阶段再从中选出18名,这就是我们所需要的。"淘汰比例,居然高达50比1,这比中国的高考可激烈多了。

也有MBA为了确保选拔的质量,裁判也都是高手中的高手。"一般是10个人构成裁判团。裁判一般由专业的舞蹈专家,广告商,当地的MTV编导,歌星,火箭队市场推广员甚至以前的拉拉队员组成,我也是裁判之一。"作为教练,玛瑞奴自然有发言权。"选拔时长约5小时,实际上程序是这样的:先是初选。从早上的8时到中午,让报名者学习我们编的舞蹈。然后在一个半小时内,裁判进行第一阶段的初选。入围者会再给2小时学习新的舞蹈,然后在接下来的1个半小时内,从入围者中选出合适的人来。主要是看她们的现场表现,

拉拉队员们虽然漂亮,但却不允许对球员抛媚眼。

身材,然后是热情度,兴奋度,是否精力充沛,记忆力好不好等。"年纪居然不是首选标准,玛瑞奴称,无论18岁还是30岁,都行。"跳舞使人年轻,你看现在的动感女孩,有好几人的岁数都在30岁以上,但你绝对看不出来。" 就算被选上了,也面临着激烈的竞争。玛瑞奴告诉我,18个人,随时可以换。"这个竞争是天天存在的,我换不换人取决于她们自己的表现。但如果我真的发现非常好的人选,我也会将其无条件地收用。"动感女孩只是一个零时工作,事实上她们都还有另外一份工作,"现在的动感女孩有一部分是大学的学生,还有一些是律师,医生,会计,教师等,她们大多数是下午五点从正式职业下班,然后7时半来这里训练或正式演出。要是被淘汰了,她们会延续自己的职业舞蹈者的身份。但也有人会改行,重新拾起大学学的专业,当律师呀什么的。纳塔莉是一个例子。她有一天突然想去读MBA,就辞职走了,一年半后回来,又来考动感女孩,还真考上了,不过,她现在已是硕士了。"尽管是场上万众瞩目的对象,但拉拉队员的工资却并不高,她们领的是计件工资,"上一场给一场的钱。"

火箭拉拉队员在训练。

唯一的华人拉拉队员是湖人女孩

"现在欢迎'湖人女孩'上场!"斯坦普斯中心音乐响起,一群衣着鲜明,貌美性感的姑娘在球迷的掌声中登场,跳起了韵律极强的劲舞。现场大屏幕捕捉着湖人女孩的神态,突然一位东方面孔出现了,她年轻漂亮,乌黑的头发在摆动中散发出浓浓的东方气息,甜甜的笑让人为之倾倒,在美女如云的湖人女孩里,她显得那么的特别,难怪镜头老对着她……

简志嘉,英文名叫Alice,一位10岁时随家人来到美国的华人女孩,如今在NBA所有30支拉拉队中名气最大的一支——"湖人女孩"里效力。更为难得的是,她是所有拉拉队员里,唯一一名华人女孩——从某种意义上说,她比姚明更为难得,因为后者至少还有王治郅和易建联作伴。

作为第一位被选入NBA拉拉队的华人,简志嘉自然受到了诸多的关注。她现在还记得自己被拉拉队选中时的心情,"高兴得都要哭了。"

从600人中脱颖而出

简志嘉从小就喜欢跳舞,她的父母对女儿的爱好也特别支持,给她找了最好的老师。从5岁起,小志嘉便与红舞鞋形影不离了。勤奋加上天赋,简志嘉的舞越跳越好,很快便进了校队,直到大学毕业。

简志嘉在大学学的是商业,但她发现,自己最感兴趣的却是跳舞,于是毕业后,她就一直寻找着能延续自己舞蹈生涯的机会。终于,她等来了……

湖人队是NBA的强队之一,洛杉矶又是美国的娱乐中心,因此想来参加湖人拉拉队的女孩子

多如牛毛。"每年都有600多人参加选拔,但每次只招20人。"简志嘉承认她差点就放弃了,"我失败了两次。第一年,我怀着试一试的心情去,结果在第一关就被淘汰;第二年我做了充分的准备,一路过关斩将,直杀入第四关,只剩下35个人,但可惜我最后还是没有入围。当时心情差极了,你知道离胜利只差一步时,失落感是最强的。第三年,我再次参加选拔,我想如果再选不上,那就放弃了吧。没想到,最后我被选上了!"

简志嘉已是"四朝元老"了,可想起当时的事情,仍然心有余悸:"1比30的比例,我不得不说我是幸运的。你知道竞争有多激烈吗?来参赛的女孩子都是从小就学舞蹈的,所以大家拼的就是对舞蹈的灵感与现场的发挥。"

也算是个人物

能够成为湖人女孩,自然就成了名人。先不说湖人队比赛时有多少人来观看,光是各大广告商就够应付了。简志嘉就接了不少的广告,也做过模特。1.68米不算高,但绝对的匀称。成为湖人女孩后,她的生活就发生了不小的变化。

"我每天变得十分忙碌,白天上班,晚上要么训练,要么上赛场。"简志嘉说。除此之外,最大的变化是有了名气。"走在街上,尽管没穿湖人女孩的服装,还是有不少的人认出来,与我打招呼。这使我感到很有成就感。在洛杉矶的华人圈里,我也算是个人物吧,都知道我是NBA拉拉队里唯一一名华人。"

湖人女孩简志嘉名声在外,很多小朋友都找她教舞。

有3枚总冠军戒指

作为湖人女孩,经常在比赛中进行表演,久而久之,简志嘉也爱上了篮球。"我还记得湖人队第一次得总冠军时的情形。欢呼,激动,到处都是痴醉的球迷。球迷是兴奋的,作为湖人女孩,我比他们更加兴奋。因为我们就站在球场上,我们与球员的距离最近,我能听见科比的心跳,能看见奥尼尔脸在颤抖,能感觉到湖人队员的喜悦……说实话,我是第一次见识这种场面,高兴得眼泪都快掉出来了。"不知不觉,简志嘉竟然成为陪着湖人三连冠的见证人。"也许是一种缘分吧,我就像湖人队的幸运女神,哈哈……"

简志嘉也有3枚总冠军戒指,她如获至宝般地珍藏着。"每一枚都代表着我的努力。其实湖人在获得总冠军后并没有给我们任何的表示,但如果我们要买总冠军戒指的话,可以有折扣。每一年的戒指价格都不一样,平均下来,一枚戒指要花几千美元吧。所以,光买戒指,我都花了一大笔钱了。但今年如果湖人夺冠,我还是要买。"

简志嘉现在身兼数职:既是舞蹈爱好者的老师,又自己开了一家拉拉队公司,而且还做着房地产生意。"你知道作为湖人女孩,比赛时出场费是100美元,平时的训练费是40美元。所以别想指望靠这点收入来生活。湖人女孩都有自己的职业,我去年已经与另一位湖人女孩开了一家拉拉队公司,负责训练有潜质并想成为职业拉拉队员的姑娘。今年我打算'退役'了,毕竟每年都要与600多名女孩竞争,我感到累了。4年的职业拉拉队员的生涯让我懂得怎样成为一名合格的拉拉队员……"

篮球风暴
BASKETBALL STORM

飞近NBA总裁大卫·斯特恩
斯特恩：我们做了很多措施去杜绝假球发生

要想采访NBA总裁,可不是一件容易的事。

  NBA总裁大卫·斯特恩是位精明的老人,他头发花白,但两眼有神。他是NBA的掌门人,也正是他将NBA打造成了美国三大体育联盟之一。有人说,如果斯特恩竞选美国总统,他一样会将美国打理得井井有条。

  斯特恩是犹太人,天生对生意有着敏锐的捕捉力,而斯特恩更是法律高材生,这两方面的叠加,让他掌控NBA这个庞大帝国,显得游刃有余。要想专访斯特恩,难度极大。这位老人,很少接受媒体的专访。他是空中飞人,为了开辟NBA新的战场,他会飞往亚洲,飞往欧洲,与中国谈,与俄罗斯谈,甚至打算将非洲也列入自己的"势力范围"。他还要照顾自己的球队,甚至球星。球星的退役,他会亲临现场。这或许是个采访他的机会,但上百家媒体记者,七嘴八舌,能问上一个问题,就算有缘分了。

  但采访NBA,不专访这位NBA最重要的人物,就无法彻底领会NBA的发展方向以及发展思路。所以,我想方设法,开始申请斯特恩的专访。多次沟通,多次电话,多次邮件。坚持不懈的努力,终于开花结果。一天,NBA的公关给我电话,告诉我,斯特恩先生同意接受我的专访,时间定在2005年1月20日,地点就在NBA的纽约总部。

  这当然不是我第一次造访NBA总部。2003年我曾经来过,还闹过一个"笑话"。当时跟着火箭队前往纽约,约好了NBA副总裁杰克的专访。那是我第一次到纽约,迷失在钢铁森林般的高大建筑物中。纽约是美国的第一大都市,街道纵横交错。而NBA的总部却隐藏在众多高大建筑之中,让我好一番找。看着专访的时间将近,我还是没有找到NBA的总部。为了不迟到，我决定打个电话给NBA公关人员，再问问具体位置。可那时手机刚好没电，只能用街边的投币电话。一摸口袋，一个quarter都没有。不得已，我只能去换钱。于是掏出一美元在手中，打算换四个quarter。一个拿着面包的美国人匆匆走来，我连忙叫住。还没来得及说，那人看着我手中的一美元后，赶紧从兜里掏出几个硬币，塞在我手中，转身就走。倒是让我一愣：敢情把我当成……?

没有时间找他解释，我马上投币打了电话，最终问清了路线，完成了专访。第二次前往NBA的总部，自然轻车熟路。这是一次高端专访，斯特恩笑着说，"你是第三位专访到我的中国纸媒。"

1月20日，纽约曼哈顿。

正在经受寒流袭击的纽约在冷风中瑟瑟发抖，-8℃的低温让路上的行人们都戴紧帽子，搓着手小跑着前进。天气预告说，低温将会持续至下周二。哈德逊河面上已部分结冰，道路开始堆起了积雪。冷，是1月纽约的写照。

从第五大道与第51街交界处走进去没多久，一座名为奥林匹克塔的高楼耸立面前。乘电梯到第15层，走到尽头，一间不大，但非常整洁、舒适的办公室里，一位头发微白，面色红润的老人，坐在沙发上，正在向本报特派记者滔滔不绝地讲着他的NBA。没错，是他的NBA，他就是NBA的总裁———大卫·斯特恩。办公室里暖气十足，大面积落地窗外寒风凛凛，一座城市，不一样的温度。

温暖首先来自斯特恩的办公室。办公室大约30平方米，厚重而又不失活泼，在色调的应用上，以暖色为主——四周的墙上包着一顺溜的朱红实木，近窗前是一张大班桌，也是朱红色的，桌上整齐地放着文案、纸和笔。两面落地窗实现了很好的采光，纽约的美景也尽收眼底。咖啡色的皮制沙发成L状摆放在进门不远处，那是斯特恩会客的地方。三个单座沙发，一个长条沙发，中间是一张矮桌。对过去，是一排展览柜，上面摆放着一些NBA的用品、图书等等。

温暖还来自斯特恩本人。面带和蔼的笑容，斯特恩给记者的感

觉，不是高高在上的总裁，而是邻家爱讲故事的老人。谈吐风趣，幽默，记者不时被斯特恩的话语逗笑。但不得不承认的是，作为总裁，作为一位律师，斯特恩对于自己所说的每一句话，都在大脑里进行了斟酌，精确到所用的每一个单词。在回答问题之前，斯特恩总会思考10秒钟，然后才会将自己的意见提出来，这是对自己的尊重，也是对记者的尊重。NBA到底是什么？有人说是娱乐机器，做秀而已。面对这样的说法，斯特恩并不否认，"对于这种说法，我是部分同意。NBA是既有比赛也有娱乐的运动。但请注意，比赛就是比赛。"斯特恩很得意自己将NBA改造成娱乐与运动相结合的现状，但在这架巨型机器里，斯特恩到底承担了一个什么样的角色？"如果NBA是火车，那我就是火车的设计师；如果NBA是管弦乐队，那我就是管弦乐队的指挥家。"斯特恩解释道，"随着发展，我的责任越来越多，但这些责任都是源于比赛的，所以，比赛本身仍是我最需要关注的东西。"

斯特恩位高权重，必然是高薪。当时还在波特兰开拓者队的"怒吼天尊"华莱士就曾对斯特恩的高薪表示过不满，认为他一年拿近千万的年薪，数额曾经超过了一些球员的3/4，有些离谱。但斯特恩对于自己到底拿多少年薪守口如瓶，而且拒绝评价任何有关他年薪的观点，"我只想说的是，我的年薪实在太少了。"斯特恩用了"太少"这个词来强调，看来他觉得自己为联盟付出的实在太多。

经过大卫·斯特恩的大力改造，NBA的发展非常迅猛，但现在好像已经走到了顶峰，发展速度放慢不少。"NBA只是爬到了一座高山的小山峰，我们远没有登顶，国际旅行才刚刚开始。"斯特恩并不承认NBA不能再发展了，"小山峰就是美国市场。我们的球馆上座率已经接近饱和，不过从全球范围来看，我们还有很大的空间，NBA球队将走出美国，到国外去打球，而其他国家将会有与NBA关系很密切的联盟产生……我并没有具体的计划，但10年内，我相信NBA仍将高速发展。"

NBA有没有假球？一些强队莫名其妙地输给弱队，是不是假球的结果？赌博网站都有对NBA开盘，是不是示意着NBA已受到了赌博集团的操纵？当记者将心中的疑问抛给斯特恩时，他突然反问一句："你是不是在赌球？""没有。"记者一口否认，他笑着说："我只是确认一下。你不赌，很好。我可以很确定地说，NBA还没有碰到任何与赌博有关的问题，但是，我们一直都在努力避免与赌博挂上钩。我们并不担心球员、教练或是裁判被收买而打假球的事情，因为那属于犯罪，有警方监控，抓不抓得着是警察的事。我所担心的，其实是赌博将会改变我们与球迷那种很自然的关系。"

停顿了一下，斯特恩将身子向后靠了靠，继续说道："我们做了很多事情，去杜绝假球的发生，保证比赛的纯洁性，这一点是很重要的。"那斯特恩到底做了哪些事去杜绝假球的发生呢？"我们与司法部门的联系很紧密，我们还和很多大的合法的赌博集团有联系，在一定程度上密切注视着球员的球场表现，我们一直在盯着比赛。"可是NBA有那么多球队，那么多球员，斯特恩怎么盯得过来？"我们有很好的办法。我们……"斯特恩突然停了一下，也许想到不该把那个很好的办法讲出来，他变向回答起来，"并不是说我们去追踪每一个球员，每一位教练，我们看比赛的一些征兆。这不是什么问题，因为球员们都挣着很高的薪水，如果让他们冒着放弃自己职业的危险去通过赌博打假球赢得比他们薪水更高的钱，我想那是很困难的。只要我发现谁打假球，那他面临的将是终身禁入NBA，这对教练、裁判都一视同仁。"

斯特恩说得很坚决，但有一点不可否认，球场上的确存在着裁判判罚明显有问题的时候。"那是肯定的，我对裁判的要求是，97%的正确，允许3%的错判率。他们也是人啊，你不能要求他们次次都对。当然，我们从来没有人为地控制过比赛的输赢，除了我将季后赛第一轮的场次从以前的5场3胜改成7场4胜，以期增加转播次数外，绝对不会对比赛本身进行改变。"

作为第一位国际球员以选秀状元身份登陆NBA，姚明一直都是众人关注的焦点。但姚明的表现总离大众期望值差一点，这就让一些人产生了姚明是NBA炒作出来的想法，其目的是为了中国那巨大的市场。斯特恩听到这种说法，连连摇头。"我们的球队只要一件事，那就是赢球。姚明之所以被选中，是因为休斯敦认为他将是未来的统治中锋。现在你去读报纸，上面写着NBA只有2~3个绝对的中锋，姚明就是其中之一。他是具有统治地位的中锋，他也是全明星首发中锋。"一想到什么为了进军中国而选择姚明，斯特恩有些生气，他提高声音，语气有所加强："如果姚明不是一位很好的球员，那他对我们进军中国市场并不会有多大影响。原因是，中国球迷对NBA太了解了，当我们把加内特、奥尼尔带到中国去宣传NBA，效果一样轰动。所以，完全没有必要往那方面想。"

乔丹是神，是NBA力推的形象大使。但自他退役后，目前为止还没有一位球员能够与乔丹比肩。为什么NBA不再造神？斯特恩对于造神一词很是反感，"NBA从来没有包装球员，事实是，同乔丹一个级别的球员将会自己包装自己。现在人们谈论的是奥尼尔、加内特、科比、詹姆斯等。当然，我不知道他们谁能与乔丹相提并论，但现在NBA的新星们数量之多，超过了往年任何时候。虽然他们不能与乔丹同级，但人们会去看西雅图的比赛，会去看太阳队的比赛，看马刺，看希尔回归后的魔术……我们的上座率比乔丹时代提高了很多，这难道不是进步吗？"

自从当上NBA总裁后，斯特恩一干就是21年，好像这个总裁位置非他莫属，NBA总裁他要当一辈子了。"我希望如此，但这是不可能的。"斯特恩笑得可开心了，"我的任期由球队的老板们决定。除非我自己不想干了，或是30位球队老板们投票表决不让我干了，那我就离开这个位置。但我至少将干到将常规赛带进中国的北京、上海。"

篮球风暴
BASKETBALL STORM

飞进美国的运动体育诊所
姚明搭桥,川版姚明美国动手术

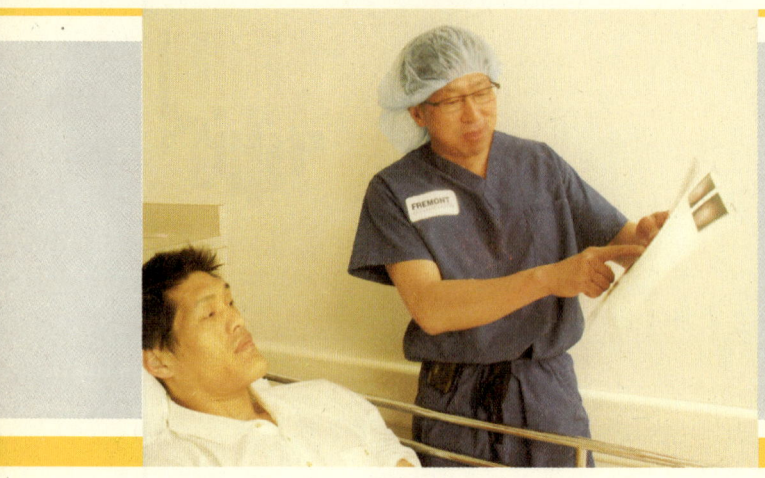

丁医生正在给付庆飞讲解手术情况。

当姚明以选秀状元的身份登陆美国后，上海队的内线弱点显现无疑。为了增强内线，上海男篮租借了四川男篮的中锋付庆飞。一个赛季下来，付庆飞表现良好，被称为"川版姚明"。

然而，正当付庆飞的篮球生涯就快飞向顶峰之时，伤病的袭来，让这位身高2.18米的大个子，感受到了力不从心。膝伤是篮球运动员难以逾越的伤痛，特别是内线球员，一旦患了膝伤，职业生涯就面临危险。福建队的龚松林、八一队的李楠都前往了美国进行了手术，恢复得非常好，这也让大付萌生了去美国治病的想法。"我想去美国治膝伤。"2007年1月中旬，大付很认真地对我说："如果不动手术的话，我的篮球生涯真的就要结束了。"

接到大付的托付，记者立即与正在美国养伤的姚明取得了联系。"他的伤还没好？"大姚问道。大姚当然记得大付，不久前他还送了一双鞋给大付。在听说大付想到美国治病后，姚明给了记者一个电话，这个电话正是美国旧金山亚瑟·丁医生助手的电话。姚明与丁医生相识已好几年了，他曾为姚明动过去除脚踝骨刺的手术，而龚松林、李楠的膝伤手术也是由丁医生操刀完成的。在姚明及姚之队的帮助下，记者拿到了丁医生的地址，付庆飞的MRI（核磁共振）片子通过快递飞向大洋彼岸，转到了丁医生的手中。在看了片子之后，丁医生认为大付的手术与龚松林完全一样，并很快向付庆飞发出了邀请函。对于四川篮球迷来说，付庆飞并不是一个陌生的名字。记者们称2.18米高的付庆飞为大付，就像记者们称姚明

为大姚一样，因为他俩都是巨人。事实上，不少球迷都称大付为"小姚明"，尽管付庆飞自认与姚明还差得远而不认同这一说法。但除了姚明、大郅和巴特尔，付庆飞认为自己在中锋位置上有实力与任何一位国内球员竞争一下。

因为表现出色，大付16岁就披上了国青队的战袍。2002年，盛极一时的上海队在姚明远走NBA之后跌入低谷。在寻遍国内后，上海男篮果断地将橄榄枝抛向了付庆飞。租借到上海的那个赛季，付庆飞就是上海人眼里的第二个姚明。姚明甚至特意送给他几双自己的球鞋。穿着姚明的战靴，大付帮助上海队拿到了CBA2003至2004赛季的第九名。2004年，不到20岁的大付入选国家二队。然而伤病就在这时开始捉弄起他来。左膝内侧半月板撕裂、软骨严重损伤、右髋关节骨裂、右膝内外侧半月板撕裂……这一连串的伤病在两年多的时间里不断折磨着他。

因为体重大，膝伤是大付治疗的难点，在国内手术之后一直没有痊愈，极大地影响了他在场上发挥，甚至每一次激烈的对抗都让他疼痛难忍，而且如果继续带伤上阵，很可能毁掉自己的篮球生涯。

当盎然的春意传遍成都，年仅22岁、身高2.18米的四川男篮中锋付庆飞的春天也来了。2007年初的一个下午，我接到了付庆飞发来的短信，寥寥数字，记者却看见了这位曾被喻为"川版姚明"的小巨人那颗激动的心："省体育局通过了！"这句话看起来没头没脑，却意味着可能因为伤病被废掉的付庆飞又看见自己健康重返球场的希望。四川省体育局的领导和篮管中心同意为付庆飞支付手术费用，解决了他的后顾之忧。大付将在三月份赴美国，到为姚明、龚松林以及李楠治好伤病的美国著名运动创伤专家亚瑟·丁的医院接受最好的治疗。

A BASKETBALL STORM
被认为是姚明的兄弟

洛杉矶拉克斯国际机场,经过长达13个小时的飞行后,付庆飞站在了国际到达的出口,他的出现,成为了一场"秀"。一位妙龄少女飞奔过来,"你是姚明吗?"大付笑着摇了摇头。结果,那少女仍不死心,"你好高啊,跟姚明差不多高吧,你不是不打篮球的?在哪支球队打?是不是要到NBA打球啊?"面对少女连环炮式的发问,大付还真有点不适应,最后,碍不过情面,他还为那位美少女签下自己的大名,并合影留念才得以脱身。没走几步,又被另一个人叫住,非要合影。到美国几天了,"天啊,他太巨大了。"到处都是这样的惊叹,"请告诉我,你到底有多高?"好奇的洛杉矶人总是想知道这件事情,当得知大个子是2.18米时,洛杉矶人夸张的一声"我的天啊",然后满意地走了。后来,洛杉矶人接受了付庆飞不是姚明的事实,但他们又自己认定:付庆飞是姚明的兄弟!

来到洛杉矶,正好火箭队马上要来打客场。付庆飞想这是见到姚明的好机会,于是特意停留了几日,要谢谢他的这位老大哥。我给姚明去了电话,姚明马上为大付留了两张球票,是火箭与快船的比赛。能够去NBA赛场看比赛,是多少中国球员的梦想,更不要提是在篮球的圣殿斯坦普斯中心了。那天阳光灿烂,付庆飞心情大好。站在斯坦普斯中心前,大付就像马上要进场的球星。不断有人前来与大付合影,甚至有球迷拿来篮球要大付签名,这可是巨星才有的待遇。那位球迷小声说:"你是不是姚明的兄弟?"大付正色道:"我不是。"但另一位球迷更小声地说道:"管他的,谁知道哪天他

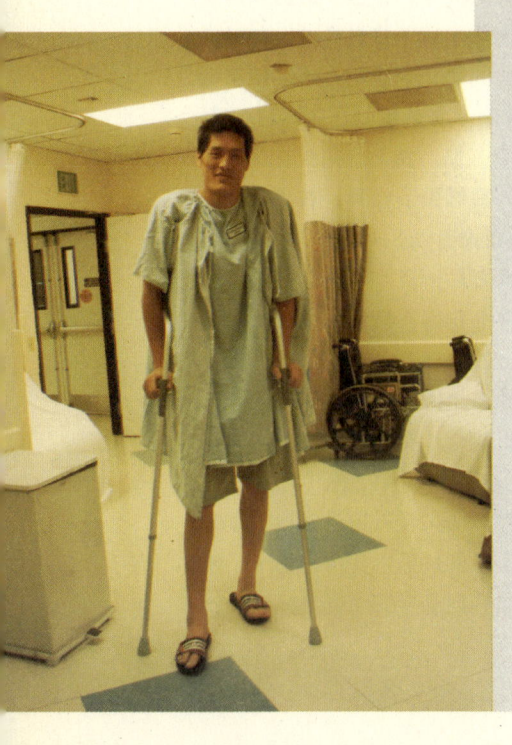

就出名了，我们先签着吧，以后出名了再想签可就困难了。"付庆飞万万没有想到，自己前来崇拜大哥姚明，却先被球迷们崇拜了一回，在球场外面，球迷们排着队等着和他合影。

洛杉矶的媒体也有察觉。华人电台已做过几次有关大付的节目，在洛杉矶发行量很大的报纸对大个子进行了小专访，甚至ESPN（美国娱乐与体育节目电视网）都见证了大姚与大付见面的过程。不过，让大付感动的是球迷们让这个大个子不要浪费了自己的天赋，"有机会就来打NBA吧。" 这是火箭客场与快船队的比赛，望着球馆一端挂着的湖人队三连冠大球衣(湖人与快船同用一个球馆作主场)，大付顿时变成了小孩，就想能与湖人王朝合张影，不惜向上走好几步台阶。与姚明见面也是他没有想过的事情之一。尽管大付曾在上海大鲨鱼队打过一赛季，但与姚明私下还真没有面对面接触。姚明拿给大付的球票位置不错，向左走几步就可以到球员进球馆的通道上面。比赛的走势却出乎大付的意料，姚明上半场就三次犯规，得分也并不高。以为姚明可能会因此而取消此次见面的大付其实是多虑了。

在比赛结束之后，大付走到通道边，那里早挤满了球迷，都把手伸得老长希望与姚明握手。这时姚明走了过去，大付也将手伸出去，姚明看见了，将手伸出，球迷们以为大姚会来握他们，没想到手一拐，与另一大手紧紧相握，"我会叫人带你进内场的。"姚明简单地说了几句话，快步进了更衣室，留着大付快乐地笑着。

让大付快乐的还在后面。做完电视台现场访问的麦迪冲进内场，看到了大付，好奇地多看了两眼，在与大付合影时，用自己的手与大付的一比，火箭老大顿时瘪嘴，原来他的手比付庆飞的小了不少。与麦迪合影，是大付去之前许下的心愿之一，没想到那么容易就实现了。

与姚明聊聊天，当面谢谢姚明是大付的另一个心愿。"好了，就这样吧。见大付去了。"姚明结束了赛后的新闻采访，从更衣室里出来，两位大个子手紧紧握在了一起。大付不知道该说什么，只想着要一个姚明的签名。"先别提什么签名，我问你，你的伤势怎么样？"大付心里那叫一个感动，"就是膝盖的半月板问题，这次来就是动手术的。"大姚微笑着，拍了拍大付的肩，"好好把手术做了，把伤养好，争取再多打几年球吧。"姚明的话语透着关切，大付使劲点头。两位大个子如同巨塔一般，站在更衣室外，不少摄影记者抢着拍难得一见的镜头。但对于文字记者来说，想了解谈话内容却并不易，因为他俩实在太高了，声音就像从万里高空发出来的一样，传到地上基本上就无啥声音了。"我想等病养好了，到休斯敦再来看你。"大付诚恳地说。"好啊，没问题，你来就是了。"姚明真诚地回答。两位巨人之间，有一种惺惺相惜的感觉。"姚明的确是超级巨星，那气势，那感觉，真不一般。"拿着姚明的签名，大付心里美滋滋的，"虽然时差还没倒过来，但今晚可能睡不着了。"大个子轻轻地说，好像刚才经历了一场美梦，太激动就会醒来。"我要快点养好伤病，争取能在火箭的季后赛里，到火箭的主场去感受一下，再见识见识大姚的霸气。"大付已给自己定了目标，这个目标，他会尽最大努力完成。

BASKETBALL STORM
揭秘"丁医生"的诊所

从洛杉矶到圣何塞只需飞1个小时，亚瑟·丁医生的助手瑞科早已候在机场外面。付庆飞的出现照旧引起了"姚"声一片，不过这个大个子早已习惯了人们对他的"错觉"，他的适应能力之强，超出了记者的想象。

丁医生的诊所在离圣何塞20分钟车程的一个小城市，名叫弗里芒市。付庆飞被安排在一家离医院只有5分钟车程的酒店里住下。尽管只有5分钟的车程，但走路是没有办法的，因为出门就是高速公路。丁医生的合作伙伴段医生邀请大付一起吃了顿越南菜，边吃边聊治疗计划。按照计划，大付被特别安排在第一位，今日他将到医院进行一个膝盖的核磁共振检查，丁医生将就核磁共振的结果进行一次会诊，确定手术的时间，之后就是给大个子开刀修膝盖了。

"不用害怕，到这就像到了家里一样，中国有许多运动员都来我们这里做手术。"段医生说道，"比如姚明、李楠、叶莉、隋菲菲、龚松林，都是在我们这里动的手术。我们会定期对病员进行回访，看他们伤势恢复情况。"亚瑟·丁医生，这个中西结合的名字，近两年不停地出现在国内媒体的报道中，而跟这个名字打交道最多的，是中国篮球界，无论是中国男篮还是中国女篮。亚瑟·丁其实是一位华人，但他在美国的运动创伤医疗方面享有盛誉，姚明、叶莉、李楠、龚松林、隋菲菲等中国篮球运动员纷纷来到这个位于加州弗里芒市不起眼的诊所动手术，逐渐让中国球迷熟悉和关注起这位神秘的丁医生。中国也有自己的运动医院，为什么中国篮球运动员都喜欢到丁医生这里来做手术呢？由于将给"川版姚明"、四川男篮中锋付庆飞动手术的正是丁医生，我也借机走进了他的诊所，揭其神秘的面纱。 黑黑的头发，坚毅的面容，坐在康复中心自己的办公室里，亚瑟·丁开始了一天的忙碌。这位美国最好的运动创伤医疗专家每天6时30分起床，最忙的时候一天要接16台手术，一直会忙到晚上8时。

亚瑟·丁的办公室可以称为"摩托车手头盔展览室"。各式各样的头盔陈列在他座位后面的柜子里,那其实是他的"战果"。和合伙人段医生一样，丁医生也在为美国摩托车GP大奖赛提供手术服务，而经他医治的摩托车手，大都会送一顶头盔给他。"我最忙的时候其实并不固定，周二相对来说要轻松一点。本周是周五最忙，因为我要去看旧金山看鲨鱼队的冰球比赛。"丁医生目前与橄榄球、棒球、冰球、赛车等多支队伍有合同，但凡有比赛的时候，他必须到场，以确保参赛选手的安全，"如果出了什么问题，我甚至会马上进行手术，以便让运动员尽快开始康复。"丁医生对自己的主刀技术非常自信，他希望能够将这些技术传到中国。"我本人也是华人，中国人都非常聪明，中国医生与美国医生在知识上是没有区别的，区别在一些观念上和器材上。我敢说，我这里的设备比中国好很多，而这些都是可以传授的。因此，只要中国医生掌握了正确的观念，有了好的设备，他们就能像我一样，为中国运动员进行很不错的膝关节手术了。"但丁医生知道实现这些并不容易，"一些观念上的差别，很难改变，可能会需要更长的时间。"

丁医生说，如果真的实现了，他不会害怕竞争，"就算他们掌握了我的一些技术，那正是我所喜欢的，因为技术不断在进步，所以我并不担心这一点。就像我在美国的客人，他们有很多选择，但最后还是到我这里来动手术，因为我是最好的。"

在丁医生看来，消除病人的紧张是最重要的。"他们首先要相信你，在相信你后，你才能将手术做到最好，因为他们会很配合。我们可以想一想，从中国来的运动员，走了那么远的路来到美国，在这个人生地不熟的地方动手术，肯定会害怕。但我们有办法，我是华人，段医生是越南人，大家都是亚洲脸孔，这一下就亲近了不少。我记得隋菲菲来时候挺紧张，但之后就变得非常放松，现在她恢复得很好啊。另外，我们有很好的术后服务，我们有专门的档案室，为每位病人建立档案，在手术之后，就算他们回国了，我们也会定期对他们的恢复情况进行跟踪。他们如果有什么不舒服，可以在任何时间给我们打电话，我们会为他们提供最好的服务。你瞧，这是今天早上才收到的MRI(核磁共振)片子，从巴西寄来的，是我的一个老客户，他想让我看看他的恢复情况。"

丁医生说，对于运动员来说，有伤一定要及时治疗。"一定要抓紧，不能耽误，早一天手术，早一天恢复，拖得越久，好得越慢。你知道赵蕊蕊吧？其实她的病如果早一点动手术的话，应该好得很快，但医生们总是有其他的担心，要不是我亲自去游说，赵蕊蕊还动不上手术呢。她的手术是在芝加哥动的，如果在我这里动的话，我想会恢复得更好，因为我们这里有不错的康复中心。"

这时，合伙人段医生拿着付庆飞的MRI片子走进了办公室。在仔细看了大付的MRI后，丁医生指着右膝的底片说："你瞧，膝盖这部分在MRI上应该是黑色的，但这里有一处白色，应该是裂缝，放心，我会处理好的。"然后再看了看X光片，丁医生笑了，"哈哈，他的伤与很多运动员都是一样的。"之后，丁医生让大付躺在床上，将裤管卷至膝盖，然后双腿左右晃动。检查了一会丁医生问道："你的左膝做过手术？是不是开了四刀？放心，你的右膝我只开两刀就行了。"

飞进美国的运动体育诊所
姚明搭桥，川版姚明美国动手术
Basketball Storm

BASKETBALL STORM

25分钟 "川版姚明" 重返健康路

等待3年，25分钟就解决问题。

就如一场梦，梦中的故事还没有讲完，大付就被叫醒了。"睡得太香了。这是大个子醒来的第一句话。第二句话，是关于手术的，"没有感到一点痛。"四川男篮运动员付庆飞在美国著名运动创伤治疗专家亚瑟•丁的操刀下完成了右膝手术，手术进行得相当成功。据主管术后恢复的段哥银医生讲，大付4个月后就可以在球场上训练了。

天气绝好，艳阳高照。早上9时30分，来接大付的段医生准时将他崭新的路虎越野车停在酒店外。坐在车上，段医生不时开着玩笑，放着据说是李楠最喜欢听的黑人RAP。路虎的音响好得出奇，一曲未放完，弗里芒医疗中心就到了。

先是测血压、询问一些日常的问题，为了让大付更加放松，丁医生特别找来了曾经照顾过李楠的一位护士，香港人余德华。"李楠做手术那天时间挺晚了，没有人照顾他，于是他们找来了我。李楠在医院里躺了一天，就是你现在躺的这张床。"余德华指了指大付。

大付正坐在一张床上。这是手术中心的休息室，由挂布分成一间一间。余德华并不是全职的护士，他竟然打了3份工。"我是美联航的空乘，明天就要飞北京了。我先是在温哥华读医护，毕业后来到美国，在医院里工作，后来转行当空乘。空乘的工资不算高，于是我找到了这份工作，同时我还在救护车里兼职。"有了余德华的帮助，大付的术前工作进行得非常顺利。

大付换上手术病人的衣服后，段医生让人拿来了特制的拐杖，这种拐杖据说是姚明手术后用过的，可以调整高度，试了一试，大付觉得还不错。因为手术需要，大个子的右腿腿毛必须刮掉，手术中心的一名女护士细心地为大付刮着腿毛，大付一副享受的样子。不过，毕竟是要动手术，大付还是有点紧张，特别是听说要进行全身麻醉，他感觉有点恐惧。"没关系，就是睡一觉，一觉醒来，一切都好了。"在护士的安慰下，一瓶点滴输进了他的身体，睡意渐渐袭来。"你记住，等一会儿会放一个管子进你的嘴里，以免你窒息。手术好之后，一拍醒你，一定要张口，把管子取出来。"护士最后嘱咐道。

在推进手术室后，大付已经睡着了。医生们开始忙碌，麻醉师又对要动手术的膝盖进行了特别麻醉，确保手术时没有疼痛。由于是在膝盖里作业，丁医生要将探头伸进，两台高清晰显示屏清楚地显示了里边的情况，丁医生将看着显示屏进行手术。一切就绪，丁医生穿上了手术服，拿起了手术刀——一把像改刀的工具，另一位医生负责将大付的腿按丁医生要求的方位摆好，两位护士负责递换手术刀。

显示屏上，大付右膝的情况一览无余，本该由软骨包住的骨头表面凹凸不平，"你看，由于软骨受伤后，没有及时清除，导致两个膝盖骨之间互相摩擦，而摩擦又刺激了膝盖骨，长出了不少骨刺，所以他感觉很痛。还有，刺激让他的膝盖骨有所生长，多出了一块。我将把这些骨刺、不平软骨给除去，让它重新生出平滑的软骨，对膝盖进行保护。"丁医生边动手术，边向记者解释道。同时，丁医生手中的手术刀在膝盖里左右移动，小探头也像有灵性似的，非常听话地在很小的空间里作业。屏幕上清楚地显示出骨胶原与不平软骨被除去，随着一个冲洗机带出体外。25分钟后，丁医生一笑，将剩下的缝合工作交给了助手。"手术是成功的，请放心。"丁医生说了一句后，走出了手术室。

大付仍然睡得很香，护士叫了好多声，他才睁开了眼睛。"怎么，完了？"大个子轻轻说道，"睡得太香了。"回到酒店，段医生拿来了姚明也常用的一个叫"Game Ready"的冰敷仪，对手术后的膝盖进行冰敷治疗，防止肿胀。"一周内不要乱动，除了上厕所。如果痛的话，吃两片止痛药。放心，一切都很好，就等着你在赛场上重放光彩了。"段医生拍拍大付的肩。大个子半天冒了一句英文："No Problem！"

笑声一片。

好莱坞风暴
HOLLYWOOD STORM

好莱坞风暴
HOLLYWOOD STORM

飞进格里高利·派克追悼会
这次，他在天上的罗马度假了

飞进格里高利·派克追悼会
这次，他在天上的罗马度假了
Hollywood Storm

2003年6月15日，NBA已进行到总决赛的关键时刻，马刺正在对话网队，离球队历史上第二尊奥布莱恩杯只有一步之遥。我也将现场见证马刺夺冠后的种种兴奋之情，说不清是马刺在兴奋，还是我在兴奋。但就在第六场比赛开始之前，我接到了报社的指令：格里高利·派克去世，将于16日在洛杉矶举行追悼会，马上飞过去采访。

格里高利·派克？我脑海里迅速搜寻，一张图片展现出来。影片《罗马假日》中他轻轻拥着赫本，眼神中散发出难以抵抗的暧昧，让无数影迷为之倾倒。但是，NBA也迎来了最为关键的时刻，总冠军马上就要诞生，我不愿就此放弃。报社的指令要执行，我想了个折衷的办法，等比赛结束，见证了马刺夺冠时刻之后，写完稿子，再飞洛杉矶，利用圣安东尼奥与洛杉矶之间两个小时的时差，及时赶到悼念现场，完成采访。尽管我夜不能寐，但为了这个值得纪念的时刻，我豁出去了。

毫无悬念，马刺主场解决了网队。全场掌声雷动，为NBA总冠军叫好。我更是兴奋，在过道里，NBA的工作人员抱着奥布莱恩杯，跑上跑下，差点撞在邓肯的怀里。马刺的更衣室里一片欢声笑语，记者们将更衣室堵得水泄不通。工作人员早早地用塑料布，把地板和更衣间蒙上，接着几瓶大的香槟酒送了进来。最精彩的一幕来了：帕克抱着酒瓶，用力摇了摇，然后打开瓶塞，对着邓肯与罗宾逊就喷了过去……瞬间更衣室下起了香槟雨，打闹声就更大了……

等采访完，回到酒店，已是凌晨1时。带着兴奋劲，我打开电脑，就是一阵狂写。等写完最后一个字时，已是凌晨4点。我订的飞往洛杉矶的航班将于7时起飞，于是赶快收拾行李，打电话叫了一辆出租车，退房，去机场……等飞机降落在洛杉矶国际机场时，正是当地时间早上7时许。匆匆找了一家酒店住下，然后就前往悼念仪式举办地——天使之母大教堂。教堂之外，已有十来辆转播车停在路边，美国各大电视台的记者们都开始准备现场播报。可问题是，为何都在教堂门外，而不是进到教堂里面？走到教堂门口，才发现此次的追悼会，是一个小型的、私人追悼会，谢绝媒体参加，全美媒体中，只邀请了《洛杉矶时报》一家报纸前往。

难道我从圣安东尼奥飞过来，只能站在教堂外面干瞪眼？要知道，中国影迷们还特意通过《成都商报》为派克写了悼词，我可不能让这些悼词连念出来的机会都没有。

前往教堂正门的路被封了，两位工作人员将前往的影迷们都劝了回去。但旁边一条铁链封住的小路却无人看守，我瞄了一下，小路最后还是转向了教堂。有人跨过铁链，径直走了过去。我也跟着走了过去，居然顺利地到达教堂门口。教堂门口也有工作人员把守，但我最终还是成功进入了教堂内，见证了整个悼念仪式，成为整个亚洲地区唯一一名进入教堂内的记者，而美国记者中，也只有《洛杉矶时报》的记者出现在教堂里面，其他所有记者都只能在教堂外"打街"。采访完成之后，我回到了酒店写稿，等所有稿件写完传回，一看表，已是晚上8时，洛杉矶街头早已华灯初上。算算时间，我已有30多个小时没睡觉了，强烈的睡意，排山倒海般地袭来……

天使之母大教堂建筑风格很独特。

Gregory Peck

派克

烈日当头，酷暑难当。然而，在洛杉矶天使之母大教堂外，三三两两的影迷们头顶烈日，随着教堂钟声的敲响，默默地为派克祈祷。由于派克家族将公众悼念改成了私人性质的追悼，许多影迷在踏上通往教堂的楼梯时，会被教堂工作人员友善地拦住，并告之公众悼念取消。影迷们只好望着庄严肃穆的教堂，让丝丝海风将悼念之情吹入教堂。

老影迷伤心失望

玛利娜，快80岁了，仍然在自己的妹妹陪同下，来到教堂前。但当工作人员告诉她不能进入时，这位老太太半天才吐出："我很失望。"工作人员解释道，派克家族改变主意后，昨日早上的《洛杉矶时报》与当地电视台都有报道。老太太伤心地说，她没有看到。在妹妹的劝说下，老太太缓慢地移到路边，闷闷地不说一句话。

派克家属同意放行

尽管在楼梯下的工作人员将所有影迷都拒绝了回去，但绕过主楼梯，跨过低矮的铁链，却有另一条红砖铺砌的路直通教堂内。守卫的工作人员虽然要求记者不准入内，但对那些从秘道前来的影迷却不阻拦。当我表明自己是代表中国成都百万的派克影迷前来参加追悼活动，并将一影迷的部分悼词用英文念给工作人员听后，其中一位工作人员与派克家属进行了联系。随后，他转达了家属的意见："感谢中国影迷对派克的热爱。谢谢你们的悼词，真的令我们感动。但由于悼念会只指定了两家媒体参加，我们也不能破例。不过，如果你以一位中国影迷的身份参加，我们将感到很荣幸。"于是，作为中国影迷的代表，我走进了这座洛杉矶最有名的天主教教堂。

悼念人群潸然泪下

由于之前派克的遗体已经在一个私人集会上下葬，此次的悼念更多是宗教上的仪式。踏进教堂，我看到，经过长长的走廊，转过大立柱，首先是大主教马弗里头戴高冠，身着袍服，手持仪杖，在4位白衣门徒的簇拥下，静静地站在教堂最后。整个教堂能容纳3000人，但由于部分影迷被拒门外，笔者目测大约有2000人参加这个仪式。静静地坐着，影迷们都在等待钟声的响起。教堂正前方是一块放映屏，左右两边是派克的照片。当地时间下午2时，教堂钟声响起。阵阵钟声在教堂里回荡，一声接一声，笔者身边的白发老人轻轻地叹了口气。这时，轻轻的音乐飘了出来。四个门徒手持蜡烛，围着主教，慢慢向前方走去，悼念会开始了。当马弗里主教宣布"今天，我们来到这里，是为了表达对好莱坞一位德高望重的电影人的敬爱，今天，我们来到这里，是为了怀念他，悼念他"时，音乐响起来，全场起立，唱起了悼念之歌。不时有人揉着眼睛，歌声让不少的人潸然泪下。派克几十年的从影生涯，感染了各个阶层，各种肤色的人。老人，青年，白人，黑人……声音交融在一起，旋律在教堂回荡，派克画像上那英俊的面容，在歌声的围绕下，似乎更加迷人。

重温派克生前作品

派克的儿子安东尼代表家族感谢大家。他用略带低沉的声音，述说着派克对他的影响："我从来没有想到，我的父亲会是这样的一个人：他用几近完美的人格对我们进行着无声的教育。我爱我的父亲。"派克的小女儿塞色里亚说："最疼爱我的父亲走了。我仍记得小时候父亲给我讲故事的情景。他抱着我，用很有慈性的嗓音，给我灌输着知识。"塞色里亚已有些泣不成声。这时，投影机开始放映剪辑过的片段。画面是派克与塞色里亚合影的照片。接着，一些经典的电影片段展现在大家面前。《麦克阿瑟》、《帝国的关键》、《杀死一只知更鸟》等派克自己满意的作品，又让大家再次重温了他高超的演技。他生前的专访也穿插其中。"我首要的是做一名合格的父亲，一位好丈夫。"当晚年的派克被问到想做什么样的人时，他回答道，"其次，是一位好的演员，能将现实真正搬上银幕的演员"。

以音乐开始，以音乐结束。整个仪式进行了一个小时。最后，在音乐声中，主教马弗里让大家起立，念了段圣经后，说："安息吧，派克。"静静地，默哀3分钟后，人群开始离开教堂。

多哈
亚运会风暴
DOHA ASIAN GAMES STORM

多哈亚运
一次炫富的盛会

西亚，在我的脑海里，就是阿里巴巴与四十大盗，就是一千零一夜，就是沙漠与蒙面的女人，就是骆驼与清真寺。然而，当亚运会在多哈举行时，作为持证记者的我，重新认识了这个西亚之国。卡塔尔的现代化程度让人惊讶，卡塔尔人的富有让人感叹，卡塔尔人对体育的爱好让人感动。2022年，世界杯又将来到卡塔尔，可以相信，这必将在卡塔尔掀起新的高潮。

2006年11月，我第一次踏上西亚的国土，等着我的，又是怎样的一出"一千零一夜"？

卡塔尔首都多哈非常现代化，它既是沙漠里的绿州，也是沙漠里的钢铁森林。一条条高等级的水泥路像章鱼般四处伸展，高大的树木与绿油油的草皮将城市扮装得清新可人，珍珠湾上帆影重重，好一个沙漠上的乐园。亚运会非常成功，或者说我的采访非常成功。在短短20天的时间里，我造访了亲王府，亲历半岛电视台新闻部，成功追寻了点火的那匹神马，用另一种视角，独家讲述了亚运会的另类精彩。

多哈人性格内敛，但这只是表象。在购物中心的底楼，有很大的一块溜冰场，这成为最受孩子们欢迎的地方。11月的多哈，气温依然炎热，冰场自然成为降温解暑之所在。孩子们在冰场上滑得快乐，多哈男人们则在马路上玩得疯狂。夜幕降临，靠近珍珠湾的海滨大道，就成了"烧胎"的绝佳去处。

在多哈最为漂亮的海滨大道一隅，由官方举办的庆祝亚运会狂欢舞会正在进行，舞台上载歌载舞，轻曼的阿拉伯舞曲伴奏下，身着白袍的多哈男人与身着黑纱的多哈女人在台上慢慢地舞蹈着，没有欧美舞者的狂暴，没有东方舞者的妙曼，就如打摆的鸭子，一步一晃，再配上阿拉伯鼓点，真是温柔无限界。但狂野的一面，炫耀的一面，则在海滨大道上完全曝露出来。

多哈人有钱，因此多哈车多。车对多哈人来说，是真正的玩具。朋友说多哈人开车野，是因为他们不爱惜车，有钱嘛，车子随便开，撞了，坏了，停在路边，不要了，回家再开一辆就是。本来不信，没想到这是真事。在海滨大道上，数百辆SUV将四车道的马路堵得严严实实，在长达5公里的一段道路上，多哈人上演了"损车大狂飙"。

对于卡塔尔人来说,无论多贵的汽车也只是玩具而已。

其实从晚上8时开始,在海滨大道的起点喜来登酒店旁,多哈人的车子便开始聚集,到处是引擎轰鸣的声音,到处是在车身上飞扬的卡塔尔国旗。本来SUV都是大车了,还有数十辆绝对是好牌子的赛车型摩托车和三轮沙滩车,让本来就很拥堵的路面更加的堵塞。摩托车故意以震天响的马达声来吸引路人的注意,然后就像《生死时速》里的情景一般,"飕"地飞驰而去。

摩托车体积小,还可以钻缝隙,而SUV却都是大车,但他们也能想快就快,想慢就慢。

说他们慢,他们可以四辆车并排,慢慢地开,就像讲排场的达官贵人,而后面的车则很有耐心地跟着,似乎很有默契,前面按四声喇叭,后面的车跟着附和。慢得下来,也快得起来,SUV油门一踩,轮胎与地面发出了刺耳的摩擦声后,一辆灰色的SUV冲上人行道,斜着与另一辆车擦肩而过,然后以120公里的速度冲刺出去,站在一边的人能感受到一股强劲的气浪产生,然后冲刺几百米后又来一个急刹车,轮胎在道路上磨出长长的划痕。

多哈人的狂,除了表现在玩车上,还有他们自己。来到海滨大道的SUV,几乎每辆上都站着或坐着人,他们有的坐在车顶,有的坐在车前,有的甚至杂耍般地吊在车外。也不知道身披长袍的他们如何那般的敏捷,不但能稳坐,还要挥舞着国旗,场面甚是壮观。

一辆SUV开了过来,驾驶室里没有人。真是无人驾驶?不是,人都吊在车外,开车的多哈人只用右手控制着方向盘,车门大开,就如飞象般。更多的多哈人是坐在车顶,几乎所有的车都有天窗,于是他们很惬意地坐在车顶,光着大脚放在车里,朝着路人挥手致意。

坐在好车顶上,好像并不能完全地展示自己,坐在车头上,也不见得能够拉风。喜欢搞怪的多哈人可以随便将车一停,车上便跳下几位搞怪专家,光着脚,穿着白袍,在路中央扭起了屁股,还怕你看不见,一位多哈人干脆跑到记者的面前,指着记者手中的相机,然后扭动腰肢,跳起了舞。看到记者拍完之后,他才满意地回到车上,离去。

在主干道上,多哈人可以完全不管交通规则,车子想停就停,想停多久就停多久,车上的人想下来做什么就可以做什么。另一位多哈人为了显示他的"力量",甚至跑到一辆公交车前,将自己的身体靠在车前,开公交车的印度司机硬生生地将车停稳,坐在车里看着多哈人的搞怪,似乎已经习以为常。那个多哈人在表演结束之后,才兴致勃勃地走开,等那个多哈人走远之后,公交车司机才启动车辆,缓缓地,小心地离去。

在卡塔尔，论富有不是看车多，而是看树。卡塔尔流行这样一个顺口溜：如果家门前种一棵树，他家就有一辆宝马；如果家门种两棵树，那他家有两辆奔驰；如果家前种了三棵树，他家就有三辆法拉利。

在卡塔尔人眼里，树可比车金贵多了，由于少雨又缺水，在卡塔尔养棵树的确很不容易，养一棵树不花上百万美元你是养不活的。可是一辆车呢？宝马7系的车在这里只卖30万卡币，折合人民币也就不过60万元，而一个普通多哈人的月收入轻轻松松都能达到8万卡币，也就是说，他工作5个月就能将宝马7系开回家了。多哈到处都是世界上最豪华、最先进的车，在这里就如同进了国际车展。在一家名叫拉马达的酒店外，如果你有闲情喝咖啡，在一杯咖啡还没有喝完之时，你就会看到世界上最名贵的车子都会从你眼前过一次，比如7辆红色法拉利刚开走，马上就来了8辆林宝坚尼……

多哈人对车一点也不爱惜，也许是太便宜的缘故。在游行时，不时有多哈人邀请我上车。上车也不是坐进车里，而是坐在车盖上。禁不起邀请，我欣然同意，上了一辆陆地巡洋舰，可是车盖上已经坐了三个人了，当我爬上去时，顿时感到了车盖承受不住压力，一块陷了下去。"没关系，不要管它，快看我的火炬。"多哈人热情地说道。

多哈亚运会风暴
DOHA ASIAN GAMES STORM

飞近卡塔尔亲王
什么叫有钱,亲王就是榜样

亲王的汽车陈列馆收藏了很多老爷车。

2006年的多哈，城市的现代化已具规模，一幢幢高楼拔地而起，但仍有不少正在修建的高层建筑还未完工。这座城市将会以一年一个变化的速度推进，为了成为西亚地区真正的珍珠，卡塔尔重拳出击体育赛事，举办高水平、高影响力的赛事，扩大国家的知名度。既然要办赛事，自然少不了软硬件的配套，酒店的档次与数量将决定着接待能力的高低。多哈市中心高级酒店数量多多，但大多数都是法沙尔亲王的产业。法沙尔亲王是卡塔尔国王哈里发的哥哥，在卡塔尔德高望重，而我也有幸受邀到王府做客，与亲王面对面，见识了什么叫富有，什么叫收藏，什么叫王室。

想见亲王，肯定很难。但机缘巧合下，我认识了一位中国画家，他的画廊就设在购物中心的一楼。与画家聊天时，得知这位画家居然与王府关系不一般。"亲王喜欢我的画，王府装修时，我还提了意见。" 承蒙画家的帮助，我得以前往王府拜访。与其说那是法沙尔的家，不如说是法沙尔的公园。他的会客厅就是一幢楼，而他的寝宫更是在千米之外，至于是什么样子，不得而知。画家曾给亲王画过肖像，他对我说，"上次我进错了门，从这个门绕到另一个门，硬是开车开了20分钟才绕过来，估计这才走了他家的一大半左右。"

可惜亲王当时并不在家。如果事情就此打住，或许也就没有之后的与亲王面对面了。尽管亲王不在家，但亲王的秘书却在王府的办公室里。我敲门进去，一番自我介绍后，与秘书穆罕默德·穆多尔聊了起来。我提出采访亲王，穆多尔面露难色。"亲王很忙，他每个小时的安排都很紧，估计不太可能。"但我没有放弃。我要了秘书的手机号，决定定期"骚扰"。

DOHA ASIAN GAMES STORM

第一次未能见面

王府的会客室。

  法沙尔亲王全名叫法沙尔·本·夸斯姆，他的王府有30位佣人，5名司机，50辆世界级名车，他是卡塔尔的超级富豪之一。亲王喜欢车，他的50辆世界名车里，有40辆都是价值连城的"老爷车"——包括专为美国总统特制的超级防弹大奔驰。由于爱车，亲王从不要司机开车，他一定要自己亲自驾驶，尽管有不少人劝他，但亲王从未改变过自己的主意，所以他的司机都是为亲王手下的人开车的，亲王自己一个司机都没有。

  伊斯兰风格的建筑，高细的圆柱顶起道道穹门，一辆凌志越野停于门口。那就是亲王的会客厅。站在会客厅外，向四周一望，郁郁葱葱，到处是树，置身于院落里时，你会发现会客厅大得就如一幢豪华别墅，二层高楼有着长长的庭廊。走进会客厅，入眼的是巨大的水晶灯悬于顶，天蓝色的顶上还有朵朵"白云"。厚重的红地毯给人无比喜庆的感觉，墙上雕金的图花时时提醒着这里的富贵，阿拉伯匠人精雕细琢的红樟木门花、窗花，除了给人以感叹之外，已说不出更多的话来。也许是为了显示主人的高贵，门与窗都有黄金点缀于上，富丽堂皇，令人眼花缭乱。"欢迎来到卡塔尔。"站在会客厅里的一位长者高声说道。长者是亲王的管家之一，沙里。"亲王不在，但他欢迎来自中国的客人。"六张长木椅沙发相对而排，几名佣人坐在上面聊天。穿过会客厅，又是另一个世界。一个六角形的天井出现在眼前，这种风格很有点中国民居味道。

法沙尔亲王的秘书穆罕默德·穆多尔便在天井内的一间写着"私人办公室"的屋里办公。秘书非常的热情，建议我去亲王的私人博物馆里看看。他专门为我画了一张地图，"他的博物馆非常气派，你知道吗，亲王是世界上排得上前五的私人收藏家。"在亲王家司机的带路下，开车来到了离官邸30公里远的地方，在一片绿林之中，路过巨型乱石，一座古堡般的建筑便出现在眼前。由于提前打了招呼，守门人特意开启了大门。"平时这里可不能随便进，这也是亲王的产业。"司机告诉我道。博物馆经理瓦利德早早的在门外等候，"这座博物馆是亲王的四个馆之一，这个馆又有五个厅，是要花一些时间看的。"

古色、古朴，这是博物馆的总体风格。迎宾的是1亿年前的螺化石，而旁边一扇古门立于一旁，显示出这个博物馆的收藏特点与怀旧风情。伊斯兰艺术馆里，收藏了大量精美的陶瓷，有的来自土耳其、叙利亚甚至中国。经理特意将我带到一个香炉边上，"这是从中国来的，炉下还有中文。"我一看，陶瓷香炉炉身是阿拉伯文，炉底却是写着大明宣德的字样。枪、剑以及樟木箱子、狼皮、豹皮，看得人目瞪口呆。一座来自印度的银椅，特别漂亮，椅面是用金丝织成，两头银狮卧于椅手，富贵而威严。"这里的东西都是从亲王他祖父一代就开始收藏和使用的，很多是其他国家的朋友送的，有一些是他自己买的。"在经理的介绍下，我来到了车展馆。"25辆汽车，都是亲王一家曾经用过的，除了这1886年的蒸汽汽车。"我仿佛进入了老爷车展，从来没有机会见过的最老牌汽车，这里都有。1920年的福特车，1922年的道奇越野车，甚至1938年的别克车……"别克系列可是亲王的最爱，白色的是亲王自己开过的，黑色的是亲王的父亲开过的，而后面一辆则是亲王的爷爷开过的。"一辆很气派的白色别克车，如同一匹骏马，昂首于场地上。"这里有25辆汽车，另一个馆还有25辆。总之亲王是见不得好车的，有了好车就想收藏，他还收藏了最早卡塔尔用的马拉车车篷，并说这可是无价之宝，任何车都可以换，就那个马拉车不换。"经理笑嘻嘻地介绍着。除了伊斯兰馆，还有钱币馆、书籍馆、丝绸馆和化石馆，中国钱币也在收藏之列。

第二次终于相见

收藏虽然丰富，但我仍然期待与亲王的面对面。从王府回到住所后，又投入到亚运会纷繁的比赛中去。亚组委为前来采访的记者安排的住所相当不错，房间宽大，位于市中心。不过我一天能在房间里待的时间，加起来不过7小时，往往天未亮就出门，天黑了还未进门。天天忙于赛事采访，渐渐将亲王的专访一事淡忘了。一天还在睡梦中时，我就被手机铃声给震醒。接了之后才知道，是亲王法沙尔的秘书打来的。"今天法沙尔先生上午有空，不知你8点过来行不行。"我顿时清醒，抬手一看表，早上7点30分。由于亲王的王府离我的住所太远，早上8点肯定来不及，于是我提出重新约，定在第二天的9时。

第二天我7点起床，小跑着到购物中心。多哈出租车并不算多，在购物中心比较容易打到车。打车，车上又接到了亲王秘书的电话："可能不行，今天他的会议特别的多，你来了不一定能见到他。"但既然已经上车了，我决定还是要试试运气。刚到亲王府邸，秘书穆多尔就气喘嘘嘘地跑出来，"快点，快点，他答应给你半个小时的时间。"

走进那幢别墅般的会客厅，才发现原来会客厅有五大间之多，平时都关着门，而这天则开了两间，一间专门为我而留。走进之后，一股皇室味道扑面而来，四张豹皮围着一张桌子铺好，金色椅子一字排开，正中间是亲王父亲的大幅照片，而左边则是卡塔尔国王的画像，右边是卡塔尔王储的画像。

由于亲王在家，所以家里的仆人特别的多，也特别的勤快。见我坐好之后，一名仆人马上端来了阿拉伯咖啡，浓浓的，有点苦。还没有来得及喝第二口,那名仆人又来了,这回端上来的是阿拉伯红茶,在我选好红茶后,发现他已将咖啡收走。也许是王族的关系,规矩不少。隔了不久,那名仆人又端来一香炉,冒着白烟,很像炭火。我看着亲王的高级顾问塔利波博士用手将烟朝自己的身子上扇了两下,当香炉端向我时,我也依葫芦画瓢,却差点被烟呛着,看来王室的生活没些时日,是无法习惯得了的。

会客厅只是亲王接见一些亲朋好友以及他认为值得一见的媒体的地方,亲王的办公室其实是在一座五星级酒店里。我在与亲王聊天之后,才发现他竟然不是一般的有钱,这位国王的哥哥在多哈拥有10座五星级酒店,目前在修的还有6座,而中东地区最大的购物中心——城市中心也是他的产业,"100%属于我。"亲王还强调了一下,他的公司已遍布全球,业务伸向了各种领域,他是卡塔尔最让人敬仰的协会——卡塔尔商业协会的主席,同时也是卡塔尔最有名的足球俱乐部之一Al Gharafa俱乐部的主席。

亲王是忙碌的,在与我聊天的同时,电话响个不停,而另一间会客厅里,还有另外一拨重要的客人在等着他接见。于是,亲王不停地转台,而他的仆人们就不停地从坐下的状态站起来,迎接亲王。说是只给半小时,实际上我待了两小时,有一半的时间都在等他回来。11时,亲王驾车而去,他的一天正式开始,之前只不过是前奏罢了。

亲王是位狂热的足球爱好者,他在卡塔尔有自己的足球俱乐部。

DOHA ASIAN GAMES STORM

亲王法沙尔太富有

当过道上的仆人全都站起来的时候，就预示着大人物的来临。法沙尔，卡塔尔国王的哥哥，就这样出现在了我的面前。

白头巾，灰袍子，老人虽然背有些微驼，但走路很快，眼睛大而有神。"欢迎来到我家。"法沙尔很客气地打着招呼，在他的超豪华会客厅里，法沙尔坐在一角上，旁边挨着的，是他的高级顾问塔利波博士。法沙尔不说英语，只讲阿拉伯语，因此，塔利波博士就是亲王的翻译。

"我很喜欢运动。"法沙尔比划了一下，"但凡是运动，我都会参与的，特别是海上运动。"法沙尔有自己的游艇，他还常出海钓鱼。"那是一种享受。"

全能运动员

法沙尔的身份之一，是卡塔尔著名足球俱乐部Al Gharafa的主席，因此，足球也是他的爱好之一。在卡塔尔，王室成员基本上都会掌管一个足球俱乐部，"我的俱乐部是卡塔尔最好的俱乐部之一，它得到许多次联赛的冠军。"老人自豪地说道。"亚运会上，你还能见到我的俱乐部球员在为国家队效力。"除了足球外，老人还喜欢打猎，这也基本上是卡塔尔王族的特点。"我养了很多猎鹰，每年的一月，就是我的打猎黄金季节，我们会去阿尔及利亚或是伊拉克打猎，打熊或是鹿，整整一个月的时间，在沙漠里追踪，那种乐趣，你不亲自去试试，肯定不知道。"

在老人的客厅里，放着许多的猎鹰标本，都是老人养的猎鹰死去之后，做成的。"它们是我最爱的鸟类，我欣赏它们锐利的眼睛和不顾一切的决心。"而对于亚运会的举办以及开始申办奥运会，法沙尔很是佩服国王的想法："多哈通过举办这些国际性的赛事，已经成为了一个关注的焦点，而且你发现了多哈的变化吗？它会越来越好。你怀疑我们修了那么多的办公楼没人来住？开玩笑，那些楼有大部分都是我修的，没有人我会修？我们会吸引越来越多的公司、人才来到多哈，多哈将会成为一个国际性的大都市。"

商业巨子

法沙尔是卡塔尔最有钱的人之一。实际上，他是卡塔尔商业协会的主席，这个职务在卡塔尔人面前，除了国王与王储之外，就属最高了。而能当上这个主席，法沙尔不是凭着他的王族身份，而是凭着他猎鹰一般的气质。"我从小就喜欢做生意，所以我立志要成为一名商人。"法沙尔讲道，"我年轻时靠自己的能力开了一家很小的公司，名叫盖科，专门做汽车配件的。"又有谁能够想到，40多年之后，这家小小的公司，已成为了卡塔尔最大的公司之一，在世界上都排得上号呢，"我喜欢冒险，有计划有目的的冒险。年轻时我赚过很多钱，也亏过很多钱，积累了许多经验，现在我已是最有经验的卡塔尔商人，光我的高级职员就超过3000名。"法沙尔乐起来，身子一抖一抖的。不过，他却拒绝透露自己到底有多少钱。"我没有算过，反正我想要什么，差不多就能要到。钱不是问题。"的确，多哈的多处产业都属于法沙尔，包括香格里拉饭店等世界知名酒店，甚至那处让多哈人骄傲的超级购物中心，也是法沙尔私人拥有。除此之外，他还办了一所大学，他的贸易面向全球……在他的眼里，钱真的不是什么问题，但尽管如此，这位亿万富翁仍然用着最普通的诺基亚手机，竟然还不是彩屏的。

规律的生活

作为王族成员，法沙尔的日常生活到底是怎么样的？"我就是最普通的卡塔尔人。我们不愿意与人民分割开来，所有的卡塔尔人都是一家。你看我有没有保镖？没有吧。连门卫都没有，我喜欢与人民生活在一起。"法沙尔每早5时起床作礼拜，然后在他家里的一座健身中心进行健身，大约7时左右吃早餐，8时就已经来到了会客厅，因为那时就有访客了。"很忙，但我乐意这样，我闲不下来。"法沙尔在10时左右，就会开车去他的办公室，他的办公室设在一座自己的五星级酒店中，在那里处理公务直到中午。小憩一会儿后，他又忙着去自己的工地或是产业转转，或是与其他商人谈生意，晚上回家还得接待访客。

"每天都是这样,我习惯了,乐此不疲。"法沙尔说话的同时,已经签了三份文件,而门外的秘书与助理们都站在门口,耐心地等着他。法沙尔娶了两位夫人,第一位因为没有生孩子,所以他又娶了一位,这位一共给他生了10个孩子,让老人高兴得不得了,最大的儿子已经上大学,并开始同父亲一道学着做生意了。

送我足球队标语

法沙尔心情很好,因为他7个月前在伦敦买的两辆老爷车两天前运到了他家门口,对于买收藏品,老人很舍得花钱。"我喜欢的,我就会买,不管是多少钱。因为买下来后,就属于我自己的了,这种感觉很爽,是无法用价钱来衡量的。我愿意用一切代价来满足我的这个爱好。"老人的博物馆里藏品颇丰,有4000张纸币,120辆车,3000件伊斯兰艺术品,700本珍本书,400件木器,他现在又开始收藏地毯,300张地毯中有70张是绝世珍品。"我喜欢我所收藏的,每一件都有自己的历史。但如果有一些有不一般的历史,或是我很艰难才找到,我就会喜欢得多一点。现在我觉得还不够,我还要花更多的钱,去买更多的珍品回来。"

说道藏品,老人来了劲头,拉着我,炫耀着他最近搞到手的"珍宝":1200年的青铜神鸟,来自尼泊尔的镶钻伞面……为了让我更好地看到那伞面的不一般,法沙尔亲自拿出一把新雨伞,撑开,叫了四名仆人,小心地把伞面放在伞上,"你看你看,那花纹,那钻石,多好看!"而一边的两位秘书不停地看着手表,着急却又不敢言。

另一个会议等着亲王,离别的时刻到了。亲王来到座驾前,打开车门,老人坐到驾驶室里,又想起了什么,下车,打开后备箱,取出一沓足球队标语,送给我,"卡塔尔人是一家,送给你。希望你在卡塔尔过得愉快!"

这是一把镶满钻石的伞。

多哈亚运会风暴
DOHA ASIAN GAMES STORM

飞近多哈亚运会点火神马
神马，这次可不是什么浮云

飞近多哈亚运会点火神马
神马，这次可不是什么浮云
Doha Asian Games Storm
PAGE 116/117

　　看过多哈亚运会点火仪式的观众应该印象深刻，一匹褐色雄壮的阿拉伯马，载着卡塔尔的王子，冲上点火台。由于下雨，木台湿滑，马冲到最后时，突然打滑。全场观众的心都提到了嗓子眼里，最后马儿奋力一跃，顺利登顶。但这个小插曲就像相声里抖的一个包袱般，让人久久不忘怀。褐马与白王子，那不是让多少女孩子们魂牵梦绕的图画吗？卡塔尔国王笑了，5万名现场观众狂了，电视机前的人们都乐了……花了近三亿美元重金打造的开幕式，这一幕将所有的一切都比了下去，长久地留在了人们的脑海里。雄壮威武的点火神马，顿时成为最受关注的焦点。全亚洲的媒体都在寻找它，但自从点火仪式之后，马儿消失了。我的寻马记，也就从那晚开始。

　　"神马，真的是神马。"一提到那匹马，穆沙就是一脸的虔诚，"我们都称它叫Al Shula，Al Shula在阿拉伯语的意思就是火炬。"在开幕式上，褐色阿拉伯马的雄壮与伟健顿时吸引了所有人的目光，再加上马背上的那位风度翩翩的王子，一幅绝佳的骑士与宝马图就这样诞生了。风中，王子一夹马肚，马儿一跃，冲上高高的点火台——在快登上顶前，马儿停滞——马蹄打滑……那匹马儿让多少人惊心，让多少人担心，但最后马儿奋力一搏，一跃而起之时，不少卡塔尔人在报以热烈掌声之后，热泪在冷风中落下。

　　尽管开幕式已过去几天，但多哈的街头，那匹马儿仍是人们津津乐道的话题。"它太了不起了，我们都以为它会掉下来，或是停止向前，没想到它竟然坚持了下去。它是我们王储的好朋友，它也将是王储的永久收藏品。"穆加的话音刚落，一边的迈尔基插嘴道："如果不是王储，我肯定愿意花钱买下它。但王储的东西，我可不敢动心思了。"马在卡塔尔有着非常高的地位，特别是纯种的阿拉伯马。其实已有典籍中很少有阿拉伯人骑马的记录，他们多数骑骆驼或者驯服的野驴。公元639年阿拉伯帝国入侵埃及时队伍中有了3000名也门骑兵，这可能是阿拉伯最早的骑兵。此时的马匹多半来自近东或者欧洲，阿拉伯人开始把马作为正式的坐骑，速度慢的骆驼则成为

卡塔尔国王最喜欢的宝马，正在接受训练。

运载工具。经过几个世纪有计划的选种配种、精心的培育加上恶劣环境的锤炼,今天的阿拉伯马已成为纯种马的代名词。

其实,开幕式演员之一的艾尔纳沙里告诉记者,让马儿跑上那么陡的坡,他们一共试了很多次,而其中的99%都成功了,只有1%失败。但谁也不知道,正式开始时会不会成为那其中的1%。"我可以告诉你,我们设计了50多种点火方式,没有一种用到了马。但马是最能表达阿拉伯民族的那种坚毅与热血沸腾的,所以我们最终采用了马儿来点火。那天下雨,雨对于卡塔尔来说,是神的恩赐,而当我们的王储骑着马进场时,雨就停了,这难道不是神对我们的照顾吗?"那匹登上高台阶的马真名叫马里布,它已成为穆罕默德王子殿下最为钟爱的坐骑,今后至少五年中都将与王子为伴,而神马传奇也将继续在多哈上演。

超级特训
它这样点燃火炬

神马到底在哪?我费尽周折,找到了亚运会开幕式前马里布休息的马厩。但马去厩空,空留草料和一块黑板。黑板上详细记录着马里布的喂食情况,可见对其照顾之周到。寻马不成,我退而寻人。马里布是谁在训练?我想到了亚组委,通过亚组委的帮助,终于联系上了马里布的训练师,澳大利亚人斯蒂芬·杰лов夫,通过独家专访,终于解开了马里布原来是这样"练"成的。如果你记忆很强的话,你也许还记得悉尼奥运会开幕式上,有一位骑手骑着马飞奔进场,那位骑手就是斯蒂芬。斯蒂芬还为悉尼奥运会训练了120匹马和120位骑手,按他的话说:"我天生就是训马的料。"斯蒂芬第一次与马触电是在读小学的时候,"我这人天生就喜欢做与别人不一样的事,当别人只求安稳地坐在马背上时,我就想着怎么让马跳栅栏了。"斯蒂芬对马的感情很深,"它们都是我的好朋友;我甚至从它们的叫声中知道它们需要什么。当然,这些都是从年复一年地与马打交道中总结出来的。训马是件危险的事,但我从自己的失败中总结了经验,经验一多,自然就能应付自如,所以我后来决定办一个训马场,培训马和骑师。现在我也做一些与马有关的娱乐方面的事情,在这个行业干了35年,我想我应该是个伯乐吧。"

特训 直升机天上吼

马嘶长鸣，三匹健马在悉尼郊外的一座名叫蓝山的大山上飞驰着，这时天才刚刚亮。斯蒂芬带着他的工作人员，正在训练着马的耐力，通过驰骋在山区起伏蜿蜒的路，让这三匹马儿变得强健起来。这三匹马不是一般的马，它们都是从卡塔尔专门运过来的纯种阿拉伯马，而这三匹马中，就有一匹将在亿万人的眼皮下，为亚运会点火。当然，那时除了斯蒂芬外，没人知道这些马儿的用途。"这三匹马都是最纯的阿拉伯马，我在山区里训练了它们三个月。在这三个月的时间里，它们变得很健壮。"50岁的斯蒂芬是澳大利亚最富盛名的训马师，他负责着培训这些纯种的阿拉伯马。"阿拉伯马特点是力量足，耐力好，但缺点是少耐心，似乎永远停不住，而且胆小。"由于是多哈亚运会，负责送王子上点火台的，只能用阿拉伯马，因此，斯蒂芬的任务，就是将这些马儿进行特训，让其成为适合完成点火任务的马儿。"我只能一步一步来，首先要让它们适应噪音。"斯蒂芬将他的训马场装上了扩音器，不断地放很大的噪音——叫声、掌声、欢呼声、歌声甚至是尖叫声。"这样做是要让马在嘈杂的环境下不会惊慌，你知道开幕式现场一定人山人海，声音极大，所以我故意骑着马儿在车流滚滚的路旁走过，为了让马儿更好地适应，我甚至调来了直升飞机，在马的上面轰鸣。刚开始时它们吓得要命，但经过半个月的适应，任直升机怎么飞，飞得有多低，它们都能应付自如了。"

其次是光。由于开幕式现场肯定有强光，还有拍照的闪光灯，马惊了可不是一件小事。斯蒂芬在马场上安装了瓦数强大的电灯，还不时地进行闪光训练，直到马儿对于闪光视而不见为止。"你别以为这是一件容易的事，我们都是一点一点进行的，直到我认为它们可以接受了，才会进行下一步，或是增加强度。因为要从升降台上下，所以我还让它们坐电梯，不停上上下下，以适应升降台。为了让它们能够自由上下阶梯，我骑着马从山下到山上，然后从山上到山下，最后是平静的站立。三个月时间中，我已经初步把马儿训练到足以完成点火任务了。"

说服王子　骑上马背

9月，斯蒂芬认为是将马带回到卡塔尔的时机了。"我们从卡塔尔带来了三匹马，虽然这三匹马都可以完成点火任务，但经过比较，我认为马里布和白色的艾斯在训练中状态更好一些，因此，我们将这一黑一白两匹马运到了卡塔尔。"现在是对斯蒂芬的又一个考验。"说实话，这次的训练是我一生中遇到难度最大的一次。因为以前我训练就是我来骑，而这次是我训练后，由王子来骑，这我以前还没有遇到过。"斯蒂芬心里有些没底，而穆罕默德王子心里也没底。为了准备多哈亚运会，卡塔尔方面在哈里发球场附近设立了模拟点火台，而王子就要在那里与马儿进行磨合。"王子望着那么高，那么陡的台阶，怎么也不相信那两匹马能够爬上去。"斯蒂芬嘴里露着笑，"王子是一位非常勇敢与聪明的人，他做事一定得自己想通了才行。我一次一次与王子谈话，给他讲了我的训练课程，并告诉他那两匹马的能耐，还给王子进行了演试后，王子终于相信了我，开始骑着马，试着上台阶了。"

在斯蒂芬的眼里，王子是一位很好的学生，"他本来就是马术队的队长，对于骑马很有经验，再经过我的提醒，进步很大。"斯蒂芬回忆到，"我们每天都训练，每次都要训练好几个小时，直到11月，我们才搬进了哈里发体育场，进行实战训练，每晚王子都要骑着马里布和艾斯分别上下点火台四次。"每次的成功都在增强王子的信心，王子非常满意斯蒂芬的工作，"其实开始时还是不太容易的，让马里布与艾斯接受王子，这需要时间，所以我一点一点纠正王子骑马时的不注意，尽量让马感到舒服，同时我也在纠正马的一些习惯，让王子多配合一下，这样的磨合是必要的，而且一直进行着。"

选择　王子做不出决断

在哈里发球场的附近，有一个马厩，马厩不大，只有两间房，门上分别贴着"欢迎你，马里布"和"欢迎你，艾斯"，这就是马里布与艾斯在多哈的家。马有两匹，但最终上点火台的，却只能有一匹，为什么最后选择的是马里布呢？"其实这两匹马都能很好地完成点火任务。但最开始王子喜欢的是马里布，因为他喜欢黑色的马。马里布是黑色的，而艾斯则是白色的。"斯蒂芬揭秘道："但之后他发现，马里布有时并不是那么听话，它有时就像一个小淘气一样，脾气不太好；而艾斯则像一位绅士，听话，较易控制。王子后来也渐渐喜欢上了艾斯，到了后来，他自己也分不清自己到底喜欢谁更多一点了。所以直到开幕式前一天，王子还没有主意，他干脆拒绝选择，让我们为他拿个主意了。"原来主意是斯蒂芬定的。"马里布虽然是个坏孩子，但它的进步很快，训练质量很高，而且稳定性强，艾斯虽然听话，但由于它的岁数大了，在持久力上有点欠缺，因而我作出了决定，让马里布上。其实，我们是冒了一定的风险的，不过后来证明，这个险是值得的，马里布很好地完成了任务，它现在也成了皇室宝马了。"

惊险　其实很保险

　　所有人都记得开幕式点火的那一幕，马儿在雨中打滑。"骑马总是有危险的，所以我不敢说100%安全之类的话，我只能说我尽力将安全系数提到最高。"斯蒂芬解释着当时的情景，"从体力上来说，马里布非常强壮，那样的高度与坡度，它可以轻轻松松跑6次，但当时因为下雨，加上可能它还是受到了现场气氛的影响，叫喊声，闪光，这些因素分散了它的注意力，所以才会出现打滑、停顿等状况，但我一点也不担心，我了解马里布，它一定会马上调整过来，继续上去的。"果然，最后马里布成功地驮着王子登顶。"开玩笑，如果没有把握，我敢让它驮着王子？那可是卡塔尔国王的儿子啊。"斯蒂芬吸了一口气，"其实我们还有不少安全措施，那个点火台其实四周都是安全人员，台下，台中和台上，都站满了人，以防出现不测。而我们特意查了前6年多哈的气象资料，开幕式那天下雨的概率为零。但我还是在特训中添加了下雨那一项，因为在悉尼训练时有下雨的时候，因而雨天的情况是预料到了的。"斯蒂芬说他们为马里布安装了专门从澳大利亚带来的防滑鞋，可以增加马蹄与地板的磨擦，而点火台的台阶表面也是用特制的橡胶制成，特别适合马的攀爬，"总之一切能想到的、能做的都做到了，所以我才能够那么放心地观看点火。"

马里布处处显示出高贵的血统。

金贵　比婴儿还难伺候

"马里布多少钱？哈哈，它现在可是无价之宝，多少钱王子也不会卖的。"问到马的价钱，斯蒂芬卖了个关子，"不过我可以告诉你，我听说买这马的时候，是花了上千万美元的。"值上千万美元的马，自然不好伺候了。"其实选马与选老婆老公是一样的，首先是得看外形，因为都是纯种的阿拉伯马，因而最初的特质是一样的。我选马里布与艾斯，首先就是因为它俩外形好，高大英俊，而且非常强健。本来我是想多带几匹马回澳大利亚特训的，因为我也不知道它俩到底适不适合。但你知道，带动物入关非常麻烦，要经过检疫之类的手续，所以就带了三匹。"阿拉伯马在某些方面特别的脆弱，特别是当生活的环境改变后。斯蒂芬可是没少费心。"怕它们水土不服，吃不惯澳大利亚的东西，所有食物都是从卡塔尔进口，让它们感觉到没有离家太远。"还有更甚的，"因为卡塔尔当时非常热，并不适合进行马的特训，所以把它们带到了澳大利亚，但由于水的温差不一样，我们甚至将温度计插在它们的饮水中，将水温调至与卡塔尔的水温一样，这不是比婴儿还难伺候吗？我们还有一支健康小队，专门负责马的健康，二十四小时监控，总之，我们在这方面用了很多心思，不过功夫没有白费，在澳大利亚的每一天它们都过得很开心。"

"现在，马里布与艾斯都已成为王子的私人珍藏，它们都是多哈人心中的神马，王子将会好好地对待它们，它们也将成为王子最好的朋友。"斯蒂芬说这话时还有股酸酸的味道，毕竟那是他一手特训出来的，为人做"嫁衣"是他的工作，只不过他的确太喜欢这两匹马了，"也许以后我再也遇不到这么好的马了，不过既然曾经拥有，我也别无所求了。"

多哈亚运会风暴
DOHA ASIAN GAMES STORM

飞进半岛
半岛的伟大，在于对新闻的认真追求

飞进半岛
半岛的伟大，在于对新闻的认真追求
Doha Asian Games Storm

这就是著名的半岛电视台新闻部。

去半岛电视台几乎成为来多哈亚运会所有外国记者的共同目标，而实际上少有人真正地进到核心里面去。从多哈亚运会一开始，就有中国记者打起了半岛电视台的主意，我听了身边不少的同行向我描述着如何在半岛惊魂：铁丝网外，持冲锋枪的士兵，荷枪实弹，不准拍照。稿子写得如同美国热播剧《迷失》的情节一样，感情半岛就是那座无名小岛，处处充满着恐慌。情节一般是这样，打个车，找到了传说中的半岛，发现铁丝网密布，下车拍照时，士兵冲出来，于是赶紧落荒而逃。因而几乎所有的同行们都在外围转悠，就算进入半岛，也多半是体育部，而不是半岛赖以成名的新闻频道。

我没有冒失地去硬闯，而是很有礼貌和耐心地与设在主转播大厅里的半岛电视台体育频道体育总监塔海尔先生搭话，看着这位权高位重的家伙忙得晕头转向，左右手都拿着手机，同时放在耳朵边上，好不容易放下手机，又拿起了桌上的电话，我真怀疑他是不是世界上最忙的人。塔海尔先生其实非常友好，除了忙、无暇理人之外。

其实我早在一周前就已经与他谈好，找个时间带我去半岛看看，真怕他因为忙而忘了。"没有，当然没有，你等我十分钟。"塔海尔说的十分钟，其实是半小时或者40分钟。"对不起，我的朋友，我太忙了。现在忙完了，我得先把你的名字传真过去，他们会制作你的通行证。我们走吧。"于是，塔海尔开着他的车，带着我，朝那个神秘的半岛电视台进发了。 在车上我才知道，半岛的三个频道——体育、新闻、英语频道其实是三个独立的部门，他们之间并没有太多的联系，"除了我们的办公楼相隔不远外，其他的从人员到管理都是不一样的。"塔海尔说，他给我的通行证只能进出体育频道，而进新闻频道还得另外申请通行证。好在塔海尔善解人意，拍拍我的肩，"放心，我一定让你去新闻频道看看。"有了塔海尔的关照，果然我在半岛的待遇极高，半岛体育频道的两位记者全程陪着我转悠，而且进入新闻频道后，他们又找来一位新闻频道的记者，三人陪着给我当解说，感觉真的很VIP。

可惜的是，因为截稿时间的关系，在走访完体育频道与新闻频道后，我已不能再去走访一旁的刚开播才1个月的英文频道了。不过体育频道的记者法迪安慰我说："只要你时间合适，我可以再帮你搞个通行证，下次就带你去英文频道看看。"半岛电视台所有的人都很友善，没有一点架子，这与他们致力于办世界一流的大台是相符的。两个小时的采访结束之后，我的朋友法迪又专门为我安排了一辆半岛的采访车——丰田陆地巡洋舰送我回了新闻中心。一切都那么的好，只有一点遗憾：我怎么都没有惊险的感觉。

剥开半岛　原来她是这样的友好

AL JAZEERA，在阿拉伯语中意思是"自由之岛"，半岛电视台创立之时，就想以自由来标榜着自己的新闻理念，因而用了这个词语。由于卡塔尔地处半岛之上，因而中国第一位翻译AL JAZEERA电视台的人，使用了半岛这个说法，于是"半岛"在中国便风行起来。

但是半岛电视台却并非那么的"自由"，至少一般人是无法进入的。在离多哈市中心大约10分钟的车程，便来到了半岛电视台。电视台其貌不扬，地处一片荒漠之中，低矮的楼房外是一圈由铁丝网织起来的保护层，怎么看都不像是电视台，更像一座"监狱"。

带手提电脑　要先申请

半岛电视台所在的媒体广场有两道大门，分别由两拨警察把守，第一道门只做简单的盘问，第二道门却要进行彻底的搜查。"不要拍照，在门口你不要拍。"半岛体育频道节目总监塔海尔告诫我。在第二道门，6名警察关卡执勤，腰间的手枪若隐若现。

警察作出一个请的手势，塔海尔与我都下了车，警察开始搜查车里。"你的包也打开，我们要检查。"我的背包里有一台手提电脑，"你有手提？申请过了吗？"警察问到。我一愣，手提电脑也要申请？塔海尔一拍脑门，"都怪我，我忘了。"他马上跑到传达室，向里面的人作了解释，说明我来自中国，是采访亚运会的，手提电脑是用来写稿之类，五分钟后，塔海尔才拿到了手提电脑通行证。这还没有完，在第二道关内，警察仔细核对了我的身份，特别是姓名与传真过去的姓名是否一致。"不能带手提电脑入内是最新的规定，因为台里怕有人利用手提电脑做错事，比如利用接口与我们的电脑中枢相连，然后释放病毒等等。所以要带手提进来，必须是要得到批准的。"看来有了熟人就是好办事。

半岛午餐 出奇丰盛

由于塔海尔开始只为我做了体育频道的通行证，于是我先来到了半岛电视台的体育频道。体育频道在一栋三层高的独立小楼里，巨大的亚运吉祥物奥利立在门口。体育频道当然得有体育味，进门右边就是体育频道转播所得到的各种荣誉。办公室狭小，但工作人员精神状态极好，他们都在各自的桌前忙着自己的事。"我们大约有500名员工投入到亚运报道中去，他们在亚运结束之后，一些人将离开卡塔尔，因为他们很多是驻站记者。"体育频道记者法迪·萨米尔与法蒂娜陪着我，"说实话，很多人我自己都不认识。"法迪来半岛工作三年半了，他以前是叙利亚羽毛球国家队的主力，"现在叙利亚羽毛球主教练还对我说，只要我想回去，随时都可以。但我不愿意，因为回去挣不到钱。"体育频道是本届亚运会的转播商，因而这段时间，所有的人都非常的忙。体育频道的核心部分是由一间长条形房间构成的，由发送、传输和翻译三部分构成，"在这里，我们完成了信号的解压与制作，你可以随便拍照，没关系的。"法迪看了看时间，"先请你吃个午饭吧，我们的午饭是正宗的阿拉伯口味。"在一间由帐篷构成的餐厅里，人们正在用餐。餐是自助形式，菜品丰富，冷菜有16道，多是各式沙拉，热菜有8道，各种肉类，还有各式水果，至于饮料，一大冰柜里，随便饮用，多是罐装的可乐之类，而感觉正宗的阿拉伯菜也挺好吃的，至少比新闻中心的强了不知多少。

光荣墙追寻半岛新闻理念

在我用餐的时间里，法迪专门跑出去，为我办了一张去新闻频道的通行证。"我们这里是不同的部门，因此就算我们进新闻频道，都必须交换一次证件才行。"法迪解释到。果然，新闻频道又有着自己的围墙，从体育频道出去后，又得经过一次安检，法迪递上了通行证，警察经过核对后，才放行。不过要想拍照，警察马上会打开一扇紧闭的窗户，笑着挥手说"不"。"没事，等我们进去了，你随便拍都没问题。"法迪带着路。新闻频道占地面积很大,一看就知道是半岛的核心频道,蓝色的大楼也不高,其中一半是扩建的。对着新闻频道的是英文频道,一个月前才建立,要从新闻频道进入英文频道,又得有新的通行证才行。

"半岛电视台新闻频道"的字样印在蓝色墙上,心里一阵激动。这就是比肩CNN、BBC的西亚最大电视台?这就是本·拉登独家新闻发布地?从外观看普普通通,一进入新闻频道大厅,顿时觉得不一般。大厅才装修不久,为半岛建立10年而专门设计的墙上都有饰物。最让人感兴趣的是半岛图标的设计,那像一团火的标志,原来就是自由之岛阿语的字母,经过设计师的精心排列和美化后,成为今天的台标。而一面墙上,则是半岛的光荣墙。六个展框内,呈放着半岛人的新闻追求。上面三个分别是半岛记者的随身物品:防弹背心、钢盔、海事卫星以及摄像机,甚至半岛人使用过的第一支话筒。下面三个,则是三位半岛英雄,这其中最著名的要数采访过本·拉登的驻西班牙记者阿鲁尼,他在2003年因涉嫌

半岛电视台的编辑部与直播间。

"组织、支持并参与极端组织"在西班牙被捕,至今仍未审判。框内存放着阿鲁尼曾经穿过的鞋和背心,以及他个人的照片与写过的手稿。中间一框则是另一位记者的头像,他被关在关塔那摩监狱里,已长达5年之久。右边框里放着的是一位名叫塔里克的记者的遗物,他在伊拉克采访时不幸被导弹炸死。无论是谁看到这面墙,都会产生无比的震撼,这就是半岛人的追求,为了新闻,或死或捕都无所谓。

内部——新闻追求无所不在

2006年是半岛电视台建台10周年，因而新闻频道特意对旧楼进行了翻修，新的装修风格给人随意与大气的感觉。新闻频道记者法德尔特意将我迎进新闻频道内楼，休息间是红木为主体，地板是红的，门是红的，黑皮沙发则很好地点缀了空间。向里走去，不见红木，变成厚厚的地毯。淡色的墙，柔和的灯光，新闻频道虽然是最紧张的一个频道，但惬意却写在每个人的脸上。既然是新闻频道，那就少不了新闻。新闻频道内楼的墙完全被充分利用。先是一张由350位记者与摄影师头像组成的巨图，"那是我们一部分编采人员的头像，不是全部，因为我没有在上面。"法德尔开玩笑说道。半岛对员工很重视，从这里就可见一斑。另一面墙上则是半岛的摄影师们的杰作。而对于外界的评价，半岛也非常的在意，他们将世界各地的报纸关于半岛的文章收集了过来，制成新闻墙，其中还有中国媒体的报道。

旧楼的办公室现在已经被弃用，改成拍制纪录片的地方，原来的办公条件跟现在真是没法比，地方小而且普通。而旧演播大厅已经不用，新的演播大厅里，晚上将继续摄制半岛的优秀节目《反向》。1996年，大批英国BBC的阿语记者加入半岛电视台，成为这里的骨干。10年后，这里仍有BBC的影子——《反向》节目的录影棚内还摆着BBC摄像机。曾有阿拉伯人看到以色列人在《反向》节目中驳斥巴勒斯坦人的建国理念，气得把电视砸了。这就是半岛电视台的力量，它要展示的就是这个世界的全貌。"意见和异见"（Opinion and other opinion），这是半岛的准则，这句话就被镶嵌在半岛的台标之下。

转进，上楼，下楼，半岛新闻频道里有点像迷宫，但好在有了法德尔的带领，我与半岛体育频道的两位朋友才不至于迷路。"这里是我们的核心部分，新闻频道的资料中心。"法德尔指着一间小小的房间说道。房间不大，但门口写着"重点地区，请不要进入"的字样。里面有四台电脑中枢，两位工作人员正在处理数据。"半岛新闻的节目和采访资料都存在这里面，这对我们太重要了。"

接着又转过一角，法德尔推开一扇门，"这就是我们的新办公室。"宽大，明亮，半岛的新办公室气派无比。在这里，新闻频道的节目编排与播出，编辑与栏目负责人都集中在这里，进行策划。办公室里使用的是最先进的技术，走在其中，感觉到了美国纽约的第五大道，电子屏上不停显着新闻要点，而另一边上，两位主持人正在主持节目。

先进的联络技术

半岛新闻频道已被业内人士称为了中东地区的"CNN",可见它的新闻做得有多出色。半岛主要靠阿拉伯世界的突发事件以及本·拉登的独家新闻而发家,但事实上,现在的半岛触角早已跨出了阿拉伯世界,伸到了世界各个角落。主管采访的半岛新闻频道总监萨马尼迪由于不久前才扭了脖子,带着固定脖子的白色套子。在现代化的新闻办公室一角里,他坐在电脑桌前,认真地在液晶屏前查看着什么。

"欢迎,欢迎参观我们的新闻频道。"总监非常的热情,"想知道点什么?要不坐过来,我给你讲讲我们的新闻采编系统?这可是我们最引以为豪的系统了。"总监点开电脑,向我讲解道:"这套系统名叫I NEWS,就是我来做新闻的意思,是由法国的THOMPSON公司专门为我们半岛电视台的新闻频道开发的。世界上也只有我们在使用这套系统,非常的先进与好用。"总监随便将系统打开,"你知道我们在世界各地都设有记者站,事实上我们有100个记者站,超过800名记者在国外工作。其中,马来西亚站是我们在亚洲的大站,而华盛顿站也是我们在美洲的大站,欧洲伦敦站最大,除此之外,加沙站是我们在中东地区的大站,我们有很多记者在那里工作。我们如何去掌控这些记者的信息,以及我们如何去通知记者就是用这个系统。"总监将一个闪电符号键点开,弹出一个窗口,上面罗列着所有的在国外记者的姓名,然后他随便点了一个姓名,在一空白栏乱敲了几个字,"只要我一按回车,他就收到我的信息了。同时,他们的信息也通过这个方式传回来。当然,我还可以全选,也可以看目前为止有谁要与我联系。这些都是通过那套系统来操作。"但如果全部都写邮件的话,总监每天邮件都看不完的。"没关系,我们打开另一个窗口,你瞧,他们的所有内容都会根据自己的新闻事件类型归好类,我只要一点开,就知道他们那边有什么事发生,我能马上作出反应,进行指挥,而不需要通过电话等方式进行。"

这套系统的另一个方便之处在于，它集成了世界上最好的通讯社稿件，分类非常细，就像下拉菜单一样，一拉下来，所有的通讯社名字都在上面，比如美联社，一点，美联社的分类就出来，有新闻，有电讯，有人物，什么都有，而且还分为英文与阿拉伯文，"所以我通过看这些通讯社的稿件，天下的大事就了然于胸，可以更好地去指挥我们自己的采访。"当然，与这些通讯社的合作可不是免费的，"我们与他们都签了一个长期的合同，比如一年100万美元，这样我们可以使用他们所有的产品，来丰富我们自己的产品。"通过这套系统，总监能够一机在手，胸有全球。系统在他的眼里很简单，但在我的眼里却很复杂，还有许多的图标，总监却拒绝介绍，"那些我可不能讲，都是我们的秘密，你就不要打听了。"

现在已经开始赚钱了

于1996年2月成立的半岛电视台最初的1.5亿美元启动资金来自卡塔尔皇室成员，初始目标是在2001年开始赢利，自给自足。然而这个目标没有能够如愿，随后，该皇室成员每年又继续进行资助，有报道称2004年半岛电视台又获得了3000万美元资助。半岛电视台其他主要收入来自广告，有线电视接入，处理其他广播公司的节目，售出新闻胶片。半岛电视台播出的本·拉登录像声明，每分钟售价2万美元。2000年，半岛电视台的广告收入已占到所有收入的40%。"其实不是我们的国王资助我们的，是另一位皇室成员，这家电视台就是他的。我们的广告都是我们自己制作，现在已经开始赢利。"法德尔很自豪地说道。"收入是不错的，我给你说吧，如果不是看在这里收入丰厚的份上，我一分钟也不愿意留在这个国家，我都待了三年半了。"体育频道的朋友法迪悄悄告诉我，他其实来自叙利亚。当然，半岛电视台卖本·拉登的胶片真的能赚好多钱。但他们是怎么得到胶片的？拉登又为何只接受半岛的采访？法德尔说："是因为阿鲁尼的关系。阿鲁尼人脉极广，数年前竟然和本·拉登的一位密友成了朋友，拉登由此知道了半岛电视台。也正是这位密友牵线，才让阿鲁尼做成了那次震惊世人的访问。"至于录像带，法德尔介绍说，是基地组织的成员将录像带当作包裹邮寄来的，邮递员当初都不知道他送的是什么。在播放录像前，记者和制片人仔细观看了录像内容，作了删节，将他们认为是合理而又需要大众知道的内容播放出来，而其他带有"某种明显倾向"的论调都已被抹掉。"这就是我们和拉登的故事，我们没有特殊关系。之所以能做出独家是因为我们是可信任的、权威的电视台。"法德尔自豪地说道。

新闻频道对记者的要求很严格，在新闻频道的走廊上挂着阿拉伯文与英文的台训，名叫"道德的密码"：作为记者，你应该不带偏见，公平、公正、客观地进行新闻报道……10条台训，是半岛对新闻人的最基本要求，"如果谁犯了台训，开除没商量。"法德尔将我送出新闻频道，"半岛电视台就是这样的一个台，它不神秘，它只是希望做到最好。"

旁边的哥们就是我的解说员，他是半岛电视台的小头头。

北京奥运会风暴

Beijing Olympic Games Storm

北京奥运会风暴
BEIJING OLYMPIC
GAMES STORM

飞近博尔特
飞得再快，他也是地球人

飞近博尔特
飞得再快，他也是地球人
Beijing Olympic Games Storm

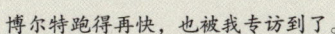
博尔特跑得再快，也被我专访到了。

北京奥运会是一次空前成功的体育盛事，国际奥委会主席罗格先生以"无与伦比"来形容北京的成功。但在我看来，最无与伦比的个人，还是牙买加人博尔特。

"闪电"博尔特在北京奥运会上一举成为世界上跑得最快的人。不仅如此，他还是北京奥运会上最受关注的明星。作为北京奥运会的持证记者，从在主新闻中心领取采访证开始，我就知道，一定要设法专访到博尔特，这个人一定会大红大紫。博尔特早在北京奥运会前就开始声名远扬，但他的巅峰，还是从北京奥运会开始。男子100米从来都是全世界最喜爱的田径项目，但凡夺冠者，都被称为世界上跑得最快的人，更何况博尔特还夺得了三枚田径金牌。博尔特的大红，也带来了采访上的困难。在鸟巢的混采区里，数百名来自世界各地的记者挤在一起，录音笔、相机、采访本在空中挥动着，等待着博尔特的出现。奥运会的混采区一般会分好几段，首先照顾的是转播商NBC和国家媒体如中央电视台，然后是世界各地最主流的电视媒体，然后才是纸媒。比赛结束之后，博尔特会从混采区出来，但经过几家电视媒体的采访之后，他就像闪电一般，会很快从通道走过，除了抛给你一个笑脸，基本上问不到一个问题。我很快意识到，要想抓住博尔特，在混采区根本行不通。

多年的涉外采访，教会了我如何行之有效地找到采访的最佳途径。直接联系博尔特是绝对不可能的，但如果通过牙买加的团部，申请采访，则相对容易得多。通过每位持证记者都有的一本联络手册，我很快找到了牙买加团部联系官的电话，一通电话过去，联系官说，为了保证博尔特的比赛质量，团部在他比赛期间都不安排采访，不过在他所有的比赛结束之后，我们可以考虑安排。听了这番话后，我赶紧把自己的手机、电邮等信息告诉联系官，并每隔一周与联系官打个电话，发个电邮，不时提醒他，别把我的事给忘了。

终于，北京奥运会接近尾声的时刻，我接到了牙买加团部的电话，而那天下午，我正准备去看男足决赛，阿根廷VS尼日利亚。"牙买加团部准备为博尔特庆功，地点就在一间酒吧里，你如果想采访博尔特，这就是最佳时机，因为第二天他就要离开北京。"联络官对我说道。这种机会，我肯定不会放过。于是问清了路线，我按时赶到现场。

到了现场才知道，这不仅是牙买加团部的新闻发布会，还是博尔特赞助商的品牌推广会。牙买加人还真会省钱，由赞助商出钱，为博尔特庆功。博尔特的父母也在现场，不过他们也见不到儿子，因为博尔特被一拨又一拨的媒体围住，根本没有空闲的时间。好在有了团部的帮助，我得以同法新社和一家电视台一道，专访了飞人。

博尔特是一个很简单的人，他的体育天赋极高，身型修长，爆发力超强。如果他改行踢足球，恐怕场上所有的防守队员都只有在后面追的份了。事实上，博尔特是曼联球迷，当然也不排除哪天兴趣来了，穿上球衣踢踢职业联赛。博尔特不但天赋惊人，而且福气惊人。2009年的一天，博尔特在牙买加首都金斯顿的一条高速公路突发交通事故，他的宝马车撞得变了形，冲出高速公路，摔在了沟地上，而博尔特本人却只受了些轻伤。据警方透露，当地时间4月29日下午1时30分，金斯顿正下着大雨，博尔特却将他的宝马M3开得飞快。当车开至金斯顿西边时，在一个弯道处博尔特对车子失去了控制，车子猛地撞开了高速公路的护栏，冲向了一旁的沟地。由于速度过快，宝马车不住地翻滚着，车头严重损毁，车尾也在翻滚中变了形，整个车子早已面目全非。但神奇的是，车里的博尔特却没有在这次车祸中受重伤———事实上，他根本就没有受伤，当车子停止翻滚后，博尔特从"四脚朝天"的宝马车中爬了出来，朝高速公路上走去。草地上有一些长了刺的灌木丛，博尔特不小心被刺刺中了脚底，脚上的皮肤也有一些刮伤。很快，牙买加的"国宝"被送到了离金斯顿不远的一家医院，将刺入博尔特脚底板的刺取出来后，再经过一些简单的包扎，他就出院回家了。黑色宝马M3是博尔特的最爱，这辆价值人民币120万元的车是赞助商为了表彰他在北京奥运会上优异表现而给他的奖励。为了能够驾驭这辆车，博尔特去年还专门去了德国的纽伦堡学习驾驶技术。 两年后，在上海举行的钻石联赛上，我再次见到博尔特，还有他的经纪人里克。难得的是，博尔特还记得我，并在赛场边上跟我大开玩笑；而通过对经纪人里克的专访，博尔特背后团队彻底"曝光"。这两次专访，让我更加了解牙买加飞人，也更加知道，他是如何起飞的。

我很清白 让怀疑的人说去吧

A BEIJING OLYMPIC GAMES STORM

在北京奥运会上拿到三枚金牌并打破三项世界纪录的新飞人博尔特将乘机离开中国，但等着他的不是黄金假期和无穷的派对，而是新的"战斗"——他将参加于9月2日在洛桑举行的国际田联世界田径大赛。于是，昨日是博尔特难得的休息时间，但这一天明显不属于他，他有着太多的事情要做。昨日上午，博尔特为四川受灾的儿童捐赠了5万美元，以表达他对四川人民的牵挂，而下午，就是采访时间。

采访，采访，仍然是采访。太多的媒体想要揭示这位新飞人的一切，而牙买加代表团在北京一家酒吧里举行的新闻发布会，在严格限制了媒体数量之后，还是被挤了个水泄不通。从下午2点一直问到下午5点，问得在一边坐着等儿子的老博尔特夫妇百无聊赖，问得博尔特的治疗师杜奈尔干脆在沙发上睡觉，问得他的教练格林·米勒靠着柱子，一脸的疲惫，但博尔特还是耐心地在回答着问题，从一个采访间转到另一个采访间，每次转场，出门都被大堆的记者围着，不得不靠着五名身强体壮的专业保镖搭成人墙，形成"逃生通道"。但也正是跟四川有关，记者得到特许，得以走近博尔特，走近他的父母，了解了一个真实的博尔特。

下一个目标：一指禅做俯卧撑

　　2008年8月21日，是博尔特22岁的生日，那天，他听到了鸟巢9万人为他唱响《生日快乐》，这一幕，让博尔特感动异常。北京奥运会上的三枚金牌，三破世界纪录，使博尔特成为明星中的明星。在接受我的专访时，博尔特丝毫不回避他对北京的喜爱，"是的，北京奥运会相当的成功，可以说是绝佳。中国人很友好，我在北京待得很开心。我记得我生日那天，他们为我唱生日快乐，这是我最有意义的一次生日。北京是我的福地，我还没想到哪个地方比北京更对我有利。在这里我拿了三块金牌，这里绝对是我的地盘。鸟巢的跑道非常出色，我想我会很快再回到这里进行比赛的。"

　　成为奥运会冠军后，可以预知，博尔特的生活将发生重大变化，他会参加更多的商业活动，而源源不断的金钱将主动找上门来。但年轻的博尔特有着自己的想法，他的目标还不会发生太大的变化。"我的生活的确因为金牌发生了改变，但我并不想改变自己，我仍然要坚持训练，我想把自己的水平继续保持，甚至提高。我还想在2012年的伦敦奥运会上有同样出色的表现。"

　　田径场上，特别是短跑项目，每每有了好的成绩，总有人会怀疑是不是服了兴奋剂。美国名将刘易斯就在自己的节目里说过，牙买加运动员到目前还没有爆出兴奋剂问题，但并不等于就没有兴奋剂问题。就如美国的女飞人琼斯在悉尼奥运会上也称霸一时，但后来被查出服用了兴奋剂。对于这样的怀疑，博尔特显得特别的大度，一副君子坦荡荡的样子。"我这么说吧，我可能是被查得最勤的运动员。在参加奥运会的前三周起，我就一直在接受兴奋剂的检查，而在奥运会期间，我被查了三次，我的队友也被查了两次。整个牙买加代表团有25人接受了兴奋剂检查，占到了代表团参赛运动员的一半。但就是这样的检查，也没有一次出现问题。我绝对是干净的，难道还有谁比我更清楚这点？让怀疑的人去说吧，我才不会理会。"

博尔特到底能跑多快？看过他在北京奥运会100米决赛比赛的观众，应该还很清楚地记得，他在确定了绝对领先优势时，冲刺时明显放慢了速度。"我也不知道自己能跑多快，也许当我再次创新纪录时，你就知道了。我最喜欢的还是100米，因为大家都很关注这个项目，而我也觉得很刺激。"

在决赛中，快接近终点时，博尔特左右环视，他的身边空无一人。这个举动，被国际奥委会主席罗格批评为对对手的不尊重，缺乏体育精神。博尔特则有自己的解释，"观众们喜欢乐子，我也喜欢为他们提供乐子。我通常会在比赛结束时表现自己的心情，这与尊重没有关系。如果罗格要这样认为，那我也没办法。"

2002年，博尔特在世界青年锦标赛上崭露头角，15岁的他拿到了200米冠军。2008年在拿到三枚奥运会金牌，并破了三项世界纪录之后，国际田联主席迪亚克称，博尔特已经超越了美国人卡尔·刘易斯。卡尔·刘易斯在洛杉矶奥运会也拿到了三枚金牌，并在职业生涯期间拿到9块金牌。博尔特明显成为国际田联的新宠，自然好事也就一大堆了。昨日，一赞助商为博尔特奖励了一辆宝马M3，M3将直接运送到博尔特在牙买加的家乡特拉维，博尔特的父母笑得都合不上嘴了。不过，这些在博尔特眼中，都比不上他在牙买加的生活完美。不少运动员在取得成绩后都去了美国寻求更大的发展，但博尔特却不为所动，"我是在牙买加训练出来的，我想我没有必要去美国，我现在生活得很好。有不少美国大学为我提供全额奖学金，让我去，被我拒绝了，我在牙买加的科技大学训练，一切都很好。"据了解，博尔特夺得奥运会金牌后，将得到他的赞助商一笔数额不小的奖金，而且牙买加政府也将奖励，再加上广告合同飞至，博尔特成为一名千万富翁只是分分钟的事情，有了这么一大笔钱，他的确可以在牙买加生活得像个王子了。

两年后，我再次与博尔特面对面。一脸严肃的博尔特站在跑道上，慢慢地走着。几乎没有人知道博尔特来了，因为他的外套上有帽子，他把帽子压得低低的，脸深藏在帽子投下的阴影里，再加上已是傍晚6时，如果不从身形上判断，你很容易错过他。

昨晚，博尔特终于上了跑道，这也是他来到上海后第一次热身训练。身着蓝色训练服的博尔特，一开始并没有引起其他运动员的注意。不过，当他一个冲刺下来，人们立马知道，那是"闪电"。

"闪电"只是随意地跑了跑。但看得出来，博尔特的训练是很认真的。尽管没有展现他的闪电速度，只是在跑道上用力地蹬踏着跑，从而让肌肉感受到强度，但那速度，也不算慢。跑道上其他的运动员都自觉地将他要跑的那段给让出来，跨栏王阿兰·约翰逊也不由自主地将自己的栏往后撤了撤。一个冲刺下来，博尔特一点事都没有，慢慢地走回去，然后再冲一次。每次冲刺，跑道都被踏得直响。这只是一个适应场地的训练，博尔特只冲了10次，用了六成力。在跑道的外侧，他的按摩师早早在一边候着了。这时起风了，有些大。博尔特看看即将暗黑的天，决定到此为止。总共训练了不到25分钟，博尔特与队友说说笑笑地来到按摩师跟前。队友坐在地上，他则躺在了按摩床上。先是肌肉放松，侧压，接着拉伸，再给腿涂上有助于放松的滑液，这一整套规定动作做下来，就用了足足40分钟。

"充分的放松可以避免受伤。"按摩师说道。躺在床上的博尔特这时开始展现自己顽皮的一面。他先是用帽子把脸遮住，因为在不远处，他发现有一台摄像机正在朝这边转过来。"那摄像机老是朝这边拍，我得躲着点。"博尔特像侦察兵一样，把头一埋。过了一会儿，他又把帽子取下，"拍吧拍吧，想拍就拍。"然后，自顾自地与队友和经纪人开起了玩笑，笑得不亦乐乎。按摩师变着法地拉伸着博尔特，各种高难度的动作，在这位天才面前，没有一点问题。在确定每一块肌肉都已按摩放松之后，晚上的训练才算结束。

不过，博尔特的好心情却刚刚开始。看到我，博尔特突然有了"灵感"，"想不想要纪念品？"我问："什么纪念品？"博尔特笑了笑，"有我签名的海报，还有纪念章。"我大喜，"要啊，有多少要多少。"博尔特突然与按摩师一对眼，"那你可得给钱。"我也乐了，问道："美元我可没有，人民币行吗？"博尔特想了想，"不行，我要美元。"在一旁的经纪人里克乐了，"我说，人民币也行啊，我们在中国可不就得花人民币吗？"博尔特晃了晃头，"好吧。"我掏出了钱包，"多少钱？"博尔特更乐了，"这个，看在你的面子上，100美元吧。"经纪人更狠，"乌山，你让他把钱包留下来就行了。"

场上爆出一阵大笑。博尔特拍了拍我的肩，"哈哈，很高兴再见到你。"我曾在2008年奥运会上采访过他，这位运动达人居然记忆力还不错。不过，博尔特的搞笑天赋远不止这些。心情大好的他，居然表演起他的"独门绝技"——俯卧撑。先是两只手，做了五个后，换成了右手一只手，另一只手背在背上。"一个，两个……"大伙给他数着。不过，这家伙可不上当，他马上说，"我看你们一个都做不起。"这个激将法立马生效，经纪人里克也学着博尔特，结果真的一个也没做起，把大家逗得捧腹大笑。精力过剩的博尔特干脆吊在通道的弧形门上，做了10个引体向上。"乌山，有本事来个一指禅。"我也逗着他。没想到博尔特马上回答，"一指禅嘛，就是用一根指头立着做俯卧撑？我可以啊，只不过这里有好多摄像机呢，算了，这功夫我还是不要让别人知道了……"

北京奥运会风暴
BEIJING OLYMPIC
GAMES STORM

飞近博尔特父亲
他绝对可以跑进9秒65

威斯利·博尔特坐在沙发上，脸上荡着幸福。这位前天才从牙买加飞到中国的大叔，带着他的夫人与女儿，来与博尔特一道分享着世界第一的快乐，因为他是飞人的父亲。坐在沙发上，威斯利与夫人珍妮弗显得特别的安静，没有人去注意这对生下了天才博尔特的夫妇，不过这并不重要，博尔特夫妇特别的自豪，因为他们生了个宝贝儿子。趁着等儿子的空隙，博尔特夫妇接受了我的独家专访。

"我是他的父亲。"威斯利很骄傲的说。威斯利身材高大，年轻时喜欢田径，而珍妮弗也是一位田径爱好者。"有人说博尔特不是地球人，分明是从外星球来的生物，"记者开玩笑地说道，珍妮弗笑得喘不过气来，"什么外星生物，我生的儿子我还不知道？"那到底博尔特生出来有没有什么不一样的地方？珍妮弗回想了一下，"没有，跟其他的婴儿一模一样，根本看不出来区别。"

那为何博尔特会成为世界飞人？博尔特的父亲威斯利指了指天，"得感谢上帝，他给了博尔特天赋。"在威斯利的眼里，博尔特小时候是一个很安静的孩子，"没看出跟其他人有什么不一样，他很安静，但喜欢跑跑跳跳，特别喜欢板球，崇拜的都是印度的板球明星。"但有一点威斯利记得很清楚，博尔特的身材特别适合短跑。"15岁时他已长到了1.96米，人家都说他是练田径的料。"后来博尔特上了一所高中，那所中学正是牙买加著名的田径学校，自然博尔特就被老师劝说练了田径。"说实话，我没想到他会破世界纪录。"珍妮弗认真地说道，"但他就是一个喜欢创造历史的人。"在珍妮弗的眼里，博尔特特别喜欢逗乐，给人惊喜，"这次他给了世界一个惊喜。"

威斯利是在牙买加看的100米决赛，"我兴奋得睡不着觉，太刺激了，整个牙买加都疯狂了。"威斯利称自己的儿子是个天才，"我得准备一个盛大的派对，来庆祝他的胜利。当然，我明天就会飞回牙买加，等他从欧洲比赛回来，这个派对就要进行，我还要给他一份礼物，但是什么，我不能透露。"威斯利卖着关子，"不过，我觉得乌山还可以跑得更快，我知道他的实力，他完全可以跑进9秒65。"

不过，对于博尔特是吃洋芋吃出了世界第一这个说法，威斯利也忍不住乐了，"洋芋只是他喜欢吃的食物的一部分，他还喜欢吃鸡肉和米饭，总不能说洋芋、米饭和鸡肉催生出世界冠军吧？"

北京奥运会风暴
BEIJING OLYMPIC
GAMES STORM

飞近博尔特经纪人
30岁以后，允许博尔特泡夜店

2010年，上海八万人体育场。陪在博尔特左右的，有一位精瘦的男子。他忙前忙后张罗着博尔特的一切事务，因为他是博尔特的经纪人，他叫里克。约里克的采访，约了两天，终于在一个暖暖的下午，里克与我坐在了酒店的大堂中，要了杯咖啡，在酒店流淌的钢琴声中，聊起了博尔特。

在成为博尔特的经纪人前，里克就已是一名运动员经纪人，他与几位朋友一起开了PACE体育管理公司。一个偶然的机会，让里克盯上了博尔特。"我第一次注意到博尔特，是在2002年的世青赛上，当时他才15岁，就已拿下了200米的冠军。他非常显眼，个子很高，技术也不是很好，他赢，凭的就是他的天赋。"2003年，里克与博尔特见了面，并且帮助博尔特走上职业道路。"从2004年起，他就正式成为职业运动员，而我也从那时起开始成为博尔特的经纪人。"

现在看来，里克挖到了一座金矿。"我不觉得我是伯乐，其实功劳都是牙买加人的，是他们发现了博尔特，让他走上了田径场。"里克有一说一。

每天有200封电邮围堵博尔特

里克所在的公司代理着很多知名运动员，但在里克看来，博尔特的成功无疑让他的工作量加大了许多。"2008年后，博尔特成为了名副其实的公众人物，他甚至已经无法自由地外出，人们都追着他要签名，要合影。而且越来越多的赞助商也找上门来，希望能够与博尔特合作。媒体也极度关注他，要求采访。我每天都要处理大约200封的电子邮件，可以说是一睁开眼，就得打开邮箱开始工作。"正说着，一封新电邮来了，里克不得不边说边在手机上回复。"虽然有这么多的事情，但我们知道，最重要的是要保证博尔特的训练，这才是最重要的。所以我会适当安排一些采访，或是参加一些活动，但一切都得以他充分训练与休息为前提。"

博尔特不可能跑进9秒

在2008年奥运会后，博尔特不停地打破着自己创造的纪录，博尔特就像一位纪录破坏者，只不过谁也不知道他会将100米的纪录"破坏"到什么程度。对于里克而言，他更愿意把握现在。"短跑是一项很剧烈的运动，因此你根本无法从现在的状态去推测未来。比如刘翔在2004年夺冠后，人们以为他会在这个项目上称霸10年，但哪料伤病袭来。博尔特现在虽然非常强势，但当他的身体无法承受这样的速度之时，他也将走下巅峰。他现在才23岁，两年后的伦敦奥运会他才25岁，我想很多运动员的巅峰都出现在25岁左右，我猜2012将是他的最高点。"对于博尔特可不可能跑进9秒，非常熟悉博尔特的里克摇了摇头，"9秒实在不可想象。他也许有能力跑进9秒6，但跑进9秒？赛车应该可以，摩托车应该可以，但人……我觉得不太可能。在我看来，9秒5应该是博尔特的极限。"

30岁后才能随便泡夜店

北京奥运会之后,大红大紫的博尔特接受了无数的奖项以及邀请,里克说这些奖项对博尔特都是个激励,但要让他去出席这些颁奖典礼,实在困难。"你知道他大多数时间是生活在牙买加的,因此从那出发去欧洲,去美国,来中国都需要飞行很长的时间。他毕竟还有不少的比赛需要准备,明年与后年都有很重要的赛事,因此他不可能都去出席,一年最多去十个吧。其实有些邀请他是很想去的,比如今年的奥斯卡就邀请他前去,但最终没有成行。我想这得等他30岁以后,他就自由了,想去夜店就去夜店,想出席派对就去派对,现在的任务,还是比赛与训练。"

博尔特不会去美国生活

作为世界上最优秀的百米选手,博尔特已成为世界级的宝贝。"他就没有想过去别的国家生活,比如美国或英国?"记者问道。"他没有理由去其他的国家,牙买加是他的祖国。牙买加非常漂亮,他的朋友与亲人都在那里。那里的训练条件也很好,有最好的教练,说实话,美国的运动员还想去牙买加训练呢。"不过,里克不可能一直跟着博尔特待在牙买加,在里克不在的时候,博尔特不就成了脱缰的野马?"他是一个职业运动员,他非常清楚他现在的一切都是以自己的成绩为保证的。没有好的成绩,他很快就会一钱不值。博尔特明白这些,所以他喜欢热闹,喜欢玩,但他懂得节制。再者,在牙买加,他有一位很好的朋友MIZI,他们生活在一起,她照顾他的生活、起居。不过,他现在仍是单身。"

在里克的眼里,博尔特是个好说话的人,没什么心眼。"我们无话不谈,就像朋友。在一起看电影,看球赛,玩电竞。他是一个爽快人,你在新闻发布会上看到的他,就是生活中的他。"里克说道,"如果你看到他5分钟不露笑脸,那肯定不是博尔特。他特爱笑,而且一说到兴奋的事,他就会用手拍头。"除了田径,博尔特还喜欢足球。"这次世界杯他支持阿根廷队。最近他接到了国际足联的邀请函,但在六七月份,他还有不少赛事需要准备,因此去南非的可能性基本上没有。"现在,博尔特最关心的还是凯尔特人的东部决赛。"看到凯尔特人队3比0,也把他乐坏了。"

里克称,本赛季为博尔特安排了10场比赛。下赛季由于有世锦赛,赛事肯定要减少。"他现在是田径界最有钱的人,不差钱,但差时间。"里克笑笑,"至于他到底挣了多少钱,这是秘密。"

北京奥运会风暴
BEIJING OLYMPIC
GAMES STORM

飞近刘翔
从天到地，刘翔最懂这滋味

飞近刘翔
从天到地，刘翔最懂这滋味
Beijing Olympic Games Storm

或许没有人比刘翔更懂得从天到地的那种垂直落差，就连最刺激的美国佛罗里达环球影城里的过山车，也无法模拟刘翔的感觉。2008年8月21日110米栏决赛，万众瞩目的中国飞人刘翔退赛。伴随着国人巨大的失望的同时，刘翔的人生跌到了谷底。我作为持证记者，在现场目睹了其中发生的一切。

刘翔我并不陌生。由于是体育记者的原因，我有不少机会接触到刘翔。在北京奥运会之前，刘翔绝对是中国体育圈最大牌的明星之一，因为他打破了非亚洲人对短跑项目的统治地位，奥运会冠军、世界纪录保持者，这一切的光环让刘翔一跃登上巅峰。但刘翔一直是比较谦逊的，甚至在他的巅峰期，他都能保持着一种较为平和的心态，这对中国运动员来说，是比较难得的。2007年6月初，我在美国纽约专访了正在参加锐步精英赛的刘翔。一脸疲倦的刘翔照样获得了冠军，那时的他仍是快乐的。

刘翔与姚明都是上海人，两人也是好朋友。两人都喜欢变形金刚，姚明甚至送了一个给刘翔。岁月无情，谁也没有想到，一年之后的北京鸟巢里，在这个最被中国人看重的比赛上，刘翔因伤黯然退赛。质疑，不理解，甚至辱骂铺天盖地，刘翔承受着巨大的压力。但他是坚强的，并没有被压力击倒，而是在顽强地与命运进行着抗争。2010年的国际田联钻石联赛上海站上，刘翔甚至开玩笑说，他要努力追赶史冬鹏的脚步。史冬鹏有个"别号"，叫"千年老二"，因为每次国内比赛，只要有刘翔在，他都只得退居次席。能够如此坦然，足以表明，刘翔早已正视现实，但他从没有放弃自己的梦想。

从12秒88的世界纪录，退到了13秒14，虽然只是不过慢了0.26秒，但对于顶尖运动员来说，这种退步，是让人绝望的。不过刘翔没有绝望，他知道，从哪倒下，就要从哪爬起来，无论今后能否重返巅峰，为着自己的爱好和理想而奋斗，这才是男人。毫无疑问，刘翔就是这样的男人。

认识刘翔，只需通过三场比赛足以。我就是在这三场比赛中，经过观察，进行采访，得以剖析出刘翔所承载的使命，以及他在巨大落差中的坚强。

巅峰时期·纽约锐步大奖赛

2007年6月4日，NBA正步入总决赛时间。而在纽约，110米栏的世界纪录保持者刘翔却在纽约"遇冷"。"对不起，请告诉我，哪位是刘翔？"一位电视摄像师扛着机器，满头大汗，向我打听。刘翔与其他几位黑人选手正在起跑线上做着准备。"就是那个穿着灰色T恤的中国人。"我回答道。在中国无人不知的刘翔，在纽约却遭受到了"冷遇"。

纽约的市民报《纽约邮报》根本没有刊登有关刘翔来美国比赛的任何消息，它们的版面都给了棒球、篮球。而《纽约时报》在比赛当天登了篇有关刘翔的采访后，对当晚的比赛一个字也没有提，倒是将很大的版面留给了小皇帝詹姆斯。比起小皇帝詹姆斯带队打进NBA总决赛来说，刘翔的成绩似乎算不了什么。家住皇后区的女孩刘小姐是刘翔的超级粉丝，移民到美国三年的她曾在国内的机场与刘翔有过一次偶遇，当时她只是紧张，一句话也没有说就与刘翔擦肩而过了。"我差点就不知道刘翔有比赛，纽约好像并没有怎么宣传。"刘小姐说。看台上95%都是黑人，来到现场的华人加起来，可能数量不到50人。

刘翔的速度还是征服了现场的黑人观众，尽管他们不是为了刘翔而来，仍然将热烈的掌声送给了这位中国飞人。但至少有一点刘翔很满意，那就是他能够在纽约街头轻松地逛，而不会被围住。最有趣的是，刘翔一天到纽约的中餐馆吃饭，一位服务员盯着刘翔看了半天，然后对他说："我认得你，你是不是下象棋的？"刘翔笑了笑，摇了摇头，然后很享受地用起了他的午餐。被喻为"大苹果"的纽约不追捧他，但却不得不佩服他，这已让刘翔很快乐了。纽约前一日的天气特别好，晚上气温20℃，河风带着丝丝的凉意，轻轻吹过体育场。这样的天气，最适合田径比赛。然而，刘翔却并没有感受到纽约的"恩惠"，他已被时差折磨了好几天。在曼哈顿42街的海悦大酒店里，尽管设施齐备，房间舒服，但刘翔仍要和睡眠搏斗。"睡不着，晚上睡不着。"一脸倦意的刘翔告诉记者，特意将眼睛眯着，表示自己好想睡觉，"而早上又起不来。今天我睡到了早上10点才起床，中午又没有睡觉，感觉没什么精神。"下午5时，刘翔来到了训练场，进行热身训练。在训练场上，刘翔试着调整自己的状态，但感觉并不好。吸了口气，刘翔猛冲了一个50米，然后放松，吐着舌头，心态倒还是非常放松。

脱下热身服，刘翔换上了黑色的训练服，穿上有线状花纹的训练服，刘翔似乎一下变成了蜘蛛侠。天色渐晚，艾坎体育场内灯火通明，看台上座无虚席，大奖赛很多项目已经结束。迈着轻松的步子，刘翔在教练孙海平与田管中心副主任冯树勇的陪伴下，走进了体育场。现场司仪马上介绍："欢迎来自中国的奥运会冠军、110米栏世界纪录保持者刘翔！"刘翔微笑了一下，抬头看了看看台，黑压压的人群那一通掌声就像提神的咖啡，让他振奋了很多。

抢跑再抢跑，直到第三次发令枪响起，比赛才真正地开始。飞在最前面的是特拉梅尔。看台上的人群兴奋了，高叫着，以为中国飞人这回没戏了。但兴奋的口形还没来得及收回，脸上就马上现出了惊愕的表情。刘翔如轻快的神鹿，在栏间飞动着，当看台上的人反应过来时，刘翔已率先撞线。12秒92！这一跑就打破了由阿兰·约翰逊创造的13秒03的赛会纪录，同时也超过了约翰逊，成为世界上冲破12秒94次数(4次)最多的人。刘翔双手高举，就像将军在检阅部队，但两秒之后，立马像小孩子一样，又蹦又跳，快乐地享受着胜利。"我一走进体育场，似乎一下子就从睡梦中醒过来，无比的舒服。灯光、观众的热情以及高水平的选手，这些都让我兴奋。"刘翔解释着自己的变化。披着国旗，他向纽约展示了中国的骄傲，掌声再次从看台上响起，敬意油然而生，那一刻，刘翔让纽约感动。

采访，无尽的采访。组委会的采访、混合区的采访、新闻发布会，之后是尿检……刘翔累了，在强撑着做完混合区的采访之后，他一屁股坐在了椅子上，身体完全放软，听见相识的人叫喊，也只是抬头笑一笑，实在不想离开椅子。在新闻发布会前，刘翔对记者说出了心里话："真的累了，好想睡觉。"双手在眼睛上揉着，倦意写在脸上。在发布会上，刘翔尽量配合着媒体，尽可能地回答问题，但到了后来，睡意明显袭来，意识似乎早就回到了凯悦酒店那张舒服的床上。一次在记者提问之后，刘翔半天没有回答，过了一会儿才反应过来："你刚才说的什么？"

累了，还得在尿检上等一段时间。冯树勇主任将车停在门口，孙指导不停地接国内打来的电话，中国的"变形金刚"完成了在美国的"首映"，但愿晚上他能睡个好觉，时差也能彻底倒过来。

BEIJING OLYMPIC GAMES STORM
低谷时期·刘翔退赛

"今天我寒夜里看雪飘过，
怀着冷却了的心窝飘远方……
多少次迎着冷眼与嘲笑从没有放弃过心中的理想……
也会怕有一天会跌倒 被弃了理想谁人都可以……"

歌声在轻轻地流淌，眼泪也止不住地流。刘翔哭了，哭得很伤心。在见到自己的教练孙海平后，两人都没能控制住悲伤，流下的不是泪，是四年的梦想与坚持，在那一刻，终于画上了句号。

"多少次迎着冷眼与嘲笑，从没有放弃过心中的理想，也会怕有一天会跌倒……"Beyound的《海阔天空》正是刘翔心情的完全写照，相信Beyound组合在当年唱红这首歌时，并未曾想到，有一天，中国的飞人刘翔，会在这首歌声中释放自己的悲情。

11时30分，刘翔在三名工作人员的护送下，背着小包，走进鸟巢的地下通道，准备上场。110米栏的预赛，刘翔分在了第六组，这组里面，没有谁是刘翔的对手。通道上方有一个摄像机位，刘翔对着机子扮了一个鬼脸，熟悉的人都以为刘翔已经调整到位，这是他大赛前放松自己的常用方式。然而，一种不祥之感始终没有消失，因为这只是预赛，而刘翔走上跑道之后，脸上竟然没有一丝笑意。

坐在地上，他慢慢地系了系鞋带，那双专门为刘翔设计的耐克黄色跑鞋，在太阳下特别的耀眼，不过刘翔的神色依然不见轻松，甚至在蹬鞋时，他竟然倒吸了口冷气，痛苦写在脸上。热身，情况仍然没有好转，打了打栏，刘翔都在咬着牙齿，这一点不像刘翔的风格，不过，刘翔在坚持着。鸟巢里依然响彻着"刘翔加油"。

11时51分，第六组比赛即将开始，刘翔低着头，像往常一样地蹲在起跑器上，准备着。砰！枪响了，鸟巢里九万人齐吼，但刘翔并没有如箭般冲出，有人抢跑。站起来，刘翔抖了抖腿，活动了下筋骨。

11时54分，第六组的8名选手再次回到起跑器前。"On your

mark……Ready……Go……"枪声再次响起，一缕青烟升起。8人冲出，刘翔落在了后面。这已不是刘翔的后发制人的招术，看台上的观众在拼足了劲喊加油时，一秒后脸上的表情就从激动变成了惊愕。刘翔连第一个栏都没有跑到，他的右腿突然瘸拐了起来，表情异常痛苦。在到第一个栏前，刘翔停住了，连同刘翔停住的，还有鸟巢观众的心。刘翔身边的对手呼啸而过，他们可能奇怪，为何最厉害的那人突然消失了。弯下腰，刘翔将贴在裤上的号码牌撕掉，眉头微微一皱。

空气凝固了，没有人注意到第六组的其他人成绩如何，大家的目光都聚在刘翔的身上。

承载着巨大压力的刘翔，现在又承载着如此众多的目光。但刘翔的胸是挺直的，他的头是昂着的，尽管咬着嘴角。一步一步，刘翔走得很慢，甚至有些瘸拐，但他仍在走着，朝着他出发的方向。卡塔尔人伊萨在第三道，他是离刘翔最近的一个人。伊萨预赛跑出了13秒64，也进入了第二轮。"我与刘翔认识，我非常高兴能够与这些伟大的选手在同一小组比赛，他还是我的邻道。"伊萨回忆道，"在赛前热身时，刘翔就告诉我，他有伤，状态不是很好。"伊萨以为这是刘翔开的玩笑，但没有想到，刘翔真的退出了。"我跑时并没有察觉到这点，直到跑出40米时，感觉我的左边一直没有人，这时才反应过来。说实话，我非常难过，他是一位伟大的运动员，我一直想与他一起赛跑，我希望他能够很快地恢复。说实话，110米栏没有刘翔的参加，将失去很多的吸引力。"伊萨回想到，"现在想起来，他跑前的确表情严肃，可能是伤病正在折磨着他吧。"

刘翔退赛了。时间定格在11时54分39秒。鸟巢突然变得冷寂。11时55分35秒，当刘翔走进运动员通道，消失在人们的目光之中时，悲情开始上演。昨日是个艳阳天，但昨日却是人们心中最冷的一天。反应过来后的鸟巢，知道了刘翔退赛，知道了刘翔的卫冕梦破，知道了北京奥运会上再也看不到的中国翔。"刘翔，坚强！"一声叫喊，却带着哭腔。看台上已经有了抽泣之声，泪水随着叫喊而落下。"海阔天空，今天我寒夜里看雪飘过，怀着冷却了的心窝飘远方……"鸟巢响起了《海阔天空》，一些人和着歌词，哭着唱着，声音哽咽，泪流满面。"也会怕有一天会跌倒……"

有一种悲伤叫做绝望，刘翔不是绝望，他在为自己的梦想哭泣，那个梦，在四年前雅典夺冠时就已经开始：2008年，在家门口夺冠。但天不随人愿，这次，刘翔未能飞翔，但他仍然是那个中国的翔，他依然会朝着自己的目标努力。

才见罗伯斯笑，又闻女记者哭

混采区里人山人海。鸟巢的媒体看台与混合采访区是楼上楼下，从看台下到采访区，得走上5分钟。而110米栏项目顶多14秒的时间，很多记者为了不错过采访，干脆就在混采区里待着，还能占个好位子。古巴小将罗伯斯在第一组跑，也是最快经过混采区的运动员。轻松晋级的罗伯斯看到混采区如此多双眼睛在盯着他，干脆继续着自己的拿手好戏，连跨三个护栏，想一走了之。不过，最终被记者们成功截获，不得不说了一些套话。

"在决赛里击败刘翔？嗯，走着瞧！"光着上半身，露出健壮肌肉的罗伯斯，看到了一位相识的记者，走上前去亲吻了他两下。"你自信会夺冠吗？"罗伯斯高举着双臂，组成一个英文的V字，那是胜利的象征。"我要像牙买加的博尔特一样去破纪录，赛道非常好，一切皆有可能。"

美国选手大卫·佩恩特意在混采区多待了一会儿，墙上正在放第五组的比赛，那里有美国老将特拉梅尔。佩恩目不转睛地盯着屏幕，已经30岁的特拉梅尔是美国最著名的110米栏选手之一，尽管年纪大了，但仍被佩恩视为榜样。枪响，佩恩的脸抽搐了一下，渐渐变成了失望。第二道的特拉梅尔在跨过第一个栏后，左腿明显抬不起来，到第二个栏时，他选择了放弃，在地上休息了一会儿，起身往回走。佩恩摇了摇头，他并不知道，几分钟后，第二道还将有一位选手退出。

混采区的人越来越多，这时电视画面上出现了刘翔。所有的记者们都在试图抢占一个上佳的位置，只求刘翔跑完时能够采访到。突然，记者们停止了挤动，电视上的画面，刘翔停止了跨栏——他退赛了。所有人的脸上都是惊讶，所有人都试图在电视画面上再追寻着发生了什么。混采区炸窝了。几位女记者实在无法接受这个现实，就在混采区里失声痛哭了起来。大家面面相觑，不知该干什么，只是在焦急中等待，等待一个来自官方的说法。外国媒体开始采访中国记者，得知这个消息的反应是什么？刘翔的压力是不是太大？中国记者开始打电话，了解更进一步的情况。一时间，人的心全乱了，像无头的苍蝇，到处乱蹿，却无一点头绪，直到得到通知，有新闻发布会。

情同父子，这是孙海平与刘翔的关系。没有人比孙海平更了解刘翔，刘翔退赛，最难过的人，当属孙海平。坐在新闻发布厅里，孙海平开口的第一句话，竟然是道歉："首先我要向大家道歉，因为刘翔因伤退出比赛。"孙海平语速较慢，声音低沉。

台下黑压压的记者，以及记者手中的大炮筒，都对准着孙海平。"刘翔其实这四年来练得非常的苦，他的目标，就是卫冕他的冠军。刘翔的伤病主要有两个方面，一是腿，一是脚后跟。自从在美国退出纽约和尤金比赛以后，我们每天都在对他的腿伤进行治疗，他的腿伤，现在已经痊愈。"孙海平动情地说，"引起他退赛的，是他的脚跟问题。这个问题其实不是新病，是老伤，至于何时受的伤，我已经记不清楚了，大概六七年前就已经落下这个病了。也就是说，在雅典奥运会之前，他的右脚后跟就已经有问题，但当时我们通过治疗，能够控制住，所以刘翔能在雅典夺冠。但伤病一直没有最终解决，只要大运动量的训练之后，他就会感觉到痛。"

刘翔的后脚跟伤，具体说来，是右脚后跟跟腱末稍附骨处出现问题。这个部位是最受力的部位，刘翔蹬地时就是靠这个部位发力。这时的孙海平，在解释着刘翔的伤情时，还比较的平静。当有记者问道，退赛是不是赛前就已经决定好了的时候，一向沉稳的孙海平再也控制不住了，"刘翔一直在坚持，一直在玩命……"眼泪止不住地冒，情到深处，孙海平哭了，新闻发布厅不大，他的抽泣声清晰在耳。"刘翔有多玩命？在比赛之前，他已经是痛得受不了了。我们现场有三位大夫在为刘翔的伤进行处理，最后实在没有办法了，用冷冻、喷雾，都没用，他都没法撑起来，伤是在最受力的地方。"边说边想，边想边心痛，边痛边哭，回忆是残忍的，但孙海平不希望别人误解刘翔，"那地方一撑就软

刘翔巅峰时期，他的笑是那么的阳光。

下来，在赛前训练时他甚至疼得全身都在发抖，但是他始终在坚持。在进场之前，我们实在没有办法了，就用了最原始的办法，请体院的一位副院长为刘翔进行按摩……"实在说不下去，孙海平把头埋进双手里，痛苦的哭声越来越大，一旁的田管中心主任冯树勇轻轻地拍着他的肩膀，安慰着。"我在下面等着刘翔出来，我看见他哭了，他非常难过，他告诉我，'如果不是万不得已，我是不会退出的'……"孙海平说不下去了，只剩下呜呜的哭声和相机按下的咔咔声。"谢谢，谢谢大家。"在离开发布厅时，记者们围住孙海平，紧紧地握着他的手，表示着无声的支持。

据央视田径跟口记者冬日娜称，在奥运会开幕那天早上，刘翔去试了场地，他跑出了接近12秒80的成绩。如果保持这样的状态，何愁奥运会上不夺金？

刘翔是铁了心，想要与罗伯斯一决高下，就像在紫禁城之巅上决战的剑客，没有人能够阻止。时间在一天天过去，刘翔的状态一直非常好，直到上周六。"我可以负责任地说，刘翔今年上半年的训练非常好，上次去美国的确遇到伤病困扰，但在美国那次退赛，他的伤并不严重，只是为了保险起见，选择了退赛。但回国之后，他的腿伤已经好了，在上周六之前，刘翔的状态都非常的好。"

那么上周六到底发生了什么？

"上周六，刘翔进行了赛前最后一次训练，在跑完之后，他突然感到右脚后跟的伤势加重。我们一直担心刘翔的骨头有问题，因为刘翔的脚与常人不一样。几年前我们

就对刘翔的脚骨进行过检查,他的脚打过泡,泡破了,形成茧,向内长,我们也怕有骨刺存在。但上周六经过核磁共振检查,几位专家发现刘翔的问题是出在脚后跟的跟腱上。不过,经过治疗,似乎有所好转。"孙海平解释道。

　　而昨日早晨,刘翔的脚伤又加重了。"我看得出,他在做准备活动时,他很吃力,他的伤加重了,但就是这样,他也在尽100%的努力,希望通过医生的特殊处理,通过第一轮。在经过检录室时,刘翔还充满了信心。"

　　可信心不代表刘翔的伤已痊愈。田管中心在知道刘翔的伤情后,却并没有向外界通报。冯树勇的解释是,"我们当时并没有意识到会有那么严重,刘翔的平时训练非常好,而且经过治疗,伤势得到控制,所以我们并没有向外界公布,没有必要。"

BEIJING OLYMPIC
GAMES STORM

世界杯风暴
World Cup Storm

德国精密，但不乏浪漫

我对德国世界杯的印象，不如我对德国人的印象。啤酒与哲学家都是德国人的精华，而脑海里德国人的刻板，在亲历德国之后，也发生了巨大的改变。唯一不变的，是德国人的守时。我在德国的大本营设在法兰克福，去其他赛场都是从法兰克福出发，坐高铁前往。德国的高铁与地铁非常发达，而且已达到了无缝衔接的程度。从我的住所到地铁站需要6分钟左右，在房门上，贴了一张法兰克福地铁时刻表，标明着每一班地铁经过离我最近地铁站的时间。每次，我都算好时间出门，当地铁开来时抬手看表，分秒不差。

地面交通也是如此。每个车站前都有一台显示器，标识着离哪班车到站还差多少分钟。一切都像规划师规划好的一样，按部就班，秩序井然。但这并不意味着德国人不会浪漫。事实上，德国人相当的热情与豪放。他们虽然没有法国人那般讲究吃穿，但却愿意花大钱买好车，去世界各地旅游。在法兰克福的街头，情不自禁热吻的情侣随处可见。德国人超级喜欢喝啤酒，他们的啤酒庄园永远都是人满为患。除此之外，听音乐会则是最好的放松方式。德国本来就产大音乐家，也难怪中国的郎朗如此受欢迎了。

郎朗的弹奏是当晚晚会上的亮点。

世界杯风暴
WORLD CUP STORM

飞近郎朗
我就像音乐舞台上的小罗

飞近郎朗
我就像音乐舞台上的小罗
World Cup Storm

郎朗是中国在世界舞台上的另一张名片。

掌声，还是掌声。郎朗不得不再次走到前台谢幕，四万球迷干脆站起来，为郎朗精彩的表演叫好。在郎朗的锋芒下，世界三大男高音之一的多明戈、著名指挥扬宋斯心甘情愿地当起了配角，站在郎朗的身边。难以想象，在没有中国队参加的世界杯的开幕式上，这位24岁的钢琴家却在激情飞扬的音乐中征服了所有的人。如果郎朗能够代表中国队，那冠军肯定属于中国。2006年德国世界杯开幕之前一晚，音乐圣典在慕尼黑全面上演。

他，让多明戈诧异

身着中国最为传统的对开衫，郎朗用快过闪电般的双手，在黑白键盘上移动，时急时缓、时高时低的音乐占据了球场的每一处空间，甚至每一个人的心间。"我非常的兴奋，"从舞台上下来后，郎朗带着脸上的红晕，对我说，"这是我第一次参加以足球为主题进行的音乐会，而且是世界杯的开幕式，我现在还没有从兴奋中回过神来。"郎朗成功的演出让多明戈赞不绝口，"你是不是有20根手指？你怎么能够弹得那么快？"多明戈与郎朗开着玩笑。

他，让贝肯鲍尔折腰

说到参加本次世界杯开幕式，郎朗很兴奋。"我曾经在NBA赛场上弹过，但在足球赛场上却是头一次，而且这一次是由贝肯鲍尔亲自邀请，我感到很荣幸。其实这次的开幕式差点就流产了，本来原计划是在6月8日柏林进行开幕式，但组委会怕将草皮踩坏，结果取消了，慕尼黑方面决定自己来搞。现在想起来，还觉得好险，差点就泡汤了。尽管心里还是有些遗憾，没能在球场里，但我知道音乐毕竟不是足球，我们不能影响足球比赛的秩序。"郎朗鼓着大大的眼睛，晃着脑袋说。"与贝肯鲍尔是在去年一次打高尔夫球时认识的，他很喜欢我的钢琴演奏，那时他问我愿不愿意参加世界杯开幕式音乐会，我很高兴地答应了。"

他，最爱桑巴军团

郎朗心中最爱的球队自然是艺术大师团队巴西队了，"巴西队中，我又最喜欢小罗，他技术太全面了，看他踢球真是一种享受，实际上音乐与足球一样，都是带给人享受的东西，这也许就是为什么组委会要将开幕式定为一场音乐会的原因吧。这样想起来，我和小罗也挺像的。"郎朗告诉我，他已经拿到了一张半决赛的票，"7月5日，我将回到德国看半决赛，可惜9日的决赛我不能看了，那时我在维也纳有一场音乐会。我希望决赛是巴西对德国。东道主与我最喜欢的球队打，一定很有意思。"转过头去，郎朗悄悄告诉记者，"其实我想巴西队肯定会赢，但我现在在德国，得给德国人一些面子。"郎朗偷偷地笑着，眨了眨眼睛。"我虽然不是贝帅，但当个万人迷还是挺容易的，我想喜欢我的人不止一万人吧？"郎朗说笑着，走进了VIP包间，慕尼黑的名流们正等着与他套近乎呢。

世界杯风暴
WORLD CUP STORM

飞近足球皇帝贝肯鲍尔
八个提问中，贝肯鲍尔分给我一个

每届世界杯，但凡国际转播中心正式揭幕，就代表着离世界杯到来的时间很近了。德国组委会非常重视国际转播中心的揭幕仪式，也正是因为这个原因，我才有机会接触到足球皇帝贝肯鲍尔。作为德国组委会的主席，贝肯鲍尔非常忙碌，根本没有时间接受记者们的专访。但如此重要的场合，贝肯鲍尔是不能不来的。事实上我得知贝肯鲍尔将出席国际转播中心揭幕仪式的消息也纯属偶然。当我在国际转播中心转悠时，无意中走到了一间中型会议室，工人们正在做最后的准备工作。主席台上，放着一些姓名牌。好奇的我走上前去，看到正中间的牌子上写着贝肯鲍尔的名字。"贝肯鲍尔要来？"我脑海里闪出这样的疑问。工人们证实了我的猜测，"明天这里要开发布会，贝肯鲍尔和一些VIP们会来，所以我们得加紧把最后的装修工作完成。"

贝肯鲍尔气质非凡，为人也很谦和。

一切都顺理成章。2006年5月12日中午11时50分，慕尼黑东郊的世界杯IBC（国际转播中心）大门前，数百家媒体云集，长枪短炮齐刷刷地对准了大门前用蓝布盖住的球状雕塑，但来自中国的记者，却只有我一人。12时，记者们开始涌动，只见贝肯鲍尔与组委会成员来到了球状雕塑前，为即将向全世界的电视观众传送电视直播画面的IBC揭幕。

12时05分，蓝布在贝肯鲍尔的拉动下缓缓滑落，一个印有"2006年德国世界杯"字样的巨型足球喷泉展现在了众人眼前。但记者们根本顾不上细看这个精工细作而且能够自动旋转的"足球"，而是对准贝肯鲍尔猛拍一通，因为在世界杯开幕之前，他就是德国最大的明星。由于"足球皇帝"的站位过偏，而记者又人数过多，以至于一部分记者无法拍到贝肯鲍尔的正面。记者们的埋怨很快传到了贝肯鲍尔耳中，他笑了笑，如同模特一般，在"足球"左右走来走去摆着POSE，一会儿手摸球，一会儿手叉腰。来自英国BBC的女摄像师忍不住笑了起来。

飞近足球皇帝贝肯鲍尔
八个提问中，贝肯鲍尔分给我一个
World Cup Storm

　　10分钟后，揭幕仪式结束，IBC将召开新闻发布会。当记者们纷纷冲向新闻发布厅抢占有利地形时，贝肯鲍尔在散去的记者群中看到了我。"你从哪来啊？"贝肯鲍尔问道。"我来自中国，是成都商报的记者。"记者回答道。"噢，欢迎我们亲爱的中国朋友。"贝肯鲍尔笑了。这时一位组委会安保人员走了过来，因为我与贝肯鲍尔实在太近了。"没关系，他是我们的中国朋友。"贝肯鲍尔摆了摆手，"正好，你给我们拍张照吧。"看到了我胸前的数码相机，贝肯鲍尔出人意料地向安保人员说道。

　　"贝肯鲍尔先生，我可以对您进行简短的采访吗？"合影完毕，我得寸进尺。"嗯……这样吧，等一会有新闻发布会，我保证给你一个提问的机会，好吗？"说完，贝肯鲍尔被工作人员簇拥着，快速走进了大厅，那里还有很多贵宾在等着他。

"足球皇帝"请我提问

　　"今天是一个好日子，我特意修了一下头发，看上去是不是精神了很多？"在新闻发布会厅，贝肯鲍尔调侃道。"由于贝肯鲍尔先生随后还有一个会议，所以今天一共只能提7个问题。"主持人的话音一落，记者们纷纷举起手来。在回答了5个问题后，贝肯鲍尔突然指了指坐在下面的我，"我答应过的，请将话筒递给我的中国朋友。"

　　于是，在众人的注视下，我代表中国球迷，向足球皇帝发问："贝肯鲍尔先生，请问6月哪一天将是您最开心与最不开心的日子？"贝肯鲍尔乐了，"6月的每一天我都非常的开心，你瞧天气多么好啊。当然，6月9日德国队如果在慕尼黑胜了哥斯达黎加队，我想那将是大家都很开心的日子……噢，不对，不是所有人都开心，至少德国人都很开心吧。最不开心的日子，我想最好不会有吧。"

世界杯风暴
WORLD CUP STORM

飞进德国报纸
我成为头条新闻

　　与贝肯鲍尔合影，被足球皇帝点名提问，这一切顿时让世界各国记者另眼相看。一时间，我明白了什么叫"我站在桥上看风景，看风景的人在楼上看你"。法国国家电视一台、《南德意志新闻报》与慕尼黑当地的《慕尼黑日报》都排着队对我进行了采访。

　　作为现场的唯一一位中国记者，这3家媒体都对"中国队没有出线，为什么中国记者还来报道世界杯"感兴趣。"有多少中国记者会来德国？""中国球迷对世界杯怎么看？""你一个人来，生活习不习惯？""贝肯鲍尔还跟你说了些什么？""对慕尼黑的感觉怎么样？"……在分别回答完他们的提问后，《慕尼黑日报》记者戴维·卡斯安诺小声说道："我可以给你拍张照吗？顺便把你的电话也留给我吧，可能我还会找你了解一些情况。"

　　第二天，戴维就给记者打来电话，说将专访的文章已经发出来了。花60欧分买来一份《慕尼黑日报》，在第八版慕尼黑本地新闻版里，我的照片居然放在了头条的位置，醒目的大标题写道："王先生来到足球王国"。而贝肯鲍尔为国际广播中心揭幕的图片倒成了豆腐块。

　　不愧是慕尼黑当地影响力很大的报纸，当记者走在慕尼黑街头时，竟然有一位小伙子跑过来，问我是不是来自中国的记者。当我正在惊讶时，这位小伙拿出《慕尼黑日报》，指着记者的图片说："照片比你本人要胖些。"突然之间，我在德国也成了名人。

文章摘译如下：

王先生来到足球王国

在国际广播中心前，数百名记者蜂拥而至，就是为了眼前的一个球形喷泉，这一点想起来有些可笑，但这却是事实。贝肯鲍尔在众多的长枪短炮瞄准下，轻轻揭下了喷泉上的布，这个足球喷泉开始转动，也就象征着为12000名记者服务的国际转播中心正式启动了。这时一位来自中国的记者走向前去，贝肯鲍尔也看到了他。这位记者用英文作了自我介绍："贝肯鲍尔先生，我叫王继飞，是来自中国《成都商报》的记者。"贝肯鲍尔脸上露出了笑容，他大声用英文说道："原来是我们的中国朋友！"贝肯鲍尔很难得地让他的助手帮忙，和王先生合了影。

王先生今年28岁，来自中国的西南部，为中国的一家大报《成都商报》工作。他来德国采访世界杯，来到慕尼黑后，还没有时间好好欣赏这座城市美丽的景色，他对慕尼黑的了解，仅限于地铁站和球场。国际广播中心有着非常现代化的电视传送设备，其中墨西哥的直播间有900多平方米，但王先生用不着这些，他用他的手提电脑将稿件传回中国，目前已经采写了有关世界杯草皮的稿件，还做了几位球星的专访。在随后的新闻发布会上，王先生在贝肯鲍尔的点名下问了一个很有趣的问题："贝肯鲍尔先生，请问你6月最开心与最不开心的会是哪一天？"贝肯鲍尔乐了，"6月我每天都快乐，如果德国战胜了哥斯达黎加，我想所有的人都快乐。不对，不是所有的人，至少德国人是快乐的。"

世界杯风暴
WORLD CUP STORM

南非世界杯之巴西探营
夜圣保罗,夜罗纳尔多

圣保罗青训营的小球员，长得很像C·罗。

圣保罗队的球场。

　　汉莎航空LH506从法兰克福到圣保罗的波音747用德语广播了一遍后，又用英文广播了一次：我们的航班将在半小时后降落，请系好安全带……

　　终于要到了。这是我所经历的最长时间的旅行，总共的时间居然达到了40小时。带着疲惫之心，从窗外俯看圣保罗。这座巴西大城被灯火点缀得很像乌龟的背纹，几片浮云从窗前迅速飞过，真真有些虚幻。40小时之行可谓是创了纪录，从北京起飞，10小时后到达法兰克福。正常情况下，在法兰克福停留8小时后，就可以登机前往圣保罗。没想到就在要登机时，广播称我们的飞机出现技术故障，晚上10时30分起飞的航班推迟，我们将不得不在法兰克福过夜。

　　这是一个不眠之夜。本来航空公司为我们办好了酒店入住手续，但由于没有申请签证，我们无法入关。在几经交涉之后，只是换回了一床毛毯和洗浴用品，自己在机场找地方睡。还好，几天前由于冰岛的火山爆发，大量游客滞留机场，留下了大量的担架床。法兰克福之夜，就是在担架床上度过的。

　　25日下午1时，飞机起飞。又是11小时的飞行之后，终于抵达终点。由于是晚上7时抵达，出关时已经是9时了。夜已黑，高速路上车来车往。看来飞亚特在这个国家很是流行，出租车也是这个牌子。从窗外看这个城市，似乎看不出来这是巴西，除了满墙的涂鸦，记得美国的市中心也是这个样子。高架桥下，无家可归者聚集在一起睡觉。远处的楼房里，一对情侣在阳台上亲热……圣保罗，这座城市的夜晚与世界上其他的城市一样，并无太多的特别。出租车终于驶进了市中心的小巷，当地人在路边用餐，或是三三两两站在路边。两个小孩在电线杆下踢着球，也不知道是不是未来的大罗或是小罗在展示着脚法。这一路走来，听了很多关于圣保罗的不安全的传闻：晚上不要出门，不要带值钱的东西，遇到抢劫时一定要配合……

这座城市，在我的脑海里，确实无法准确地勾勒出她的图画。去超市买了水，门口坐着两个小乞丐，伸手要钱。从酒店到超市不过3分钟的路程，两个流浪汉就睡在街边……

作为2014年世界杯的举办国，巴西首要解决的，应该是治安问题。我喜欢将相机挂在胸前，以便能够快速按下快门，捕捉精彩瞬间。但在圣保罗的街头，我似乎成为了唯一的例外，不少人都像看外星人一般地看我，直到去一家旅行社办理机票业务时，我才得到了答案。"你居然把相机挂在脖子上？快点取下来，放进包里。你这样很容易被抢的。"旅行社的职员善意提醒道。于是，我只能偷偷摸摸，要么在出租车上，要么在房间里，拍几张巴西印象了。

圣保罗的治安不好，这是事实。圣保罗的色情业发达，这也是事实。还记得罗纳尔多招妓不小心招到人妖的事吗？这就是在圣保罗发生的。很多人不理解，罗纳尔多怎么可能看走眼？没到过圣保罗，那是不知道这里的人妖有多妖。我们下榻的酒店位置非常特殊，位于市中心，从房间里可以看到一座座的高大建筑。白天这里人来人往，车水马龙，似乎看不出什么端倪。可一到晚上，人影憧憧，昏暗的街灯下，是情色的诱惑。

一早起来，就赶到了久负胜名的圣保罗俱乐部。从酒店打车过去，40巴币。巴币相当值钱，一美元只能换到1.7巴币。朋友说，外国人出门，最好是打车，不然被抢的概率很高。圣保罗俱乐部在可以容纳8万人的超大足球场莫伦比球馆里。俱乐部非常讲究，感觉同欧洲豪门一样，各种机构设施齐全。足球经纪人吉森说，圣保罗是巴西最有钱的俱乐部，他们在离圣保罗约40分钟车程的地方，修建了一个青训中心，这也是巴西最大也最好的青训中心。

自然，我不能放过去访问青训中心的机会。青训中心极像一个度假村，有碧蓝的游泳池，有小巧的教堂，还有专门喂养飞鸟的笼子。中心很大，光球场就有12个，小球员们在这里训练着球技，同时学会做人的道理。

从青训中心回来，与一位经纪人谈了约采访的问题。等谈好出来，已是晚上9时。在送我们回酒店的时候，那位经纪人告诉说，我们的酒店就位于圣保罗红灯区的边上，而回去的路上，正要经过。据称，圣保罗的红灯区是世界五大之一。经纪人开着他的奔驰S500，驶向了AUGUSTA街。AUGUSTA就是红灯区的开始，街的两边三三两两站着女郎，但凡有车辆减速，她们就会投来火热的目光。经纪人说，街的上半段是站街女郎居多，下半段是人妖居多。果然，驶过下半区时，站街的人身材越发高大，身材极为惹火，衣着更为暴露。从外表上看，这些都可谓是极品女郎。极品女郎相当开放，甚至能够裸露上身，展示自己的丰满。经纪人说，这些都是人妖。

想想罗纳尔多在酒吧里喝了个大醉，然后开车经过红灯区，在醉意之中，看中了一位身材极好，长得又漂亮的"女郎"，然后带回住处，最后发现，这居然是一个男的，酒意顿失，差点呕吐。看似没有可能，其实相当合理，这就是夜色下的圣保罗，这就是在夜色下上当的罗纳尔多。

世界杯风暴
WORLD CUP STORM

飞近黑蝴蝶马麦罗
你在老家还好吗?

马麦罗的日子过得挺不错的。

　　都到巴西了，怎么也得去看看四川最有名的外援黑蝴蝶马麦罗。在四川人的心中，马麦罗已是四川队的符号，当年风靡全国的黄色狂飙，马麦罗在其中的分量是很重的。直到现在，一提到马麦罗，球迷们都能如数家珍般，回忆出他的种种精彩进球。马麦罗是四川队培养的球星，这点不假，因为像马麦罗这样的球员，巴西实在太多了。直到现在，马麦罗都很感谢四川队，四川队改变了他的命运。

　　这是我第一次在没有手机的情况下去一个陌生国家的一个陌生城市——马麦罗的家乡卡波弗里奥(CABO FRIO)。出发前听马麦罗的描述，很美，一个海滨小城，旅游的天堂。但为了以防万一——身边的人说里约很乱，如果坐大巴车去的话，在车上被抢的可能性挺大——我提前将手表、手机、电脑等物件全部放在了酒店，只带着相机出发。由于卡波弗里奥离里约是大约三个小时的车程，我起了个大早，出发前，给马麦罗打了一个电话，可没人接。

　　马麦罗只告诉我他住的城市，但并没有说具体的住址。硬着头皮，我还是坐上了开往卡波弗里奥的汽车，"到了再说！"我心里想着。一路的心情都不放松，因为司机不会英语，从不报站名，每每进站，我都得左顾右看，该不该下车。三小时之后，汽车终于抵达我的目的地。立马买了一张电话卡，在公用电话亭给马麦罗打了过去。接通后，又是无人接。难道马麦罗不想接受我的采访了？正当我转身要离开时，电话亭响起了铃声。"哈罗……"

　　是马麦罗！

　　20分钟后，马麦罗开着一辆铃木城市越野车来到汽车站。虽然他从来没见过我，但在这个全城可能只有不到五个中国人的城市里，我无疑是很容易找到的。"你好，马麦罗。"我用的是四川话。"你好。"马麦罗用四川话回答，但音调已走形了不少。离开成都这么多年了，马麦罗基本上没有说过四川话。但7年时间里，并没有让他忘记四川、忘记成都。

　　"我很高兴你来，说实话我有些想念成都。"马麦罗的英文比四川话顺溜多了，"我在这里的一切，应该说是成都留给我的。我对成都的感觉，不是停留在嘴边，而是发自心里。"马麦罗用手拍了拍胸口。

　　为四川效力8年，离开中国7年，15年的时光，马麦罗已经38岁，38岁是一个充满了感慨的年龄，但马麦罗依然很开心地生活着。就如他生活的城市的阳光，灿烂无比。"我很满足，我不抱怨。我有父母，有妻子，有儿子，这就足够了。"

　　突然发现，马麦罗的人生态度，居然十分成都。在他的血液里，一半是巴西，一半属于熊猫的故乡。

马麦罗快乐的一家

马麦罗幸福的一家。

　　CABO FRIO，在中文里，意思是冷的角落。这是马麦罗生活的城市，其实，这里一点也不冷，5月，巴西应该进入初冬，但卡波弗里奥依然阳光灿烂，T恤短裤依然是主流的打扮。这是一座来了就不想离开的城市，很像马麦罗在中国时所在的地方——成都。卡波弗里奥——成都。在马麦罗的心里，无疑是自己的双城记。

　　"卡波弗里奥是我的故乡，这是我的第一选择，成都是我的第二故乡，我怀念那里的人，那里的事。"坐在运河边上的餐厅里，马麦罗缓缓说道，那种语气，带着深深的眷恋。离开成都已经7年了，当年红遍四川，甚至中国的黑蝴蝶，回到巴西之后，已经过上了平静的生活，"我把自己职业生涯最好的8年献给了成都，而现在留给我的，都是那时的美好回忆。"

　　卡库是马麦罗的好朋友，也是CFC的队友。那天是卡库的生日，一群人来到一家名叫90度的小酒馆，喝酒庆生。当卡库说到骄傲一词时，马麦罗有些腼腆地低了低头，然后笑着说："他喝醉了，别听他瞎说。"

　　的确，走在大街上，并没有人会认出马麦罗是谁，马麦罗的骄傲，仅限于认识他以及了解他的人，而这些人群中，大部分是在中国，在中国的四川。

　　不过，这并不影响马麦罗对足球的热爱。在桑巴国度里，足球是血管里流动的血液，作为巴西人，马麦罗同样为足球而狂热。卡波弗里奥有着很长的海滩，海滩上的美女们穿着比基尼晒太阳，而小伙子们则忙着踢沙滩足球，或是打沙滩排球。马麦罗边走边说，在去中国之前，他认为巴西就是最好的地方，沙滩就是他施展才华的战场。

　　一位小伙挽着一位姑娘，在人行道的另一边走来。马麦罗吹了一声口哨。小伙子转过头来，顿时笑了，"你好啊，马麦罗！"

马麦罗用葡语问候了一声。"那小伙子在弗拉门戈队效力，他是职业球员。"马麦罗轻轻地说了一句。弗拉门戈队，是里约州最有名的球队，也是马麦罗最支持的球队。作为忠实的球迷，马麦罗从不落下一场弗拉门戈的比赛，但去现场看球，到现在为止，也仅有一次而已。

已不喜欢嘈杂

"我不喜欢那种人山人海的地方，太闹了。"马麦罗解释道。弗拉门戈队是在里约热内卢，离卡波弗里奥开车需要两个多小时。2003年从四川回到巴西后，马麦罗开车去了一次里约，看了一场弗拉门戈的比赛，还见了老队友法比亚努。法比亚努想留宿马麦罗，但黑蝴蝶还是坚持开车回家。"不知为什么，我现在不太习惯人多的地方。"

里约的人很多，球场上的人更多。但曾几何时，马麦罗是如此享受人山人海，享受着人们呼叫他的那种快感。

"嗯，那几年真的很棒。全兴队很棒，我们当时怕过谁？"回想到当年的黄色狂飙，马麦罗内敛的目光中爆出一道神采，那是一种指点江山、叱咤风云的感觉。"人们总是问我，在中国进了多少球。我告诉他们，我进的球不多，但个个都精彩，个个都记忆深刻。"马麦罗脸上露出自信的笑容，那是一种久违的、灿烂的笑，就如当年他进球时一样。岁月如梭，38岁的他已经学会了稳重，但内心里，那个连过五人把球打进的黑蝴蝶，仍然在飞翔。一件灰色T恤，一条牛仔短裤，简单休闲。听着好笑的事，马麦罗又是夸张的大笑，露出一口白牙，跟当年他进球时的表情一模一样。但不同的是，38岁的马麦罗已有些微微发福，尽管他说自己每天都去健身房锻炼，但略微突起的腹部，还是留下了岁月的痕迹。

在卡波弗里奥，马麦罗算不上有钱人。开着一辆铃木的城市越野车，穿梭在大街小巷，见到熟人打个招呼，那种悠然自得，却让人很是羡慕。"成都人喜欢住公寓，我不行，我喜欢住大宅子。"在成都时，马麦罗住过酒店，后来自己找了公寓，但都无法实现住宅院的梦想。2003年，离开成都回到卡波弗里奥后，马麦罗就一直为自己的宅院之梦而奔波着。"看位置，看设计，我可没少跑。"就像中国的买房一族，马麦罗也在为自己的家找寻着合适的位置。

"卡波弗里奥是一个旅游城市，这里很美，不是吗？"马麦罗指了指海滩。"人们喜欢到这里来，因为相比里约热内卢，这里不那么喧嚣，人也不是那么的多。"马麦罗双手插腰，就像是卡波弗里奥旅游局的官员。"可是在2005年，来到这里的游客还不怎么多，我知道卡波的房价肯定会上涨，就像中国的三亚一样。"就在2005年，马麦罗终于看好了一块地，果断出了手，而这也成了他职业生涯之后最让他骄傲的一件事。"你知道我花了多少钱买下这块地？当时的价是70000雷亚尔，不到40000美元。"

这个价格的确便宜得让人惊叹。要知道马麦罗在成都时的年薪，能达到10万美元。"现在这个价格你连买下三分之一的地都不可能了。"由于旅游业的持续升温，卡波弗里奥的地价升得很快，这个离里约热内卢三个小时车程的城市，因为治安相对要好得多，吸引了大量的外来人口定居，房价自然也涨了起来。

买下地后，马麦罗就张罗着盖房了。"买地时已经签好了盖房的合同，这是一个打包的合同，包括设计等等事先都已经做好，我只是把墙面的颜色调了调。"如今，这块地皮上，立着一幢两层楼的洋房，带一个车库。房子不在海边上，但卡波市不大，因此开车去海边也很方便。"房子盖了两年才完工。"马麦罗望着自己的家，很是满意，"我特别喜欢卧室的阳台，很大，透气与采光都很好。"马麦罗的卧室在二楼，一间挺大的屋子，而他儿子的卧室在对面，地上摆满了玩具。另有一间客卧，只是简单地放了一张床。楼下则是很大的客厅，而一个西式的厨房，则是他太太马雅的"工作间"。一台36寸的液晶电视算是马家的娱乐中心。房间里没有装宽带，马麦罗得到网吧上网，收发邮件，或是与朋友聊天。

住进新房后，马麦罗以前的家就出租了。这也是他现在生活最主要的来源。我笑他成了地主，他摇摇手，"租金只能说让我很正常地生活下去，既谈不上好，也说不上坏。在这里，我不是有钱人，但我能过上非常正常的生活。我觉得自己没有什么不满意的，感谢成都，这些都是在成都时获得的。"每次一开车库门，马麦罗都得站在门口，去堵卡秀。卡秀是马麦罗养的金狮狗，强壮有力，总是想找机会出去玩。马麦罗用腿推了几次之后，卡秀放弃了出门的念头，转而扑向了我，力之大，差点把我扑倒。"没事，它从不咬人。"马麦罗笑着说。果然，卡秀东闻西闻，过一会儿就自己回到窝里待着。

卡秀是马麦罗为他的儿子买的。朋友告诉他。养一条狗，儿子便不会寂寞。"当时它还是一条小狗，我花了800雷亚尔买下的。"那时马麦罗的儿子才3岁半，连葡语都还说不利索。"我教他，这是狗。"狗在葡语里，叫"卡秀奥"，但小马麦罗只发出了"卡秀"。马麦罗一拍大腿，"这狗从此就叫卡秀吧。"

现在卡秀已经三岁了，而小马麦罗也已经6岁半，正在上学前班。小马麦罗名叫马克斯马斯，这名字可不是随便乱起的，马麦罗对儿子抱有很多希望，"你看过《角斗士》吗？里面的主人公就叫马克斯马斯。我就是根据他为儿子取的名，希望他能够像角斗士一样，坚强、勇敢和正直。"

马克斯马斯牙还没长齐，小孩子对马麦罗的中国生活很感兴趣，他总是问："爸爸，你在中国是球星吗？"马麦罗这时就很腼腆地说："算是吧。"在他的客厅里，有一张放得很大的照片，那是马麦罗在中国踢球时照的，马麦罗很喜欢这张，特意做了一个大框装好，没想到儿子在一天前玩耍时，把相框的玻璃打碎了。"这小子，从来就不消停。"马麦罗一谈到儿子,幸福之感顿生。"我这个房子,以后就是我儿子的,现在是我住,他长大了,我就给他。"

马克斯马斯小小的脑袋明星味十足。不过到现在为止,这位小家伙对足球还一点兴趣都没有,"我带他去参加了一个足球培训班,但没去几天就放弃了,他似乎没有兴趣。我也不逼他,他现在还太小了,等到10岁吧,如果那时他还不喜欢踢球,那么他就得用功读书,不然可就没有出路了。"

马雅在一边点着头。马雅是马麦罗的妻子,俄罗斯人。尽管马雅长得漂亮,但在巴西,漂亮的女孩实在太多,马麦罗当时为何找了一位俄罗斯人?说起来,这正是马麦罗要感谢成都的地方。"我23岁就到成都踢球,在成都待了8年,根本没机会去结交巴西女孩。"谈到自己的情感生活,马麦罗一点也不回避。在8年中,马麦罗交了不少女朋友,他的英语,其实就是交女朋友时练出来的。

"我没上过一天的英语课,但现在也能用英语应付,与外国女孩子谈恋爱可能是学习语言的最快方式吧。"马麦罗到底交了几个女朋友,他自己说不少,掰手指算算,"交过一波兰的姑娘,后来分了。还有一个瑞士的,后来也分了。"而马雅,则是马麦罗一见钟情的结果。"第一次遇见马雅,是在沈阳的一家酒吧。当时我们打客场,之后泡吧见到她,感觉挺好,其实也没多想,就是聊了聊,然后相互留了电话。"马雅是学舞蹈的,后来马麦罗告诉她,成都也有俄罗斯的舞蹈团,让她到成都来试试。于是马雅就过来了,两个外国人就靠着并不熟练的英语相互沟通,结果产生了好感,并最终走到了一起。现在,马雅已经能够说一口地道的葡萄牙语。"可能是说俄语的缘故,她发葡语的音发得较准。"马麦罗很得意地告诉记者。

马雅成了全职太太。在马麦罗的宅子里,她有自己的一块小天地。那是主楼后的一个小平房,里面放着一台缝纫机。马雅平时就在那里做一些小的手工活,补贴家用。自从葡语过关之后,马雅的生活圈子扩大了很多,每周末她都会带着马克斯马斯去卡波弗里奥周边的城市寻亲探友,标致的身材一点也没有因为当了妈妈而变化……

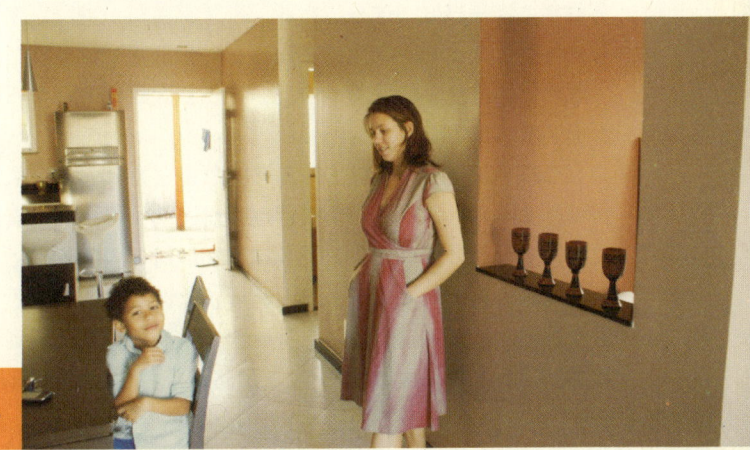

马麦罗的太太很疼爱儿子。

在巴西不敢说自己叫"黑蝴蝶"

"黑蝴蝶"是当年四川球迷送给马麦罗的外号，形容他的灵巧以及在球场上的优雅如同蝴蝶一般的美丽。马麦罗很喜欢这个外号，因为在成都生活了8年，他知道中国人对蝴蝶是一种赞美，但巴西却是另外一种解释。"你知道在巴西，蝴蝶可是贬义。如果用来形容人的话，意思就是，那人是同性恋。"马麦罗自己都忍不住笑了，"因为巴西人认为蝴蝶是一种很女性的生物，用来形容男子，就是带有女性味道的男人。所以在巴西，我可不能让他们知道我的外号叫黑蝴蝶。"

在马麦罗的记忆中，一个个熟悉的名字都能随口而出。在2006年应邀回到成都参加了一场比赛，让马麦罗更加感受到了四川人对他的喜爱。"成都的变化好大哟，很多地方我都认不到了。但成都的球迷还是认识我。"马麦罗秀了一盘四川话，"他们看到我了，就上来问，'你是不是马麦罗'，我回答，'对的，我就是马麦罗'。"

没想到马麦罗的四川话还说得挺标准。"不行，我能说的已经很少了，留下的就是8年中用得最多的。"当年的更衣室里，马麦罗学会了很多骂人的话，直到现在，这些话他也能脱口而出，绝对地道。"想不记住都不行，当时用得太多了。魏群骂我，我肯定回骂过去。"

马麦罗拿起2006年来成都时的合影照片一个一个给我指认队员："这是马明宇，这是魏群，这是范志毅，那是郝海东，魏群，李庆……"这些人他都太熟悉了，"马明宇现在在做什么？魏群呢？姚夏？"马麦罗很急切地想了解自己的前队友们目前的情况，在得知大家都有一个不错的去处时，马麦罗也微微放宽了心。

"四川队是不是降级了？足坛打黑是不是掀起一阵风浪？"对于四川足球以及中国足球的现状，马麦罗也很想了解情况。"我真没想到中国足球这几年发生了这么多事。我记得我在四川队时，根本就没听说什么打假球，做球之类的。我们的目标就是取胜，所以上世纪90年代中后期，四川队的战绩非常的好。真是希望四川队再次雄起，重新让球迷们回到看台，回到当年的黄色狂飙。"马麦罗的眼神有些迷离，望着自己身着四川队黄色球衣的照

每周去打几场坝坝球,成为马麦罗在巴西生活中必不可少的乐趣。

片,有10秒钟没有说话。那张照片上,马麦罗笑得如此开心,如此骄傲,而那也是他在中国最开心的日子。"邹侑根前段时间还给我发邮件,说要到巴西来,让我招待。我问他什么时候来,不知为何,他没有回复。"马麦罗对老友的思念,真是绵延不绝……马麦罗听到自己的前队友在四川都有自己的事业,心情非常复杂,尽管他并不承认。"我现在挺好,踢球,健身,去海边玩,陪家人。我还没到缺钱花的时候,尽管我不富有,但我过得很快乐。"事实上,马麦罗是没有想好自己能做什么。在他家的院子里,马麦罗修了两个烤肉的炉子。巴西的烤肉是世界闻名的,马麦罗的烤肉,则只能在他家闻名了。"平时我会邀朋友到家里来烤肉吃,我们看电视,喝啤酒,吃烤肉。"这是一种梁山好汉过的日子,但曾经差一点,马麦罗就把家中的烤肉卖到成都。"2002年,有朋友就约我一道开巴西烤肉店。我当时想得挺好,把店开到成都去,让成都人吃到正宗的巴西烤肉。我还在物色表演桑巴的艺人,在吃烤肉时,听着桑巴曲,这才是真正原汁原味的巴西烤肉。"马麦罗说得眉飞色舞,但这也只是美好的计划。2003年,马麦罗未能继续留在四川踢球,他选择回到巴西。回国之后,在里约州的一家俱乐部踢了几个月,最终选择了退役。

"我没能留在成都,烤肉店的事自然也没有了下文。"与他一起在成都效力过的巴西人法比亚诺和马科斯跟马麦罗还有着联系。"法比亚诺就住在里约,我们的联系少一点,现在他在做什么,我也不是很清楚。我跟马科斯的联系挺多,他现在长得可胖了,而且已经远离了足球,做起了生意。而且生意做得挺大,是一个成功人士。"马麦罗算不算成功?这个问题,他也不知道。"我以后或许会干点什么,但现在我还没想好。我可不想盲目行动。"享受生活的马麦罗,晚上与朋友们一道去酒吧喝啤酒成为一大乐趣。马麦罗的酒量极好,喝啤酒就像喝白开水,而且特别喜欢喝。晚上是他朋友的生日,马麦罗一高兴,居然喝了10瓶啤酒,像没事的人一样。"在四川队时,他们喜欢喝白酒,一来就干杯,我其实不喜欢白酒,但为了表示敬重,不得不喝,他们才是真能喝。"马麦罗坏坏地笑着,"干杯。咦,你说干杯了,为什么不喝完?"

"如果你当年没有来四川踢球,你的人生轨迹会不会发生变化?"面对这个问题,马麦罗好好地想了一下,"我不知道。"他又喝了一口酒,"或许我会到巴西的俱乐部踢球,或许我已改行干了其他的事。谁知道呢。但去成都踢球肯定是一个正确的选择,我不后悔,也不抱怨,我带着感激的心情,谢谢四川的球迷,我现在拥有的这些,都是在四川队时所得到的。"

马麦罗再次说了谢谢。这位巴西人的确已深深烙上了成都的印记,尽管远在巴西,但谁也割不断他的成都情。黑蝴蝶,总有一天会飞回来的。

世界杯风暴
WORLD CUP STORM

南非世界杯
让人怀念，让人担心

南非世界杯带给我的回忆，绵绵不绝。作为非洲最发达的国家，南非有着太多的神秘，太多的故事，太多的英雄人物，比如曼德拉。这个曾经实施种族隔离的国度，现在已经变成了黑人执政的国家。我们在南非的住所位于约堡的白人区，名叫Bedfordview，是一个挺漂亮的地方，每家每户都有一个很大的院子，前院是停车场，后院有游泳池。我们住在27A，由两幢二层小楼构成，中间有一个欧式走廊，后院草坪绿得可爱，面积足以打一个三对三的足球赛。

然而，这里每个宅子都立了围墙，围墙上布满了带电的铁丝网。大大的警告挂在墙上，告诉了人们这里并非太平世界。我们一共有20人住在这个大宅院里，基本上一个房间要睡两到三人，床位是不够的，最简单的方法是把床上的席梦思抬下，放在地板上当床，于是必然有人要睡在很硬的木板床上。解决的方法也简单，抽签定顺序，然后轮换。6月的南非正是冬季，冷得出乎我们的想象。晚上要盖两床毛被，早上从被窝里爬出来，再香的梦，都能直接给冻醒。其实，从这家宅子里，可以看出这家的主人是很富有的，他甚至在一楼与二楼之间设立了防火门，如果有火灾发生，放下防火门，能够有效地阻止灾情发生。

住在这里，最大的问题是车。由于治安不好，几乎所有的人都不赞成走路出门。而约堡基本上没有出租车，于是我们就被隔离在了宅院里。还好，有一位华人老板能够为我们安排出行车辆，但毕竟是别人公司的车，不可能随时候着我们。于是，我的一个采访计划，由于车子的晚到，而不得不取消。不过，苦中作乐是常有的事。有时一觉起来，看着房间里挤满了人，一个睡有席梦思的床，一个睡没席梦思的床，一个睡在地上，就像梯田一般，由高到低排着。鼾声此起彼伏，还能串句，早上不愁起不来。南非当地人在天麻麻亮时就吹响了呜呜祖啦，那是绝对的噪音，穿透力极强。而且，由于与中国有6小时的时差，我们都得早起干活，然后再出门采访。要不然，后方可就吃紧了。最搞笑的是吃饭问题，由于是居住区，这里没有超市，没有小卖部，只有等有车时能去一次约堡的超市买东西。平时只能吃从国内带来的方便面。一位从东北来的记者，每天必须要吃米饭。一天下午，她从二楼的房间里探出头来，叫着："你那有米饭吗？"我摇摇头。不一会儿，她小小的身躯又从二楼下到一楼，来到另一幢的大厅，进门就问："你那有米饭吗？"样子极为可怜，声音极为真诚。好不容易，一位记者从国内带来了仅够一人份的电饭煲，还剩了一点米饭，她高兴坏了，马上用热水泡了泡，乐乐地吃了起来。

这就是我们的生活，这就是我们的世界杯之旅。

虽然一直很小心，但有一天，夜已黑，一位同仁突然喊了句："前院有人影！"顿时惊吓了所有人。联想到最近一段时间入院抢劫的报道，我们都以为被人盯上了。报警后，我们开始了寻查，手里拿着拖把权当武器。前院较为空旷，寻查下来，并没有人。难道是藏到后院了？后院多灌木丛，利于藏人。几位男记者，壮着胆子，用木棒在灌木丛中拨动着，但也没有发现。南非警察很快到来，跟据我们的描述，他们四处寻找后，初步判定已翻墙出去。警察嘱咐我们锁好门窗，并向巡逻的安保人员打了招呼，加强对我们这条街道的巡逻。

还好，最后被证明是虚惊一场。但安全问题，一直是南非警方最为关注的问题之一。

世界杯风暴
WORLD CUP STORM

飞近南非特警
与南非特警同车巡逻

南非特警准备出动。

为对付可能发生的恐怖袭击,南非警方想了很多办法。而使用特种部队,就是其中之一。

中午12时,拉特根上校准时来到约堡中央警局的办公室。这天是周日,约堡市中心冷冷清清,大家都在家享受周末。警局也基本上看不到人,但在拉特根上校所在的楼层,却很热闹。晚上8时30分,在约堡的足球城体育场,巴西与科特迪瓦的比赛就是拉特根上校这天的重头任务。

离比赛开始还有8个半小时,拉特根上校的部队就已全部到齐。这是一支57人的精英部队,由拉特根上校亲自挑选,今年初才组建,近期目标就是在世界杯上反恐,远期目标是成为南非最好的特警部队之一,这支部队就是约堡的反恐部队,名叫应急部队。而我则有幸受邀,坐上了这支部队的巡逻车,随同在足球城进行警戒,同时也与世界杯球场的安保进行了零距离接触。

这是一支很年轻的特警部队,平均年龄为26岁。拉特根上校称,年轻是选拔的主旨。"这支部队是应急部队,因此它需要24小时待命,一旦有情况,马上出动,无论是白天还是黑夜。如果年纪偏大,有了家庭,有了子女,那么顾虑就多,行动起来就没那么迅速了。"这群南非特警,有的才入行当警察一年,有的之前是建筑工人,看起来良莠不齐。"我们有四位很有经验的警官,其他的人是白纸一张才好,而且每个人都必须承诺,能够24小时待命。"拉特根上校需要的是一支纪律严明的部队,面对恐怖分子,要勇敢地冲上去,"因此我们要对他们进行各种特殊的训练,如果以前有坏习惯了,那就很难通过我们的训练来进行改正。"在中央警局的七楼,特警们嘻嘻哈哈地打闹着,似乎是没长大的孩子。只有当拉特根上校出现时,他们才表现得听话些。不过,看到记者的照相机,这些特警们又兴奋起来,纷纷要求合影。"这就是非洲,人人都喜欢拍照,他们的表现欲是很强的。"拉特根上校笑着摇摇头。对他来说,这些都是他的孩子,而他的任务,就是要将这些孩子,训练成南非警察中的佼佼者。"全南非最好的特警部队叫达斯特种大队,这是精英中的精英,在全世界也能排到前五。他们可以去南非的任何地方执行任务。接下来就是应急部队,全南非有四支这样的部队,比陀有一支,德班有一支,开普敦有一支,约堡有一支。我们就是约堡的应急部队,虽然在能力上与达斯特种大队有一定的差距,但我们的任务就是在约堡以及近郊进行反恐，属于地方上的特警部队。当然，如果你的能力够了，也可以申请去达斯特种大队。"

这时一个房间门打开，再往里走，有一道厚厚的大铁门。打开铁门，里面就是应急部队的弹药库了。作为约堡的特警部队，装备自然很牛。弹药库里放着60支R5突击步枪，这是南非特种部队专用枪支，火力强劲，精准度也挺高。"我们的枪支是这样配制的，一个特警配一把R5突击步枪，一把大口径手枪。这是标配。当然，还有胡椒喷剂和军用匕首。"上校介绍着。而在屋里，两位列兵正在发放着突击步枪。每发一把步枪，都会有人对枪的序列号进行登记，以确保枪支最后能够顺利入库。每位特警配两个弹匣，里面压满了子弹。"这可不是玩具，我们每次出去，都是荷枪实弹。如果真有突发事件，交火时我们的火力肯定不会落下风。"拿到枪后，每位特警都要仔细检查一下枪，以及保险。库伯习惯性地把枪挂在身前，用手护着。库伯今年30岁，当警察3年。"警察是不错，但我想尝试更多挑战。当特警，要面对的都是恐怖分子以及突发事件，虽然危险，但能体现自己的价值。所以我申请加入特警，最终也选上了。"特警都是带着贝雷帽，一身蓝色军服，挂着一个黑色背心，黑色的高邦皮鞋前面是纯钢钢板，一脚能将门踹个洞。不过，最让特警们自豪，也是跟普通警察们最有区别的，是他们开的车。约堡特警开的都是最新的福特福克斯ST，一款跑车，零到一百公里加速只需要6秒钟。"周一还将有两部这样的车到位。我们一共将有10部这样的跑车，还有四辆备用车以及两辆装甲车。我对他们的要求是，每两人一部车，车子就属于他们，保养也由他们做。这种车提速快，一般的车子是跑不过它的。"拉特根上校对车的要求很苛刻，每周五他都将一部车一部车地亲自进行检查，从车灯到雨刮都不放过。"对我们来说，车就是生命。因此保护好车，就是保护好了生命。"

不过，作为特警的头，拉特根上校却没开福克斯ST。"南非警局是这样要求的，中校以上的官员，不配给车辆，开自己的车，每月给油补。"拉特根开着30万兰特买的皮卡，原配就有一个涡轮增压，提速也是相当的快。"开自己的车也有好处，就是你对车子很熟悉，能够应付各种路况。"拉特根上校看上去非常酷，戴上墨镜，就像是美剧《24小时》里那位怎么也死不了的警探杰克·鲍尔。事实上，拉特根的确很厉害，他是世界上最艰苦的马拉松——卡姆瑞德马拉松的疯狂爱好者，这是对人极限的超级挑战。卡姆瑞德马拉松长达90公里，而拉特根居然还跑了个第三名。他自己曾在欧洲顶尖特种部队受训两年，他的很多朋友都是世界各国的特种兵，包括世界上最牛的特种部队英国皇家海军特种兵大队。"世界杯开始前，我在欧洲特训了两年，包括学习各种反恐的技巧，以及耐力训练。这也显示出南非政府对世界杯的重视。回来之后，我就组建了这支特警大队，可以说是按照国际标准来建立的。"上校称，特警必须要学会忍耐，在各种艰苦环境下都要很快适应。"这批队员都进行了6周的特训，包括射击，格斗，各种车辆的驾驶。当然，这个特训是一直要开展下去的，每周我们都会抽出时间来进行训练。"目前，应急部队实行轮换休息制，每上七天就有一部分队员轮两天休息，以保证值班时的质量。"这支特警是为世界杯而建的，但世界杯结束之后，还会一直存在下去，它将成为南非的一支重要反恐力量。"

下午1时30分，所有的队员都在警局楼下集合，分别上了跑车，风驰电掣般地朝足球城体育场开去。坐在拉特根上校的车上，我感受到了特警的威风。上校不时通过车载电台与他的队员进行着联系。当一辆大巴车因为爆胎把路堵住时，上校一转车，将车驶上人行道，然后很快绕过大巴，重新上路。"知道吗？今天是父亲节。"上校笑着说，"我为父亲准备了一份礼物，还没时间拿给他。"上校有两个孩子，女儿5岁，儿子10岁。"我想我的太太也会为我准备一份礼物，我喜欢喝白兰地。"想着家庭，上校满脸的幸福。不过，眼下最重要的，则是要确保足球城的安全。"这场比赛比较重要，很多大人物要到场，包括总统祖马。所以我们的安保可不能出错。"下午1时45分，上校的人马全部集结到足球城的一侧，那里是警察的待命区。足球城偌大的面积被铁丝网划分成不同的区域，不同的证件则有进不同区域的权

特警们在草地上集合，接受任务，保卫世界杯的安全。

利。所有的警察都要在一起集合,听上司的训话与安排。数百名警察整齐排列,一位警官则向警察们介绍着安保的要求。"要看清楚他们的证件,有些证件能进一些区,有些则不能。要严格查证……"阳光下,上校的部队特别显眼,他们的R5表示着身份,小伙子们的表情也很自豪。"我要你们都打起精神,两组人马去球迷区,两组人马在外围……"上校给他的部队下达着命令,之后各小组分头行动。我与下士柯林一组,上了一辆警车。柯林开车,特警达摩德坐在副驾,警惕地看着周围。车子开得不快,巡逻开始。"我们主要是看周围有什么可疑的人没有。还有就是听从上校的指挥,如果有紧急情况,我们马上赶到现场。"柯林说道。车子在球场外侧开着,设路障之处,看到特警的车辆过来,都主动将路障抬起,让警车通过。"我们的车是哪都可以去的。"这时柯林突然减慢车速,达摩德把突击步枪拿起。车停了,两人下车。原来,在球场外的一个空地上,他们看到有两个人在路边翻着东西。"你们在做什么?"柯林问道。翻东西的两人抬起头来,"找钥匙。"柯林上前仔细检查了他们的证件,确认是球场的工作人员后,才放行。"我们需要把危险消灭在萌芽中。不过,从世界杯开始到结束,有关恐怖袭击的事情,倒是一件也没有遇到。"达摩德开着玩笑,"空有一身本事啊。要知道,比我们高一级的,就是南非的达斯特种大队了……"从抵达球场到比赛结束,特警们要待上10个小时。这期间除了吃饭上厕所,不准离岗。夜幕降临,当形形色色的球迷潮水般地涌入球场时,他们并不知道,在不远处的一辆辆白色跑车上,荷枪实弹的特警们正在睁大眼睛守护着他们,只要一声令下,他们就如猛虎出笼。而球场里传出来的欢声与呜呜祖啦的声音,则跟他们没有关系。尽管车上有电台可以收听比赛,但他们的频道永远是警讯。"我是科特迪瓦球迷,希望他们能赢吧。没法看比赛,也没关系,重要的是球场安全就行。"柯林望着窗外,夜幕下足球城体育场灯火通明,而这只是特警们在世界杯执勤的又一个普通夜晚罢了。

世界杯风暴
WORLD CUP STORM

飞近特警的家
采访隆比，其实是个意外

在一群特种警察之中，隆比显得娇小迷人。事实上，她根本就不像警察，像一个刚刚从高校毕业的学生，在约翰内斯堡这个大都市里，找寻着她的人生目标。短短的头发，有点小调皮地翘起，微微一笑，两个小酒窝顿现。为何一个女子选择警察当自己的职业？面对歹徒，她又是如何去面对？在她的同事面前，隆比就像小天使，嘻嘻哈哈，打打闹闹。但一听到要采访，她就躲躲闪闪。隆比的特种警察部队刚刚执勤完毕，轮到两天的休整。好不容易要到了她的电话，约好休息时联系。本来以为这是一个很普通的采访，没想到隆比的身上有着那么多的故事。

你以为隆比只是一个学生般的女人，那就大错特错了。当她执勤时，她的眼睛如鹰般犀利，她的表情比男人还刚强。她是南非2009年十大优秀警察之一，她是家族的骄傲。

第一次见到隆比，是在上校拉特根的办公室。隆比跟着三位特种警察，全副武装地冲进来。"上校，车子准备好了。"隆比说道。穿着防弹背心，一把手枪插在右腿套中，锃亮的牛皮靴踩在水泥地上啪啪地响，猛一看，还以为是古墓丽影中的劳拉来了。拉特根上校是约堡中央警局专门负责足球城球场安保的特警总指挥，他手下共有57位队员，都是从警员中挑出来的好手，专门应对世界杯的安保突发情况，名叫应急部队，隆比就是其中的一员，也是仅有的两名女特警之一。第一次见面，除了必要的介绍，并没有太多的交谈，只是互留了电话号码，方便联系。

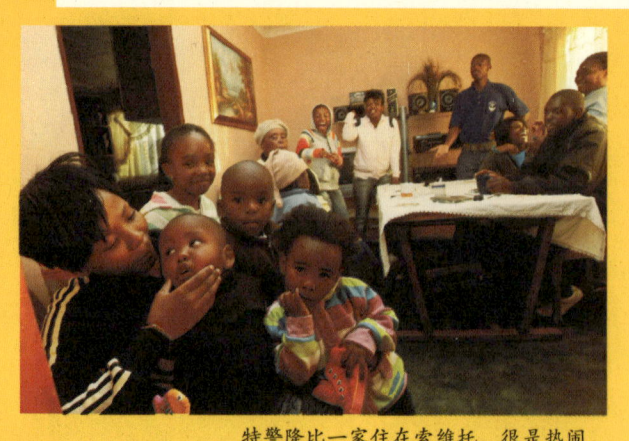
特警隆比一家住在索维托，很是热闹。

第二次见到隆比，是在约堡的一个奥特莱斯外。隆比刚好获得两天的休息，正跟着她的好朋友，同样是警察的奥利逛街。隆比除去了武装，换上了一身黑的三叶草运动服，生活气息十足。"你好，Jeff。"见到记者，大方的隆比给了我一个热情的拥抱，与身着警服有些严肃的她完全两样。走进隆比的生活，走进她生长生活之地，这才算真真正正了解了隆比，了解南非百姓的真实生活。

特警隆比笑得很甜。天气很好，太阳把大地烤得懒洋洋的。隆比站在奥特莱斯门口的停车场前，那里停着她的波罗车。

"想去哪？"隆比问道。"能去你的家看看吗？"隆比很爽快地说："行。"

隆比的家，在约堡的贫民窟索维托，这被人认为是最危险的地方。当隆比说出去索维托时，送我们来的司机犹豫了，他一脸的难色，他不愿意去。司机是黑人，隆比用祖鲁语同他说了一会儿，司机终于同意开着车跟在隆比的车后。

车子向索维托开去。隆比的波罗车里挺整洁，有一股淡淡的香水味。"吃吗？"隆比拿出一袋牛肉干，随手把一碟祖鲁族的CD歌碟放进CD机。音箱送出了快乐的音乐，伴着隆比在高速路上急驶。作为特警，驾驶可谓是小菜一碟。"你看到司机的脸色了吗？他一听到索维托，就吓了一跳。"隆比边说边笑，乐不可支。"索维托不是魔谷，那是一个很大的地方，是一个挺好的地方，没什么可怕的。"南非的高速公路路况极好，由于是周末，没什么车，一路畅通。在进入索维托区前，有一块很大的欢迎牌子。隆比指着前方，大声说："欢迎来到索维托，欢迎来到我的家！"

索维托去过一次，但这次感觉特别安全。其实索维托仍旧是那个索维托，不一样的是人的心情。街上行走的人似乎没有了那种敌意的眼神，每位过客似乎并不是要准备打劫你。"你知道为何这里叫索维托？"隆比想要考考我。说实话，我并不熟悉这里的典故。"so-we-to，就是so where to 的意思。当年人们从北边过来，都不知道该去哪，所以这个地方就叫so-we-to。"如同倒豆子般，还没等我回答，隆比就抢答了。汽车驶进索维托的小巷中，几个孩子正在路中踢球。见到隆比，小孩子们都亲热地挥了挥手，隆比车内的音响送出欢快节奏的歌曲，孩子们则伴着音乐展示着自己的球技，斜阳之下，孩子们的脸上镀上一道金色，像任何一个区里的孩子一样，他们笑着，闹着，安祥与快乐。

台球

波罗车停了。站在门口的有一位中年男子和一位妇女。"他们是我的父母。"隆比介绍道。隆比的父母都是土生土长的索维托人，看上去本分老实。隆比的父亲一把抱住记者，"欢迎啊，中国客人。"一阵寒暄之后，进到一个很像土坯房的屋子，这是索维托区的一个小酒吧，里面有一台21寸的彩电，一张台球桌，两个电热取暖器前，一个黑人正在看球赛。屋里堆放着一些啤酒箱，几支空瓶子散放在地上。索维托区的黑人特别喜欢喝酒，据说这里女人一天喝掉的啤酒数，已经超过了约堡白人人数的总和。这个小酒吧，是隆比父亲常来的地方，隆比则有时会来打两杆台球。不过说实话，隆比的球技并不怎么样，比起她的枪法来，球技简直惨不忍睹。不过，这并没有影响到屋里人的兴致，来自中国的客人远比隆比的球技重要得多。人们脸上都带着笑，隆比的父亲还特意拿出了相机，要拍照留念，好像我们是贵宾。

铁皮房

隆比不住在这里。上了她的车，再开大约两分钟后，隆比笑着说："到了。"321号，隆比的住所，确切的说，隆比的暂住所，这是隆比和她另外14个亲人的家。隆比的弟弟，24岁的德米就站在门外。如果不是隆比介绍那是她弟，德米那吊儿郎当的样子，足以让人望而却步。从小院进去，是一个窄窄的短巷。房子是一层平房，上面居然盖的是石棉瓦。房子已有些岁月，墙壁已然有些裂缝。在平房的旁边，就是索维托最穷人家住的铁皮房，当地人叫"shack"，那是隆比的爷爷与叔叔的屋子。没有想到，已是特警的隆比的家，依然这么贫困。铁皮房有两间，每间小得刚刚放下一张行军床，隆比的叔叔邀请我进去看看。走进去时，只能坐在床上，没有多余下脚之地。房内很暗，一盏白炽灯亮着，房内堆满了东西，几个黑塑料袋靠在墙头，就像一个收荒匠的住所，另一间是隆比爷爷的屋。里面除了床，还挤进一个衣柜，老人家一笑，门牙缺了俩。铁皮房不保暖，里面很冷，约堡的晚上温度会降到0℃左右，他们的抗寒能力，让人惊叹。

铁皮房外，是一个水泥小坝。几根线拉起了晾衣场所，也是孩子们的游戏天堂。隆比的阿姨带着孩子，站在平房的门口。

13人挤在一起

还以为平房里面挺大，但走进才知道，里面确实太小。这是一个两室一厅的房子，总面积不过50平方米。进门就是一个厨房，水槽里堆满了要洗的盘子与碗。厨房可以说是家里最豪华的地方，厨柜很欧式，看上去也挺现代。而从厨房走出来，就是隆比一家的客厅。客厅面积不过10平方米，一张塑料桌子放在中间，四把椅子放两旁，一台21英寸的彩电正放着美剧。一个孩子正在玩着游戏机，那种类似电脑学习机的机器。走进去就有一种挺压抑的感觉，空间太小，人太多。有多少人？隆比告诉我，这个房子共住13人。当13人都来到客厅里时，似乎每个空间都被占据。隆比的阿姨说："请坐。"不过我真不知道该坐在哪。这是一大家人，隆比和她的孩子，隆比的姐姐和她的四个孩子，隆比的弟弟，隆比的阿姨，还有姐夫……屋里挺暖和，还有小音响，条件比起铁皮屋来，要好了上百倍。隆比的一家，都很满意，挤总比没地方住强。作为家里的经济支柱，隆比享有一间卧室。卧室也只有7平方米，一张双人席梦思床占了绝大部分空间，床上摆着两个毛绒狗熊玩具。那是隆比的最爱。床头下有一个衣物筐，隆比的特警服就放在那里。"我回家都会把这些装备脱了，人轻松一些。"防弹衣，多功能背心，贝雷帽，这些构成了威风的隆比。但在家里，她是一位母亲，或是一位姐姐。电脑桌是卧室里的亮点。一台液晶电脑显示器旁，是一大摞的谍战片，几本浪漫小说则放在一边。电脑桌上还放着几张照片，那是隆比与女儿欢喜。"我女儿三岁了，她漂亮吗？"看着女儿，隆比很幸福。墙上挂着一块奖牌，那是隆比参加索维托马拉松获得的名次。"我喜欢锻炼，有时间就去健身房。"当然，成为一名特警，身体好是必要的条件。

8岁被强暴

隆比当警察3年了。2009年,因为她的优秀表现,她获得了南非优秀警察大奖,这个奖项,当年全南非只有10人获得。"我当警察,就是为了保护我的人民,让他们感觉到安全。"安全,这曾是隆比最想要的东西,但8岁那年,她经历了太多。一个下午,8岁的隆比刚刚从学校放学,还没走到回家路上的一半,她就被一人蒙住嘴巴,拖上了车。那是一个让隆比记忆犹新的一天,她恨之入骨。那天,她被强暴了,而那时她才刚过完8岁生日三天。"当时的索维托,确实很乱,很多黑帮、毒贩。我从那时起,就下决心长大了要当警察,一定要将这里的黑帮消灭,一定要让这里的善良人民好好地生活,我8岁时的惨痛,不能再让其他的孩子经历了。"靠在铁皮房外,阳光下的隆比,眼神里透着坚毅,口气里透着绝决。"现在,索维托的治安好了很多。经过这些年的打击,黑帮成员要么被捕,要么被打死。当然,还有极少部分残留,这就是我的责任,继续与他们斗争。"

四年前,隆比恋爱了。虽然这段恋爱没有结果,却给她带来了女儿欢喜。欢喜今年三岁,她已成为隆比的全部。"妈妈,我的鞋呢?"欢喜跑过来,手上拿着粉红色的鞋,却眼泪汪汪地问隆比,把隆比逗得直乐,抱起来就亲了一口。"她是我的希望。我可以忍受一切,也要给她提供最好的学习条件。我不知道她未来会做什么,但让她上大学,成为有知识的人,是我的最大目标。"隆比正计划贷款买房,"我看上了一个30万兰特的房子,也在索维托,需要贷20年吧。"特警隆比的工资不算高,还有一大家人要养活。如果再供房,生活肯定吃紧。"没什么,人活着就是要受累的。只要看到我的女儿,一切困难都可以克服。"

每天早晨6点,拉特根上校的特警车就会来索维托接隆比上班。从索维托到约堡中央警局,开车要开1个小时。"我都习惯了。我们还在学习格斗,我的枪法很好,百步穿杨吧。但现在我最感兴趣的,是情报。作为特警,情报是很重要的,我以后的主攻方向,将是情报的获取。"

正在院子里踢球的几位孩子,这时跑向了隆比,要求她抱。小小个子的隆比,居然把三个孩子都一起抱了起来。灿烂的笑浮在每个人的脸上,隆比这位女特警,正释放着巨大的能量。

小时被强暴,让隆比投身警察事业。

世界杯风暴
WORLD CUP STORM

飞近总统祖马
总统官邸，还养着鸡与羊

一直想去祖马村看看,也一直想深入了解祖鲁族人的生活。南非世界杯,不但让人们开始了解南非,也让人们开始去了解祖鲁族这个在南非历史上有着举足轻重作用的部落。南非的总统祖马就是祖鲁族的,按照祖鲁族的习俗,祖马总统一共娶了5位妻子,养育了20个孩子。祖马村,就是祖马家族生活的地方。

虽然网络上有关祖鲁族的英文新闻并不算少,但没有一则新闻详细讲述了祖马村的具体位置。事实上,祖马村是在纳塔尔省纳坎德拉区的腹地,在很偏远的山区,距离德班市300公里,其中大部分时间是在翻越山头,虽然很多人都知道祖马村是总统官邸,但几乎没有人去过那里。在德班市的祖鲁族人,没有一人能够说出村落的方位,因而去祖马村,似乎已经不太可能。在打了数十个电话,与祖马总统的第一、第二私人秘书通过话之后,我得到了总统办的秘书扎勒乐小姐的电话,她正是总统官邸的联系人。扎勒乐小姐很抱歉地告诉我,祖马总统现在正在加拿大进行国事访问,而要去参观他的总统官邸,需要得到总统本人的同意。扎勒乐小姐称如果能等到总统回来,她会向总统转达。不过,由于时间关系,我已不太可能等很长时间,扎勒乐小姐于是将如何去祖马村的路径详细地告诉了我。"你可以去祖马村外看看,那里都是祖鲁族的领地,你会得到你想到的素材。另外,总统的侄儿会在门外等你,接受你的采访。"

那份路径图,我记了整整一页。上面满是祖鲁语的路名,看得我头痛。寻找祖马村,这是一个很具体也很困难的事。生活在德班的祖鲁族的黑人西博曾自告奋勇要带我去祖马村,结果他把我带到了祖鲁族的民俗文化村。当我提出去的是祖马村时,他脸露难色,连连表示,那里太远了,而且是很落后的地方,去了有危险。西博都不愿意去的地方,那将是什么样子?得知我要去祖马村后,不少当地人都表示了担心,要我多点警惕。"那是原始的村子,要小心啊。"

祖马的老家,那是在很远很远的村子里。

拿着记下的路径,我上路了。从住地开向高速路,一切都还顺利。由于祖马村在山区深处,根本没有具体的标识,先进的ＧＰＳ是一点用也没有。在过了三个收费站后,车转上了山区的路。风景很美,但我的心里却打着鼓,因为不知道自己是否走对了道,是不是离祖马村越来越近。两旁都是甘蔗地,大片的甘蔗从头望不到尾。开始还以为山区的路居然如此之好,能让车开到时速100公里,1个半小时后,水泥路变成了土路,地面凹凸不平,车速大大减慢。山路上的分道也越来越多,到底该走哪一条,哪一条才是通往祖马村的正道?只能问。遇到走路的祖鲁族人,停下车,问路。这些路人,看上去都那么的友善,而且非常热情。一个小伙子不会讲英语,但他听懂了祖马村。为了给我指路,他两只手都用上了,先做了一个十字,表示要过一个十字路口。手无法比画了,他用嘴在手臂上划了一下,表示我应该在哪转。正是在这些"人体GPS"的帮助下,在山区里转了快两个小时后,祖马村才出现在眼前。

这是一次长途奔行。在回来的路中,天色已经全黑。过山顶时,突然起了大雾,伸手不见五指,远光灯也看不到两米远。而且很长一段路,都是山里的土路,路况并不太好。不过,总统祖马并不需要走这样的路段,他的侄儿告诉我,祖马是坐着直升机回来,坐着直升机离开。不过,更多的人们,则只能坐着中巴,在山路中颠簸着进山,出山了。从早上10时出发,回到德班时,已是晚上8时。10个小时没吃饭,没喝水,身心俱疲,但心里却很踏实,祖鲁族人的友善,祖鲁族人的文化,让人着迷。在内塔尔省纳坎德拉区的山丘之中,坐落着一个乳白色的院落,与周围的建筑风格几乎一样,院落也是由圆柱形的房体加上锥形的顶构成,不同的是,这个乳白色院落设有警卫岗,而且周围都由绿色的铁栅栏围住,显露出其特殊的地方。这里,就是南非总统祖马的老家,也是他的总统官邸之一的祖马村。

事实上一路走山路,眼前也有过散落的祖鲁族建筑,但如此集中与大规模的建筑,确是让人眼前一亮。绿栅栏围住的面积挺大,里面竖着十一个"圆柱",还有两处房子仍处于修建之中。两位警卫站在绿栅栏里,把守着铁门。两辆警车则停在门岗前,几条狗在悠闲地晒着太阳。斜阳下,鸡在院落里刨着食,几只山羊则在慢慢地吃着草。这是一副纯正的田园图画,要不是警车警察与铁栅栏,这也不过是规模扩大了的祖鲁族民宅。

祖马的侄儿Mlungisi就在门外候着。"欢迎来到祖马村。"Mlungisi张开双手欢迎着。

作为总统官邸,祖马村的外观的确非常普通,圆柱形建筑的顶篷还是用草铺成的。"这是为了最大限度地保持祖鲁族的文化。"Mlungisi说道。总统官邸并不对外开放，除非得到总统的特许。"叔叔正在加拿大进行国事访问，所以我也没办法让你进去，不过你有什么问题，我都可以回答。"Mlungisi就像一位新闻发言人，他穿着南非队的球衣，踏着一双拖鞋，从官邸里不紧不慢地走出来，与门卫嘻笑了两句。"我现在也没什么事，天天就待在这里，帮助叔叔管理一下官邸的日常事务。"Mlungisi指着远处的一幢"圆桶"，"那就是我的屋子。叔叔住的是最大的那个。这里面有11个这样的建筑，叔叔的两位夫人都住在这里。"

位于门卫一旁的圆柱，面积不大。Mlungisi称，那是祖马村里的小卖部，"里面卖一些食品和日常用品，这里出行并不方便，因此每次会有卡车补充货源。而我们有什么需要的，就去这里购买。"祖马村里铺设了饮用水管道，还架设了电线，几个大大的绿色巨桶，就是水处理设备。"山前不远处就有一条河，我们的水都是从河里取来的。"村里还散放着鸡与羊，而这可能也是世界上唯一的养鸡与羊的总统官邸了。"这些都是有专门的人员来放养，叔叔最喜欢吃祖鲁秘制的鸡了。每次回来，大夫人都会给他做一顿祖鲁鸡吃。"院落里还有两幢建筑正在修建，而这也将是未来的宾客室。"现在祖马村已经全部被祖马的家庭成员住满，没有多的地方给到来的贵宾住。现在正在修的，就是贵宾楼，以后总统请来的贵宾，就能够住在这里，而不用急着回去了。"

祖马不仅是南非的总统，而且也是一位成功的商人。他的家族产业非常庞大，官邸周围的山，都是祖马家的。祖马最信任的侄儿库拉·祖马并没有住在祖马村里，而是在离村不远处有自己的房子。"库拉很有钱。"Mlungisi佩服地说道。同样是侄儿，Mlungisi就差得很远了。"我今年26岁，但还没有结婚。我想我可能要在35岁才会结婚吧。"影响到Mlungisi结婚的，是收入。祖马并没有安排给Mlungisi什么事情，每月就是按时给他的账户上打入2000兰特的零用钱。"这点钱，不够啊。娶妻子要下聘礼，11头牛呢。还有衣服啊等等。我想我要等到35岁时，可能才凑得起这些钱吧。"不过，说起祖马不久前娶第五位太太的事情，Mlungisi就满脸堆笑，"就是在这里办的，很热闹。杀了好几头牛和羊呢。叔叔与五夫人还跳了祖鲁族的舞蹈。"

Mlungisi称他现在最大的心愿，是能够跟叔叔一起去看一场加纳队的比赛，"南非队出局了，非洲还有加纳队嘛，我是想去现场看加纳队的比赛，不过这得跟叔叔商量一下……"

祖马的侄儿接受我的采访。

世界杯风暴
WORLD CUP STORM

飞近总统家族代言人库拉·祖马
拥有三个金矿的国家代言人

在约堡的街上，随处可见宝马、奔驰，就是法拉利，也不算新鲜事。南非，这个非洲最富有的国家，贫富差距自是相当的大，但车子已不能作为富有与贫困的标准，就连为我们打扫卫生与看门的津巴布韦人劳伦斯，都有一位开着奔驰车的黑人哥们儿，唐人街的邓老板经常用宝马7系为我们送来盒饭。这个国家，汽车是必需品，是便宜品。能判断富有的，必然是对自然资源的占有，是对钻石矿或是金矿的拥有，是对森林资源的拥有。富二代，这个在中国人心中并不陌生的词，在南非也同样不陌生。祖马总统的侄儿便是南非富二代的代表性人物。

"你好。"库拉·祖马慢慢走过一座小拱桥，早上的阳光正好射下来，印下一个巨大的影子。库拉·祖马与我亲切地打着招呼，没有一点架子。事实上，库拉·祖马是南非总统祖马最为信任的"儿子"，祖马家族的生意，都由这位体重超过140公斤的汉子在打理，他事实上已成为祖马家族最为重要的实权人物，庞大的家族生意在他的经营下，也蒸蒸日上。库拉·祖马不是总统祖马的亲儿子，而是祖马哥哥的儿子，祖马哥哥英年早逝，库拉由祖马养大，视如己出，就当是自己的亲生儿子。目前42岁的库拉为祖马家族打理着生意，其商业触脚已经伸向中国，从中国引资到南非已成为祖马大管家的最新目标。在办公室里，库拉接受了我的专访。

库拉·祖马的英文名是Khulubuse Zuma，在祖鲁语中，就是玫瑰与砂石的意思。库拉似乎很传神地诠释着这个名字的含义，他是祖马总统的得力助手，是他的玫瑰，同时，库拉的产业里，矿产业是他的主业，金矿更是重中之重。尽管库拉不愿意透露他到底有多少财产，但从他管理和拥有的股份来算，他的身家也在亿万之列。不过，库拉却一点也不张扬，他甚至很是亲近，没有一点架子。没有保镖，穿着很正统，在进出办公楼时，还要自己填写会客卡。虽然手头上有着数十家企业

库拉·祖马是祖马家族的代言人。

飞近总统家族代言人库拉·祖马
拥有三个金矿的国家代言人
World Cup Storm

在管理，但库拉依然会抽出时间，前去球场看南非队的比赛。"每场南非的比赛我都会到现场，为南非队加油。不过，南非输给乌拉圭，确实让我很失望，不过，我们要看到的是，这只是足球比赛。我们要看到球场的氛围，看到组织者组织的能力。如果南非队能赢球，当然好了，如果不能赢，我想我们更关心的是举办一场成功的世界杯。"库拉说道。虽然现在库拉体重超过140公斤，但在年轻时，他也是一位运动健将。他最爱的运动，就是足球。当问到自己平时最爱时，库拉得意地大笑，"足球，当然是足球。我以前也是踢足球的，我是前锋，身披9号。不过现在……"现在库拉已不踢足球了，他的身份已变成了球队的老板。"我拥有一家足球俱乐部10%的股份，就是马利特史堡联的股份，我是俱乐部的总监。这支球队已打入南非的超级联赛，不过我最喜欢的球队，还是凯萨酋长。"

库拉是祖马最为信任的家族成员，祖马已经把家里的生意都交由他来打理。作为总统的亲人，库拉会不会利用这层关系，为自己的生意取得利益？库拉笑了，"事实上，今天早上我才跟总统一起吃了早餐。我们在一起的时间不算多。他很忙，我也有我的生意。不过，对我来说，见他次数多少并不重要，重要的是我从心里支持他。总统祖马是一个为了工作而不顾身体的人，他一心一意想让南非变得更好。我只是担心他的身体，希望他健康。在祖马成为总统之前，我已经做生意很长时间了。我是靠着自己的诚信经营的，当然，你说没有什么好处，也不尽然，但也不会有多少。"库拉的主业是矿产、石油和天然气。主要是在非洲大陆，当然还有制造业。矿主要是金矿。"目前我也与中国有过不少业务。我到访过中国多次，与中国的企业谈合作。目前签订合同的就有一家，其他还有几项在谈。中国是世界上最大的经济体之一，南非将加大与中国的经济合作，我想中国将成为南非最大的经济合作体。"

据了解，库拉拥有3个金矿，还有一家上市公司。库拉与曼德拉的孙子，26岁的詹德华·加达菲·曼德拉在一起合作。两人是南非Aurora Empowerment Systems的大股东，库拉是主席，詹德华是执行总监。两人的合作可谓是强强联手，不久前Aurora Empowerment Systems公司收购了一家木材企业红木公司，而且其旗下的一家投资公司环球投资有限公司也上市了。这家上市公司生产硬木与软木，公司拥有南半球最大的锯木厂，而且在赞比亚拥有一处旅游景点。据了解，这家公司的产值能达到1亿兰特。库拉与詹德华都认为这家公司的潜力无穷，而且在赞比亚的投资库拉很是看好。

"赞比亚的旅游业还处在开发阶段，但我很看好它的前景。不过，说实话，我的生意实在是很多，我的目的是要确保股东们的收益。

世界杯风暴
WORLD CUP STORM

飞近南非巫婆莫林
神灵附身，预见南非队前景

巫婆莫林给人一种看起来很神秘的感觉。

巫术在很多时候被认为是黑魔术,带有一种神秘色彩。从历史上看,非洲的体育圈里使用巫术的例子非常多,最近的就是南非足球队。揭幕战前两天,约翰内斯堡市区组织了一场有五六万人参加的世界杯民间大巡游,队伍中就有巫师作法。一名巫医还贡献了一道秘方:用马蹄和鸵鸟腿与某些草药混合,让球员们戴在膝盖上或者腿上,这样一来,他们踢出的球连守门员都挡不住,随队的"国师"已经将灵药给了球员。而南非队的国师级巫师,经过特别计算之后,挑了一天,在世界杯揭幕战的足球城球场里亲自杀了一头公牛,作为南非队作法的牺牲。据说该巫师一边跳着奇怪的舞蹈,一边把牛血洒到球门之处,意思是要确保南非的球门不失。

当然,除了南非,非洲其他国家都有自己的巫术。比如1992年科特迪瓦夺得非洲杯冠军之后，全国的巫师居然发起了讨薪运动，原因是他们认为国家队之所以能够夺冠，是因为他们集体施法的结果。不过，"非洲大象"自然不会理会这样的无理要求，不过，没想到大象军团此后10年连战连败，最后足协不得不补发了巫师们的薪水，让人吃惊的是，科特迪瓦连续两届杀入了世界杯。

　　法拉德集市是约堡最大的药材集散地，也是祖鲁族巫师们办公的场所。从我们的住所bedfordview出发，向着约堡的市中心开去，由于是星期日的缘故，大街上一路畅通。不过，法拉德集市在白人或是亚洲人的脑海里，基本上是一片空白，如果没有什么事情，少有人去那里。寻找著名的法拉德倒成为一个难题，开着车，在约堡的市中心，三三两两的黑人聚在一起，在太阳下聊着天。问路是必须的事情，把车停在路边，小心地开了车门。黑人迎了上来，"法拉德？应该再向前开5个街区，右转，就到了。"说完，黑人直直地盯着我。我赶紧递上一支烟，黑人笑了。继续开车向前，按照黑人的指示，几经周折后，终于看到了一个大大的"法拉德集市——巫医，牙医，药材市场"的牌子。这个集市很像中国的农贸市场，不过很远就散发出一种药材与皮毛混合的味道，怪怪的。集市由一个个小摊位构成，每个摊位都摆放着各种药材，大包大包堆在墙角。几位祖鲁族的妇女坐在那里，手舞着砍刀，切着药材。一名黑人男子升着火炉，旁边放着一条刚刚送过来的猫头鹰，猫头鹰已被剖开，里面的脏器清楚可见。这是一个让人感觉很怪的地方，每个人的眼里似乎都有故事，但这种眼神，读起来让人心虚。集市很大，至少有500户摊位，到处是挂着的动物皮毛，就像进了肉林。不远处有一摊血迹，陪着我们前来的司机见状，立马称腰痛，要回到车上等我。寻找巫师可没那么容易，这里的人都不说英语，说的都是祖鲁语，而且并不乐意接受采访。还好，我们找到了集市的安保人员，一位名叫克里斯的祖鲁族小伙当我们的翻译兼保镖，在他的陪同下，顺利找到了一名在当地挺有名的巫师莫林，完成了我们所需要的一切采访。没想到莫林到后来对中国产生了兴趣，"我还没去过中国，如果我要去中国，你得当我的翻译。"我笑着答应了。我可不敢不答应，据说拒绝巫师的要求，将受到他们的诅咒，必将生病。不过，我是不是还要再请一位能说英语的祖鲁族翻译呢？

　　"你来了，"莫林随意地说道。似乎她早已算准了我们的造访。在约堡的市中心，有一个很有名的法拉德集市，那是约堡的药材与兽骨皮类批发市场，同时也是南非的巫师一条街，各种级别的巫师都在那里办公，前面是药铺，后面就是她们的办公室。莫林就是众多巫师中的一位，她今年43岁，被选中巫师已经9年了。莫林坐在自己的铺面前，整理着一堆草药，那些都是她配兑MUTI的原料。MUTI，是祖鲁族语，意思是灵药。巫师们没事时就配各种灵药，以应对各种疑难杂症。灵药是装在一个个小罐子里，看起来很像黑锅灰兑了点水，很稠。莫林打开一罐MUTI，这罐药已用了大半，只剩小半瓶。莫林从中掏出一小块，感觉凉凉的。

奥兰多海盗队队员的专用品

"别小看这瓶药,这可是奥兰多海盗队队员的专用药。"莫林很骄傲地说道。奥兰多海盗队是约堡当地一支足球队,主场就设在索维托。这支球队一贯盛行请巫师,用MUTI,以帮助在比赛中取得好成绩。"你看,这是什么?"莫林从罐中掏出一个长条类的东西,"告诉你,这是大象皮。大象是力量之王,有了它,能够让你力大无比。这是豹皮,它是速度之王。"莫林称这罐是专门为前锋调治的灵药,使用之前,需要洗干净身体,然后将灵药抹在头顶、膝盖以及后腿。这样在比赛中,你便拥有了无穷的力量,在对方防守队员想要拦你时,你的速度让他们根本追不到,你的力量将会使门将无法保护城门不失。"别以为这罐药好调治,这里面有76种药材和动物的皮与骨,而且放置的顺序是不能错的,错了就起不到相应的作用。"莫林的铺子里放着上百种药材,还挂着数十种皮毛。铺子后面,是一个面积只有4平方米的长条形的房间,只是一个布帘与铺面分开,这就是莫林施法之地。地上铺着一条凉席,正前方是一个小坛子,小坛子前是一根烛台。四面是各种包以及皮毛挂在墙上。小房子光线不好,无形中形成了一种神秘感。

不是每人都能成为巫师

莫林头戴着珍珠结成的发套,身披着一条彩色披肩,左手持一狮毛结成的手鞭,右手拿着作法的神杖,十分的神气。"你要知道,并不是每个祖鲁族的人都能成为巫师。"莫林讲道,"巫师是被选定的,是祖先来选中的。"2001年的一天,莫林睡觉时突然梦到了祖鲁族的祖先,祖先告诉她,她被选中成为了巫师。"我其实并不想当巫师,我记得我给祖先说,我想当一名唱歌的歌手。祖先很严肃地说,被选中了,你就得担当,去为人民解除痛苦,不然痛苦的就是你。"莫林没有听信,她没有按祖先的话做,突然就感到嗓子剧痛,话都说不出来。去当地的医院看了,医生找不到任何问题。阵痛之后,莫林终于明白,这是祖先对她不听话的惩罚。回到家里,她服下了梦中祖先告诉她的药,嗓子疼痛顿减,莫林的巫师生涯就正式开始了。巫师的责任就是为前来求助的人排忧解难,莫林的"魔法"则是通过请祖先附身,然后找到解决方法。这就需要一系列的请神仪式。莫林称她能够治许多病,包括不孕,甚至癌症。一屡阳光透过铺面,穿过布帘,照在莫林的脸上。这是一张中年非洲人的脸,初看起来没有什么特别,但那双眼睛却似乎有种力量,说不清,道不明。莫林笑了笑,抓了一把草,放在小坛里,生起火。房间立马升起一阵烟雾,莫林的笑,便又多了一层诡异。

每天能挣不少钱

在巫师这行里,名声越大,收费越高。莫林现在的级别已算是高级,因为她说自己曾经治愈了两位得了绝症的人。"他们都是绝望之人,但在这里得到了我的帮助。我的祖先告诉我,该给他们服什么药。她们按照我的嘱咐,用着我给他们的灵药,结果他们的病真的好了。"莫林说,每天到她这里求她帮助的人数不等,少时有5人,多时10人。"请祖先上身是很累的,我也需要时间休息。"每次有求莫林,都得付费。收费的多少根据求她事情的大小而定,起步价是400兰特,没有上限。"人们求的事情多种多样,有治病的,有求前程的,有求爱情的……"莫林挥了挥手中的拂尘,将身上的珠子紧了紧,然后突然问道:"你想了解你的未来吗?"

作法

我先算了算口袋中的钱,实在不够她的起步价。"我的未来,还是让我自己来掌握吧。不过我倒是很想知道一下,南非队在这届世界杯上的前景如何?"把南非队抬出来,多有套近乎的意思,而且这种预测性的东西,收费应该能打个折。莫林直起了身,依然盘坐在地上。她把小坛里的干草加了一些,烟雾更加浓烈。奇怪的是,烟虽然浓,但并不刺鼻。莫林这时突然打起了嗝,一个接一个,一个比一个响。手上也没停着,先是点起一根黑色的蜡烛,然后用一个葫芦在小坛上过了几圈。然后从一个小盒子里拿出一些粉末,抹在脸上,用鼻子狠狠地吸着粉末,然后把脸凑到小坛里,让烟熏着,嘴里开始念念有词。莫林的声音本来挺清脆,但突然变得粗哑,像是换了一个人。"南非队下一场比赛能赢吗?"莫林听了之后,把头埋在地上,用手中的拂尘打着自己的背,用神棍在地上乱写着什么。突然,莫林的乱动停止了。她的声音重新变得清脆:"南非队下一场打乌拉圭,如果不换掉三名球员,南非队就肯定会输的。"要换三名球员?那应该换哪三名?莫林又开始乱动,一分钟之后,她说:"一名是替补,两名是主力。这三人已经没有能力带领南非队去取得比赛的胜利了。"接着,莫林说出了解法,"现在需要南非队所有人一起祈祷,而且南非队的支持者们也要一起祈祷,或许能够帮助南非队走出困境。但我预见,南非队在本届世界杯的前景并不太妙。"

我随口问了一下:"有帮中国足球队找到走出亚洲,再回世界杯的方子吗?"莫林一听中国足球队就笑了:"中国离我太远了,我可能无法影响到他们。如果他们来到我这里,跟我接触,或许我能找到合适的办法。"

伍兹性丑闻风暴

THE STORM OF TIGER WOODS' SEX SCANDAL

虎年里，老虎真的不走运

在美国密苏里新闻学院进修时，美国体坛发生了一件惊天动地的事情：世界高尔夫排名第一的"老虎"伍兹，被视为社会楷模的伍兹，居然出轨，被曝出性丑闻来。一时间，全世界都在谈论这个话题。我也接到了报社的要求，去作一个深度调查。于是，我踏上了追踪老虎的行程，路线是纽约——奥兰多。

老虎伍兹有两张面孔。一张是大家熟悉的球场面孔，一张是很陌生的夜场面孔。在撞车事件发生以前，伍兹是美国的"金童"，是社会的模范，是广告商眼中的吸金石。但就像美国体育圈所树立的一个又一个模范最终都轰然倒塌一样，在模范队伍里总是站在最高峰的伍兹也终于暴露了隐藏在公众视线里的另一张面容，而这两张面孔重合在一起之后，这才勾勒出一个准确的伍兹。福克斯电视台的记者腾在第六大道笑着说："现在我知道，伍兹也是人类了。"

纽约与奥兰多，这是老虎的双城记。作为美国的金融中心，伍兹的财富中有很大一笔是从这里产生的，而第一个抛弃伍兹的赞助商"埃克森"公司就设在纽约曼哈顿的第六大道上。夜晚的纽约对伍兹来说同样具有吸引力，他那众多的"虎女郎"中，被形容为关系最不一般的纽约夜场皇后瑞秋就是在纽约的一家夜店里认识的。传说正是伍兹不停与瑞秋发短信才导致了老虎"偷腥门"的曝光，纽约对伍兹来说，已变成一个来了就挺伤心的城市。

奥兰多是伍兹的家。当然，伍兹有很多家，但那些都是行宫，奥兰多才是他的正殿。结婚，生子，继续追赶前辈尼克拉斯所创下的纪录，这本是伍兹正常的人生轨道。但一向对比赛控制得精准无比的老虎，却似乎无法收拾奥兰多的残局。尽管奥兰多的天气晴朗无比，伍兹的心情却早已暴雪压境。2008年的12月30日，人面桃花相映红；2009年12月30日，是伍兹34岁生日，桃花依旧在，伊人何处寻？

"虎太"伊琳带着两个孩子回瑞典过节，而老虎至今还没有回家，奥兰多的家已是人去楼空。这座豪宅是否还能继续承载着伍兹一家的幸福生活？他的命运能否呼叫转移？或许不久就会有答案。

伍兹性丑闻风暴
THE STORM OF TIGER WOODS' SEX SCANDAL

飞进伍兹喜欢的夜店
肉联厂区,伍兹曾经寻欢之地

飞进伍兹喜欢的夜店
肉联厂区，伍兹曾经寻欢之地
The Storm of Tiger Woods' sex Scandal

一场突如其来的暴雪，让纽约披上了厚厚的雪衣。零下3℃考验着人们的忍耐力，但寒冷却不是"格里芬"字典里所能查到的形容词。格里芬，美国名流出没之地。在美国娱体圈，没到格里芬玩过的，肯定会被人嘲为"你out"了。美国歌后蕾安娜就是这里的常客，而老虎伍兹也会到这里来寻乐子。这里是名符其实的销金窟，也是美女成堆、帅哥成群之地。而虎女郎一号人物瑞秋，就曾在这里工作，而且在这里为伍兹提供过服务。

夜幕之下，纽约变得格外妩媚。时代广场上的电子屏展示着纽约的高科技与经济实力，而夜幕下的"肉联厂区"则给人更多的想象空间。肉联厂区，指的是从纽约第14街西到甘斯沃特街的这片区域。很久以前这是纽约屠宰户与加工厂聚集区，肉联厂区也因此得名。现在则变成了纽约最时尚的区域，但名称没变，仍叫肉联厂，只不过现在是另外一种"肉联"。格里芬就是肉联厂区最为火爆的一家夜店，提供着全纽约最好的鸡尾酒。

2009年12月30日，新年的前一天，也是伍兹的34岁生日。肉联厂区开始了夜晚的潮动，酒吧门外的街道上已被各种车辆占据，知名的酒吧门前已排起了长队。名声在外的格里芬酒吧在甘斯沃特街第50号，挨着一家意大利餐厅。没有明显的标识，没有夸张的大门，一个迎宾棚，两棵迎宾树，酒吧低调得如果你不熟悉这里，你一定路过时也不会侧眼看一下。晚上10时30分，各家酒吧门外都多多少少排起了长队，格里芬门外却冷冷清清，只有一个黑人站在门前，像一尊黑金刚。难道都是被伍兹害的？这个疑问开始悬在心中。

高大的黑人手中有一张名单，要想进格里芬，你的名字就必须要出现在名单上。由于事前与格里芬酒吧的媒体公关萨莎沟通好，她已将我的名字放在了名单上，黑人看了看名单，大手一挥，"请进。"

从前门进去，首先是储衣室，储衣室两侧是进入大厅的门。一名打扮得就像美国总统保镖的男子是酒吧的安保人员，他再次确认了我的身份后，我算是正式进入了这个纽约最有名的酒吧。与之前所想的差别很大，原以为这将是别有洞天之地，没想到整个酒吧面积并不算大，一盏豪华的的天然水晶吊灯从天而下，是整个酒吧的亮点。酒吧的装修风格是以美国19世纪"镀金时代"为标准的，讲究细节和雕花，镶金的桌子，维多利亚时代的古董镜，天鹅绒的沙发，地板则是以具有100年历史的巴恩木铺就，在暗黄的灯光下，有一种迷幻与富足

格里芬酒吧里透着奢华与欲望，怪不得连伍兹也要经常光顾。

之感。酒吧布局紧凑，水晶灯下是矮背沙发，四面靠墙的是卡座，最前方则是吧台，两名调酒师已开始工作。除大厅之外，酒台还有两个VIP厅，在二楼。说是VIP厅，不过是因为在二楼，可以减少打扰的原因，窄窄的过道只能容两个人通过，一边是卫生间，另一边是木门。打开木门，则是包房。包房更像是个阳台，从栏杆望下去，整个酒台的大厅一览无余。包房里放着两个沙发，一张小木桌，仅此而已。

11时30分，酒吧开始热闹起来，不停有人进来，格里芬的角落里都开始人头涌动了。午夜时分，格里芬的每张桌子都被占满，吧台前都挤满了人。DJ放起了当前很流行的Lady gaga的《糟糕的罗曼史》，在褐黄的光线下，你很容易放松心情，再加上DJ的打碟，和鸡尾酒的催化，人们眼里都放出一种夜晚动物才有的神光，酒吧气氛性感异常，大厅里充满着雪茄与酒精混合的味道，以及欢快的笑声与亲昵的交谈声。

"我喜欢这里。"家住长岛的尼克与三位朋友坐在一起喝酒，"这个酒吧是比较新的，而且气氛不错，来到这里你会感到很放松。"尼克有一位朋友是这里的常客，他通过那位朋友在这里订了一张桌子，"我知道这里是纽约最好的鸡尾酒吧，而且这里有很多漂亮的姑娘。"

"你相信伍兹与这里的女招待的故事吗？"

尼克笑了，"我知道伍兹来过这里，但我没有遇到过。不过，我对他的出轨一点也不意外，美女谁不爱啊？"

话是这样说，格里芬酒吧性感，妩媚，但绝不色情。酒吧的女招待全部身着著名设计师卡特琳娜·马兰德里奥设计的黑色短裙，而且清一色的白人女性，个个身材惹火。26岁的苞莉就是其中的一位。自从格里芬去年5月盛大开业，她就一直在这里工作。"在格里芬你可以经常看到名人，这里本来就是名人出没的地方。"苞莉眼中，最大牌的体育界名人莫过于伍兹了。"我在夏天见过他。"苞莉告诉我，2009年夏天的一个晚上，伍兹和他的朋友们就在二楼的包房里喝酒聊天，而瑞秋当时则是这里的VIP服务生领班。"伍兹看上去很安静，而且很平和。他喝得不多，好像最喜欢这里的名叫血色玛莉的鸡尾酒。"据苞莉讲，"他们有将近十人吧，我给他们倒好酒后就出去了。VIP包房是有特别安保的，其他的人是无法上来的。但伍兹在这里的朋友挺多的，他自己都走下来与一些熟悉的朋友打招呼。他们玩得挺开心的，走时已是凌晨了。"

在《纽约邮报》的专访中，瑞秋详细解释了她与伍兹的关系，"我的声明是，我在夜总会工作，我是个职业女性，我不与名人发生性关系，我跟伍兹什么事也没有。"瑞秋声称，与名人成为朋友是她的工作职责，作为VIP招待的领班，她必须了解名人的喜好，以便提供恰当的服务。"事实上，我与伍兹连朋友都算不上，我只见过他两次。去年夏天，夜总会公关给我电话，说伍兹与他的朋友要到格里芬来。我于是到门口去迎接，把他们送上楼上的包间，向他们介绍了包间的服务生，我问了伍兹他想喝点什么,然后就一直在门口等着,看他们有什么需要。这都是我们的工作程序,后来我又送他们出门,就这样。然后传言就出来了,说是我把伍兹带到格里芬的,我与伍兹在这里产生了好感。这不是事实。在这之前,我只见过伍兹一次,就几秒钟的时间,我的朋友把我介绍给他认识。他很害羞,很安静地坐在角落,与他的朋友在一起,仅此而已。有人说听到我电话里提伍兹的名字,当然,我在夜总会行业工作,人脉是有的。有朋友需要我去帮他们在拉斯维加斯搞一个派对,朋友说,伍兹也会参加。为了把这个派对搞好,我一直在联系人,于是电话中我提到伍兹是很正常的事情。而那个派对因为太多的客人索要伍兹签名而没有搞成功。就凭这些就说伍兹爱我?太不可思议了,这对他的妻子是莫大的伤害。"

苞莉相信伍兹与瑞秋是至清至白的吗?苞莉笑着说:"这个我可不知道,那是他们的隐私。不过,瑞秋已没有在格里芬工作了,我跟她也没有什么联系。这之后伍兹也没有来过。"在苞莉的眼里,瑞秋是个很会处事的女人,"她很能干,而且很聪明,她总能在很短的时间内与名人搭上话,左右逢源,招人喜欢。当然,这是我们的工作需要。不过我还是挺佩服她的,她应该是我们这行中的状元吧。"

那伍兹给了苞莉多少小费吗?"伍兹还用给小费?费用都不是他出,他的朋友都包了。至于给了我多少小费,这可是秘密。"苞莉不肯说,不过按照格里芬的规格,肯定少不了。格里芬的一张桌子包价最少为2000美元,包括一瓶高档酒和一瓶香槟,而VIP包房价格则为5000美元,包含安保、三瓶酒和一瓶香槟,女招待们的开瓶费为40美元一瓶。"知道今天是伍兹34岁的生日吗?"我问道。"是吗?呵呵,祝他生日快乐吧,不知他会在哪开自己的生日派对呢。"格里芬的客人越来越多,苞莉说完就匆匆忙忙自己的生意去了。伍兹还有心情开生日派对吗?这点我不确定。快到凌晨一点,格里芬的生意已经火爆到了顶点,想自由地走动,似乎都有点困难。音乐的节奏开始强烈,带着漂亮女友进来的男士们开始与女伴扭动身体,舞动起来。相信那晚,伍兹也感受着同样的场景。据酒吧新领班朗格利亚称,格里芬是纽约最新的酒吧,也是最私密的酒吧。想作VIP女招待,个性必须外向,而且最好手里有一批客户名单,"我们的女招待经常会得到邀请去参加一些特别的聚会,在这里是允许的。我们最主要的工作就是要让每位客人感觉自己就是上帝。现在我们也提供外出服务,让我们的客人逃离一天的繁重工作,享受生活。我们对女招待的要求就是要服务到家,让客人体会到一种非凡的感觉,这是一种度,要靠女招待们自己去把握。"

"I want your ugly.I want your disease.I want your love……"

Lady gaga那性感带有磁性的声音为夜色增添了几分情色,纽约的夜生活刚刚开始。当我走出酒吧时,已是凌晨一点,而格里芬门外已开始排起了长队。纽约夜不眠在这里体现得淋漓尽致,凌晨4点才会打烊的格里芬,将继续火爆下去,但他们永远不会迎来伍兹的第二次光临了。

伍兹性丑闻风暴
THE STORM OF TIGER WOODS' SEX SCANDAL

飞近伍兹的家
奥兰多——伍兹的豪宅,不卖

伍兹一家就住在这里面。

奥兰多不仅有着迪斯尼乐园和环球影城,还有着伍兹以及伍兹的故事。

有关伍兹的故事实在太多,几乎一天一个。美国纽约的小报很热衷炒作伍兹的行踪,一会儿说他坐着自己的游艇去了巴哈马,一会儿又说看到他在佛罗里达的棕榈沙滩与传闻中的虎女郎一号瑞秋·乌格泰尔热辣派对。伍兹到底在哪?

与冰天雪地的纽约相比,奥兰多显得相当惬意,16℃虽然说不上热,却已让人们享受着假日的幸福。来自世界各地的游客,每天都在盘算着去哪个主题公园游玩,而老虎伍兹,却已悄然消失在公众视线有一段日子了。

老虎在哪没有人知道,老虎的家却已是众人皆知的地方了。伍兹的常住地是奥兰多一个叫埃尔沃斯的小区,那是奥兰多一个高档住宅区,房价从175万美元到1250万美元不等。奥兰多人对埃尔沃斯很是敏感,每当我一提到这个地名,当地人总是坏坏地笑着说:"你是去找伍兹的吧?"

可是,没有人知道伍兹到底住在埃尔沃斯的什么地方,因为那是一个守卫森严的小区,四周高墙耸立,不是小区住户,绝不让进。酒店的前台小妹得知我要去埃尔沃斯之后,很是神秘地问:"你不会是记者吧?"然后很快地掏出一张纸片,"碰到伍兹,帮我要个签名好吗?"

三次尝试均未果

奥兰多当地的电视台几乎看不到有关伍兹的新闻报道,而报纸上也少有他的新闻出现,总以为是美国地方保护主义在作怪，后来发现，不是不报，而是伍兹太难找到。为了能够进入这个高档小区，我特意订了一辆林肯轿车，司机是位黑人，叫麦克米兰。出发前，我在谷歌地图上输入"Tiger Woods'home"，居然地图准确地把去埃尔沃斯的路线给标了出来。"我从来没有去过伍兹的小区，从来没有。那都是有钱人住的地方，他们有自己的保安，而且有自己的警察局。"麦克米兰说道。黑色的林肯上路了，黑哥们儿则边开车边打开话匣，"其实我觉得伍兹这并不算什么事。"麦克米兰嘿嘿地笑道，"不瞒你说，我也出过轨，你可别告诉我太太，哈哈。"麦克米兰的态度是：当男人有了钱，很难不出轨，"特别是像伍兹这样的，他太有钱了，他面对的诱惑太多……我要是像他那样有钱……"麦克米兰一路"YY"，轿车则渐渐离开市区，转向一个安静的，绿化极佳的公路上，而两旁的建筑也越发有性格，很有点贝弗利山庄的味道。"我们已进入了富人区了。"麦克米兰把速度降了下来，"这里限速，最高只能开30迈。"公路上行驶的好车越来越多，我知道离埃尔沃斯不远了。

轿车拐进一条名叫拉特伯的公路，一个很大的湖出现在眼前。湖上面几艘快艇在飞驰着，一辆救护车则停在湖边。麦克米兰指了指湖的旁边，"那就是埃尔沃斯了。"我顺眼一看，果然，在一堵高墙上，硕大的埃尔沃斯映入眼帘。高墙下绿草葱葱，高墙内绿树成荫。小区的入口两道大铁门，一道是进，一道是出。中间则是两间警卫室。让我吃惊的是，本以为门口应该有数位记者同行，可居然一个也没看到。"开进去试试。"我向麦克米兰说。林肯车拐进小区，在铁门前停下。一个小区的安保人员走过来，我摇下窗，"能开下门吗，我要进去。"安保问，"你有什么事？"

"我朋友邀请我来打高尔夫。"伍兹的小区有一个高尔夫球场，我随口回答。"你能说下你朋友的名字吗？我们必须要核实一下。"安保笑容满面，但丝毫没有放我进去的意思。果然，这

Tiger Woods

TIGER WOODS
Tiger Woods

个小区的安保非常严格,没有办法,我也只好实话实说,"我其实是受邀请来采访伍兹的,我是记者,不信你可以问伍兹先生。"安保仍然微笑道:"伍兹先生的家是在这里,但他并没有示意我们让任何一位记者进去,我们也没得到有记者来采访他的通知,所以,你不能进去。"

第一次尝试失败了。埃尔沃斯小区非常大,绿化得很好的高墙大约有2.5米高,将小区团团围住,拒绝一切隐私泄露。我围着高墙走着,希望能遇到一位小区的居民。尽管是小区外面的小道,但感觉就像走在公园里一样,悠悠漫漫,30分钟也未走到尽头,好不容易走到了高墙拐弯处,高墙却又一头扎进了湖中。

湖的那边就是埃尔沃斯小区。小区的房子隐约可见,果岭上还能看到有高尔夫球车在移动。我试着从湖边绕过了高墙,进入了埃尔沃斯。埃尔沃斯小区面积巨大,比成都的东湖还要大很多的湖泊就有四个,一个18洞的埃尔沃斯高尔夫乡村会所也在小区里面,球道则是由美国高尔夫传奇人物阿诺德·帕默尔设计的。湖边上修有数个小亭,上面停着快艇。要想在这么大的小区里去寻找伍兹的家,难度相当之大。小区的每幢住宅都相对独立,被绿树环抱,草坪更是最常见之物。小区不时有名车驶出,在不远处,四辆警车在闪着警灯。在美国,进入私家住宅可是重罪,我很快决定原路返回。第二次尝试也失败了。

不如直接报名去埃尔沃斯高尔夫乡村会所,这样就可以进入小区了。我拨通了埃尔沃斯高尔夫乡村会所的电话,接线员很甜的声音告诉我:"我们的会所是会员制,不对公众开放。如果你要加入会所,必须有两位会所成员的推荐才行。"我只好问:"如果

飞近伍兹的家
奥兰多——伍兹的豪宅，不卖
The Storm of Tiger Woods' sex Scandal

我要在这里买房，总可以加入吧？"接线员说可以，然后帮我接通了埃尔沃斯的售房部。"我是茱迪，有什么可以帮你？"不久前有报道称，搬家公司将伍兹家里的东西运走了，难道是要卖房？"我很喜欢你们的小区，我想买一幢与伍兹先生一样的房子。"我问道。茱迪回答："伍兹先生的房子并不出售，而小区里每幢房子都是不一样的。价格则从175万美元起，到1250万美元不等。"伍兹的房子价值240万美元，他的邻居包括前湖人球星奥尼尔。

从埃尔沃斯进出的都是豪车。趁着一辆黑色宝马750LI停在路口等上路的机会，我用简短的几十秒钟介绍打消了宝马车主质疑的眼神。车主不愿意告诉我他的姓名，但他承认是小区住户，"我的家离伍兹的并不算远，但我很长时间没有看到他了。"据车主介绍，他以前倒是常常看到伍兹的妻子伊琳开车带着孩子与狗出去，"在出事之前，我一直以为他们是非常幸福的一家，虽然我有朋友说听到过他们家里的争吵，但哪个家庭不吵架？"伊琳是非常低调的女人，如果说伍兹话少的话，伊琳就基本上没有什么话。她的这种低调也很得伍兹欣赏，伍兹曾在自己的官方网站上炫耀自己的幸福，"我们有些无聊，有很多晚上我们都是租一部电影回来，待在家里看。"不过，这位伍兹的邻居认为伍兹的事是私事，"我不好作任何评论。"然后一打方向盘，宝马离去。

一次与生命赛跑的采访

篱笆，女人与狗，这是最动人的乡间味道。

3月的日本，杉树花开，樱花待放。从东京出发，经新潟沿海边前行，穿过山岭，时而大雪纷飞，时而阳光烂漫。车子飞驰在平坦的公路之上，两旁是森林，田野以及潺潺的溪流。天空湛蓝，景致色彩层次分明，如同一幅油画。电影《非诚勿扰》中邬桑就是穿行在这样的公路之间，被不经意的思绪所击溃，两行热泪夺眶而出。

这是日本的农村景色。但眼下没有女人，也听不见狗吠。

邱桑转过头来，问了一句："哥们，还有烟吗？"

到重灾区岩手县的县府盛冈市还有4个小时的车程，邱桑已经开了5个小时，在天黑之前，必须赶到。邱桑是我们的司机，中国人，姓赵，按日文发音，念邱。邱桑常常感叹，尽管在日本生活了十年，但这次却真的走了一条不寻常的路。

《成都商报》赴日本报道小组，在采访结束后到医院进行核辐射检查。

确实不寻常

2011年3月13日，我们前往日本采访大地震。当飞机降落在东京羽田机场时，这种不寻常就已然显现。偌大的机场，并没有想象中的人来人往。身着救援服的中国台湾救援小队正在等着他们的托运行李，数位记者在候机大厅里严阵以待。日本东北部九级大地震对东京的影响开始显现，我们抵达的当天，东京刚开始实施二战后的首次分区分时段停电，全城限油，就连日本国内航班，也因为上述原因，大多被取消。一切始料未及，就连之前联系好的一位华人女士，也因为核辐射和油的问题，只肯接我们前往东京，一路唠叨着："别往北走，那多危险……"高速公路车辆稀少，许多公司临时放假。大部分的东京人，都选择留在家中。那天，东京冷清，平时繁华赛过春熙路的新宿区，街头也就零星数人，在快步行走。华人女士数通电话，也未能找到一家酒店。

茜 姐

从此时开始，到第二天凌晨，这是我们最困难的时段。夜幕将至，我们提着行李，在路边彷徨，找车，找酒店，采访。茜姐的出现，缓解了我们的第一道危机。茜姐年龄不详，是同事张龙天的朋友。怀着一试的心情，我站在东京街头，给茜姐拨了一个电话，希望能够借宿一夜。没想到，茜姐爽快答应。还记得茜姐下楼来接我们的场景：一位柔弱女子趿着拖鞋向我们走来，街灯将她的影子拖得细长，见面就用纯正的成都话问："你们吃饭没得？"

茜姐的家不大，60多平米，装修简单，但很温馨。茜姐的老公是日本人，地震后回神奈川陪母亲去了，家里就她一人。有时我都佩服茜姐的勇气，把五个陌生男人带回自己的家过夜，这可不是一般人能够做到的。不过茜姐不是一般的人。她喜欢抽烟，家里随处可见各种形状的烟灰缸，陈蒙川等几位爱烟人士如遇知音，客厅里面总有永不消失的青烟。茜姐喜酒，她自豪地说，自己本来把家附近的超市最后十听朝日啤酒全部买下，但为了照顾身后排队买酒的日本人情绪，最后只拿了六听。茜姐大方，她毫不犹豫地把自己排队排来的饮料拿出来招待客人。我们四下散开，写稿的写稿，传图的传图，但每个人的面前总有一杯果汁。茜姐坐在客厅一角，客厅的大电视正放着地震灾区的即时动态，她会拣重要的翻译给我们听。茜姐能熬夜，似乎越晚越兴奋，看到我们都还没有吃饭，她二话不说，在厨房里忙活起来，四十分钟后，四菜一汤端上桌，尽管我们吃上饭时，已近午夜。

茜姐是豪放的，在家里她大口喝酒，大声说话；茜姐是温柔的，出了家门，她变得很淑女，小声言语，轻轻走路，完全就是百变天后。最令我们感动的，是得知第二天一早我们就会向灾区进发后，茜姐挽起袖子，在厨房里一阵乒乒砰砰，随后餐桌上出现一盘用食品膜包好的饭团，是心形的。"把这些带上，灾区里可能没有吃的。虽然简单，但实用。"一句话让五个男人回味了半天，杨刚更是当即吃下一颗"爱心"。

那一夜，茜姐坚持把卧房让给我们，她睡客厅的沙发。那一夜，茜姐家里挂在墙上圆盘似的地震预测仪响了四次。那一夜，我们只睡了三个小时。

邱 桑

　　找到邱桑并不容易。在缺油停电，公共交通基本停运的情况之下，想要进入灾区，除了包车，没别的方式。从下飞机起，我们发动了一切可用的资源，寻找愿意深入灾区的车辆，直到凌晨时分，邱桑在电话里告诉我，他没问题。悬着的心这时才落地。

　　邱桑开着一辆丰田小巴，为人风趣，极像电影《不见不散》里在美国讨生活的葛优。邱桑上世纪90年代末到日本求学，随后留下工作，说一口流利的日语，动作神情都与日本人无两样，曾自嘲说，如果中日发生战争，他肯定被骂成"狗翻译"。但正是邱桑的翻译，帮了大忙。日本人虽然学英语多年，但基本是哑吧英语，能将一句英文顺利说出来的人，不多。若问此次日本行，我的英语优势到底有多大的帮助，坦率地讲，只发挥了30%，剩下的，得由邱桑来填补，他也成为被我折磨得最惨的人。

　　选题每天都有，进入灾区后，我们每天都会前往不同的地方，所以在前一晚，当我写完稿后，会拿着地图，铺在邱桑的床上，商议第二天的路线。尽管邱桑在日本待了十多年，但我们前往的地方，他从来没有去过。对他来说，一样陌生。这时邱桑勉强睁着惺忪的睡眼，强打着精神，在电脑上输入目的地，查看开车所需要的时间。一般来说，每天的行程，至少在400公里以上。灾区还是一片废墟，酒店要么停业，要么爆满，我们能够入住的酒店，也在目的地100公里之外。从A地开到B地采访，然后去C地住宿，第二天从C地直接去D地，这已成常态。邱桑的车挺大，装下了我们全部的行李，还有买的水与部分干粮。为了节约时间，中午一般不吃饭，这时我的任务就是为邱桑递干粮。开车是件很枯燥的事，特别是连续开上5小时。还好，邱桑是个懂生活的人，他会放一些自己收集的日文歌或是中文歌来听，被同行的摄影记者杨刚不屑地称之为"农家乐歌曲"，当然，除了邓丽君的日文版《北国之春》。我们跑在乡村的高速公路上，时值日本的冬末春初，万物开始复苏，大雪会不期而至，但阳光普遍明媚。邓丽君那春风化雨般的声音，滋润着邱桑的小巴，以及小巴里的每一个人。这时，放在车头的手机电视里一阵叽哩哇啦，邱桑说，今天刮东北风。车里开始片刻沉默。陈蒙川翻出几个口罩，每人一个，戴上。福岛核电站的核辐射，随着风的方向进行扩散，东北风则正好朝我们行进的方向吹。每天日本的报纸会刊登重要县市的核辐射值，但这个数值也会因为风向的变化而发生较大的改变。邱桑打破了沉默，"我结婚了，但还没生娃。"我说，没准你会是超人他爸。车里爆出大笑。车速未减，继续向目的地前进。不一会儿，邱桑的电话响了，是在辽宁丹东老家的母亲打来的，"你赶紧回来，日本多危险。"他老母说道。"我还有工作，我在陪四川的记者。"邱桑实话实说。他母亲火了，怒吼道："小子，我也上网的，四川记者都回国了，你骗谁啊！快回来！"邱桑哭笑不得，就差把电话递给我，让我用四川话去解释了。

安置点里,秩序井然。

灾区也有混乱时

收集灾区情报最佳也最有用的场所,就是各县的县厅或市役所。日本的县厅行政级别上相当于中国的省政府。县厅一般都是当地最高建筑,非常显眼。因为节电的原因,县厅走道阴暗,每个人都行色匆匆。与接待员简单沟通后,我们进入到县厅之内。县厅有广告课,相当于宣传部。我带着邱桑,直接找到广告课课长,亮明身份,提出想要采访的内容。课长要么会提供详尽的资料,要么会打电话安排相应课室负责人接受采访,从不推脱。在盛冈市,负责港湾的课长野中聪把我们迎进他的办公室。课长都没有自己的专用办公室,只不过在大厅里有一张属于自己的办公桌,与其他职员并没有太多的区别。野中聪课长是防波大堤的专家,而世界上最大的防波堤就是在他管辖的釜石港。那座曾经让他骄傲,曾经为釜石获得吉尼斯世界纪录的防波大堤,在海啸当天就成为一堆废泥块。那张荣耀的吉尼斯证书,则被装进了一个牛皮信封,锁在了铁柜中。他的一句话让人深思:"这个世界没有万无一失之事,我们应该时刻警惕。"

日本的灾区也并不太平。一位研修生就亲眼看到一个日本人为了抢一个便当,杀死了另一位日本人的事情。抢银行、抢提款机的事也有发生。在陆前高田市,邱桑在满地的乱木堆里东看西瞧。我问邱桑在看什么,他指着一个被撬开的保险箱,咬牙切齿地说:"来晚了,让人抢先了一步。"在石卷市,海啸袭击的痕迹远没有消失,就连市役所的墙体上,也能明显看到被海水浸泡过的水印。市里的餐厅全部停业,便利店空空如也,就连成人杂志专架,也是空的。我们要去石卷港,市役所的宣传员五十岚把我领到五楼的阳台上,指着远处的港口,恳切地说:"那里是受灾最严重的地方,天黑了就变得很乱,最好不要去,要去也要小心。如果有车子停在那,会被砸的。"凌晨五时,我们起床,开车2个小时后,将车停在市役所的停车场,那里有日本自卫队队员巡逻,相对安全。然后打了一辆出租车,前往石卷港。港区基本被海啸吞噬,很多地方的海水还未退去,房子、车子全都浸泡在水中,厚厚的海泥铺在路上,泥泞不堪。

回想这些天在日本的采访经历,似乎时刻都与福岛第一核电站有着千丝万缕的联系。到达日本后的第二天早上,电视传出核电站第三机组发生爆炸,撤离范围已从10公里扩大到20公里。微博上各种消息飞速流传,有关核辐射的数据与影响五花八门。但日本的官方声音,仍然坚持一切在控制之中,安全撤离范围仍是20公里。我们在警署开门之时,马上去办了紧急通行证。有了这个证件,就等于万事俱备,只等上路了。

没有想到的是,正当我们在开往仙台的路上时,东京测出了空气中的核物质超过了以往值的20倍,东京被轻微核污染。以往风向是由南向北吹,这次变成了由北向南吹,福岛核电站的辐射,正在被吹向南方。东京似乎也不安全了。接到报社的指示,为了保证我们的安全,暂停北上,前往大阪。

10小时后,我们于晚上10时到达大阪。3月16日一早,我们飞往了长崎,专访核爆幸存者、核爆受灾协会事务局长山田拓民,讲述了当年他亲身经历的核爆现场,以及对核辐射危害的认识。3月17日一早,我们重新向北进发,前往新泻灾民、核难民安置点。下午两时,天降大雪,气温低至零下1度,车辆不时打滑,时有车祸发生,但离新泻越来越近。

晚上7时,去了防核辐射测量中心,那里有不少来自福岛核电站20公里以内的中国同胞在回国前接受了核辐射检查。几位身着白色防护服的工作人员,手持核辐射剂量仪,在离被测人员2厘米远的地方,从头到脚进行探查。"一般都没发现有什么问题。也有人被查出剂量超标,自己身上的衣服全得扔掉,然后去进行一次20分钟的淋浴,将附在身上的核粒子冲洗掉就没问题了。"负责这个检查站的山立原子对我说道。后来,我去了位于千叶的放射线医学综合研究所,这家日本最为权威的放射线医院后,才对核辐射有了更深入的认识。日常生活中我们受到的天然辐射剂量为2到4毫西弗,而一次小于100毫西弗的辐射,临床上观测不到任何变化,视为对人体无影响。日常生活中,我们坐10小时飞机,相当于接受0.03毫西弗辐射。根据日本文部科学省公布的数据,19日辐射剂量最高的是茨城县,为每小时0.169微西弗。所以,我们都还暂时安全。

日本县府里停放的救援车。

日本大地震风暴
THE STORM OF JAPAN EARTHQUAKE

飞近长崎核爆幸存者、核爆受灾协会事务局长山田拓民
直面核辐射的恐怖与可怕
和平年代，为何又会出现这样的状况

THE STORM OF JAPAN EARTHQUAKE

　　1945年8月9日11时02分，长崎上空的那朵巨大蘑菇云让山田拓民瞬间失去了除父亲外的所有亲人，那年他仅14岁。

　　66年后，80岁的山田拓民每当路过核爆爆心纪念碑时，心里的隐痛都如刀割。这66年来，他每天除了追忆亲人，还致力于宣讲核爆的恐怖与危害。这些，在长崎的市民心中，已经越来越淡漠。

　　山田的办公室就在和平公园的旁边。和平公园就挨着核爆资料馆，里面还呈列着当时核爆后的原土，就像电脑的芯片一般，承载着成千上万的记忆碎片。望着太阳余辉下的和平公园，以及公路上急急匆匆的路人，山田感叹了一句："希望原子弹的恐怖场景，永远不要再次上演。"

　　山田拓民是长崎核爆受灾协会事务局长，位于第二层楼的办公室里，四处都是有关原子弹爆炸的书与照片。按理说一位亲身经历者是不愿意天天面对这些能够触景伤情之物的，山田却生活在其中。这位背略有些驼，但精神尚好的老人，要承受多少的痛苦。

　　我们昨日抵达了长崎。这座曾经被原子弹摧毁的城市，现在与其他的日本城市一样的现代化。原子弹爆炸留下的阴影，看似已无从寻找。但山田拓民就像一位活化石，刻着对核爆的愤怒，也透着对福岛核电站发生核泄漏的关切。我们很小心，不想去触及老人的伤心往事，没想到山田却大度地摆摆手，"既然你是第一位采访我的中国记者，我愿意向你讲讲这些往事，我的年纪大了，长崎这座城市的变化也日新月异，但核爆的危害不应该被忘记，它应该像DNA一样，一代一代传下去，核的危害，应该清楚地知晓。"

　　灰白的眉毛下面，那双略略昏浊的眼直视着前方。前方的墙上贴着几幅黑白照片：破烂的街房外，一位母亲绝望地哭着，她的怀里抱着一个孩子。孩子只有三四岁，本是活蹦乱跳的年龄，却垂着手，仰着头，一动不动。照片上的注示写着：1945年8月10日，摄于长崎街头。

　　那是长崎原爆一天之后。山田幸运地活着。

　　1945年8月9日，那是一个晴天。山田拓民像往常一样，辞别了母亲，前往学校上课。"我那年14岁，有点小调皮。像所有青春期孩子一样，坐不住，爱动。"学校离山田拓民的家有3公里的距离，中间隔着一座山。山田与同学打打闹闹，初升的太阳照在脸上，红彤彤的。虽然那时日子过得很紧巴，但山田是快乐的，他知道母亲给他的书包里，放着他喜欢吃的紫菜饭团。"那日上午11时，我们正在上国文课。"山田拓民顿了一下，盯着那双擦得铮亮的皮鞋。手指交叉在一起，又分开。回忆是痛苦的，山田努力控制住自己的情绪。"两分钟后，传来一阵撕天扯地般的巨响，黑板突然映出一片从未见过的强光。"小山田并不知道那是什么，只听到老师大喊："美国飞机扔炸弹了，快躲到桌子下面去。"于是他和班上的20多位同学立刻趴到课桌下面。教室的玻璃窗被气浪击碎，散落一地。女同学们惊叫着，山田还在想："这点就把你们给吓着了？胆小鬼。"一分钟，两分钟，三分钟过去了……趴在桌子下面的山田觉得很奇怪，为什么美军的炸弹没有在地面上爆炸呢？跟学校教的躲避美军炸弹的内容居然如此不一样！因为学校组织的防空课教他们：美军的炸弹都是先要掉到地上才会爆炸，所以遇到空袭的时候尽量趴在地上，以免被炸伤。十分钟之后，当山田和同学们从桌子下爬起来时，看到天空中有一朵巨大的蘑菇云，不断地燃烧着往上蹿。山田惊呆了，望着窗外足足一分钟没能说出话来。长这么大，他从来没见过这样的云彩。

由于遭到轰炸，学校宣布停课。山田急急向家里跑去，他的母亲，姐姐，两个弟弟都在家里。校门外的道路就像煮沸的水一般，鼓胀不平，损毁严重。山田有点不敢相信自己的眼睛，他急了。"从山上跑回去吧。"顺着小道，他朝山上跑去。当站在山顶时，他熟悉的城市已经不在了，坚硬的建筑物像面条般搭着，整个长崎都陷入火光之中。4个小时后，山田才跑到了家门口。"那已不能叫家了。"山田拓民的脸抽搐了一下，继续道，"房子倒了，在燃烧，四处都是呛人的浓烟。"山田看到，母亲抱着弟弟蹲在不远的地方哭泣，整个城市都被悲怆的声音包围着。山田看到了妈妈和两个弟弟，他那悬着的心总算落地。可是，姐姐呢？母亲见到山田，一把就抱在怀里。"你姐姐没了。"山田不敢相信自己的耳朵。在母亲带着哭泣的讲述声中，山田知道了事情的经过。

爆炸之后，山田的母亲带着7岁大的弟弟往外跑，她的怀里抱着另外一个还在吃奶的7个月大婴儿。房子开始坍塌，燃烧。母亲的脖子、手被严重烧伤，7岁大的弟弟全身扎满了玻璃渣子，浑身是血。就在要逃出家门时，姐姐被掉下来的房梁砸断了腿。母亲本想将两个弟弟带到安全的地方再回来救姐姐，但刚出家门口，大火就吞噬了整个房子，姐姐最后被活活烧死在家里。所幸的是，7个月大的弟弟没有受一点伤。后来山田才知道，那朵奇怪的蘑菇云，是原子弹爆炸产生的，而爆炸的中心离他家的距离仅仅900米。爆炸的当天，山田家所在的城山町估计一共有2000人死亡，回家路上看了太多的死伤，相比之下，母亲与弟弟们的伤，根本不算什么。回忆到这里，山田拓民的眼里有点点泪光闪动，他站了起来，去了趟洗手间。回来后，用略略沙哑的声音，解释道："悲伤的时候，我想独自悲伤。我不想在你们面前表现出来。"

恐怖的核辐射

山田拓民拿起一支笔，为我们画了一幅示意图，显示核爆时他的位置。那座横在家与学校的山，救了他一命。他的父亲所在的工厂，离学校大约1300米。原子弹爆炸产生的巨大威力，把他父亲的双手以及下巴以下的部分严重烧伤。长崎是不能再住了，夺命的蘑菇云让这座生机勃勃的城市变成人间地狱。母亲带着他们兄弟3人逃到邻近市的奶奶家中，家的温暖似乎重新回到了他们的心窝。正当山田以为爆炸的破坏力已经过去时，他没想到，真正的杀伤力才刚刚开始。四天之后，7岁大的弟弟死去。第五天，被母亲用母乳喂过的7个月大的弟弟，也没能挺过来。家里一片悲凉，而第七日，只是受了烧伤的母亲，也撒手人寰。眼见着亲人一个一个离去，却丝毫没有一点办法，那种折磨的痛苦，直到现在还在刺痛着山田的心。在山田的办公室里，有着一排书柜，里面全部是那些核爆幸存者们亲口讲述的故事。"当时我们都不知道亲人们为何离去，后来才知道，他们都是死于核爆产生的强烈核辐射。"

那是杀人于无形的核辐射，没有亲身经历过的人，很难想象那种无形之刀的恐怖。无形之间，让你丧失人体机能，让你以为没事，却已经到了生命的最末端。山田拓民用手摸了摸头发，那稀疏的灰发仍然顽强地生长着。80岁的人了，转眼间，离核爆已过去66年。相比那些过早离开的人们，山田是幸运的。"那山挡了大部分的辐射，所以我受到的辐射就轻得多。但我的肺还是受了严重的影响，一直都在咳嗽。背上的肋骨因为辐射的原因，直到现在都在时时作痛。"

辐射的危害，还不止这些。影响直接传到了第二代。山田先生共有三个孩子，但三个孩子都没有生育能力。"你不能想象这样的痛苦。我以为痛苦到我这里就算结束了，没想到痛苦还要延续到我的儿女身上。每当我看到街上的孩子们那灿烂的笑容，我就想起了我的孩子们那失望的表情。他们嘴上不说，但我明白，我读得懂他们的心。"山田抬起了头，余辉落在脸上，眼角的皱纹记录着他的岁月。一时间，空气有点僵，这位老人，觉得对不起自己的儿女，但这又岂是他能改变的？

作为长崎市核爆受灾协会事务局局长，作为一名核爆的受害者，山田体会得到这个人群的痛苦。据统计，现在整个长崎县还有5万多名核爆受害者。在这些人当中，几乎都受了核辐射的影响。他们当中很多现在都患了各种癌症以及其他一些不治之症，生命在痛苦中走向终结。

要充分认识核的恐怖

一幅画挂在山田的办公室里。那是一幅核爆时的画像，熊熊的烈火在烧着，人们就像无助的小鸟,左右翻腾,但无处可逃。每当山田看着那幅画像,他就知道自己的责任重大。核爆协会成立的目的,就是为了反对发展一切与核有关的东西。长崎核爆之后,很多人都逃离了这座城市,而现在迁入的人们,对曾经发生过的事情,并没有多少感触。面对渐渐淡漠的记忆,山田忧心忡忡。在得知福岛第一核电站发生核泄之后,山田的心一天紧似一天,他时刻关注着事态的进展,因为他不愿看到60多年前的事情,再次降临到国人的身上。到目前为止,山田已给1万多名中学生做过关于"长崎核爆"的报告,用亲身经历讲述核爆的危害。但是,在利益面前,山田感到了自己的渺小,他们的声音是那么的弱小。"现在,日本政府为了解决能源不足的问题,在国内大力发展核能。政府的这些做法让我们感到很心痛。他们没有切身经历过那段历史,所以他们在制定政策的时候更多的是考虑眼前、考虑自己的利益。日本政府在核能开发问题上一直都在欺骗国民。虽然他们一再对国民保证,日本的技术很安全,开发核能完全没有问题,但是事实证明他们总是过高地估计了自己。而且现在没有问题,并不代表以后都不会有问题。一旦出现问题,是否有能力去解决呢?这又是一个问题。"山田有些激动,在桌子的一边,放着一份报纸,上面有一张图片,是福岛的医生在为孩子们检测是否被核辐射。"看到这里,我就想到了我的过去。但以前是因为战争,在和平年代,为何又会出现这样的状况?"山田的语速加快,脸因为激动而有些涨红,"在修建核电站的时候,日本政府也是别有用心的。你看,日本政府从来不会把核电站修在东京附近吧?日本的核电站都是修在经济不发达的偏僻地区。政府告诉他们,只要你们同意,就给你们修路,给你们钱。然后这些地区的地方政府以及国民也就同意了。比如长崎县没有核电站,而长崎附近的县都修有核电站。因为它们的经济不如长崎发达。"山田吸了一口气,"这次的辐射事件,就是一个事实。一旦出现核漏,你就无法预知事态如何发展,风向将改变很多事情,如果处理不好,整个亚太地区都会受到波及。在开发核能这件事上,不能只顾眼前利益,不能存在侥幸心,要看得长远才行。"

  66年过去了,山田拓民的家里一直保存着一张珍贵的照片,那是他父母结婚时的照片。虽然这张照片已经发了霉,但夜深人静时,山田还是会将它拿出来,而且每次都会潸然泪下。"每当我看到他们,我就知道,我的任务还没有完成。这样我就又有动力战斗下去。"山田揉了揉背,他已同我们讲了两个小时。"我是这个组织的中心,我现在还不能垮。因为我是身后数万名原子弹爆炸受害者的代表。我不想让别人看见我内心脆弱的一面,我必须坚强,只有这样我们才能把'反对发展核计划'的活动进行到底。"山田先生还送给我们一本书,是他以自己经历为背景写成的小说——《那天,我们离去》。他说,希望以后有中国的翻译家能够将这部小说翻译出来,让更多的人了解核爆的危害。

  在送我们出来时,山田又看了一眼核爆资料馆,他以前的家,离那不远,现在已被新的房子所取代。夜色下的长崎灯红酒绿,那根代表着核爆中心的纪念柱孤独地立着,一位老人静静地坐在一边,陷入了沉思……

日本大地震风暴
THE STORM OF JAPAN EARTHQUAKE

王华总领事几天都没有睡觉了。

飞近中国驻新潟总领馆总领事王华
"再困难，我们也要把人撤出来"

飞近中国驻新泻总领馆总领事王华
"再困难，我们也要把人撤出来"
The Storm of Japan Earthquake

"你放心，我们会尽力安排飞机，你再耐心等等，马上就可以回国了。"一位中年男子拉着一位有几分憔悴的同胞的手，安慰道，"体育馆里吃的够不够？我们会为你们提供免费的食物。"中年男子笑容可掬，亲切可人。他就是中国驻新潟总领馆总领事王华。在这次的日本大地震中，新潟总领馆承担了撤侨的重任，而王华总领事无疑成为这场浩大撤侨工程的总工程师。昨日，在体育馆外零下一度的严寒中，王华总领事接受了我的专访。

站在东区体育馆外，寒风凛冽。从体育馆门口到公路的大巴车前，一条"长龙"在整齐地排着队。排队的人们脸上挂着的是幸福，因为他们很快就可以离开日本回国了。"我看到现在有6辆大巴车停在体育馆门口，是不是所有的人今晚都可以去机场？"王华总领事就站在我的面前，我当然要把握住机会。"我们一共安排了6架包机前来接走同胞，但由于新潟机场太小，无法同时起降如此多的飞机，所以只能一步一步来。现在接的是今日第一批次的同胞大约281名前往上海，他们最早应该在晚上9时登机起飞，凌晨就能抵达上海了。剩下的同胞我们也都安排好了，撤离是有序进行的。"

尽管是有序，但由于聚集的人太多，要想把上千人平安、安稳地撤走，这对王华来说是一个不小的挑战。很多时候，我都能听到他掏出手机，用嘶哑的嗓子，向电话那头商量着，"你看，能不能再提供一架飞机，我们这里的中国公民还有一些没走完，需要一架……"王华说他已经三天三夜没有合眼了，"要处理的事太多，包括联系飞机，联系机场，组织人员撤离。"不少场合里，可以看到王华苦口婆心地劝着一些激动的研修生，"我的年纪都可以当你的父亲了，你小姑娘听我一句好不好……"

插曲不是没有，但主旋律却从没改变，让最后一名来自重灾区的中国公民平安离开，是王华的目标。

"这次撤离，预计将撤出多少同胞？"

"但凡是新潟周围受灾严重的同胞，都在撤离的范围之内。我估计应该有3000到4000人吧，在未来三到四天里，将尽可能撤离所有的人员。"王华知道自己身上的担子不轻。"这次的撤离，遇到什么困难没有？"我接着问。

"困难太多了。新潟附近都是重灾县，比如宫城县、福岛县。由于手机信号不通畅，我们无法联系到所有愿意撤离的同胞，只能通过开车进入的方式寻找。没有油，我们就想办法拿容器装油，开着车进灾区，像接力一样，25辆大巴一辆一辆地把人接出来。最困难的还是在离核电站20公里左右的范围边上，日本司机都不愿意开车前往，我们只能自己开车。当然，我们也不会拿生命开玩笑。但再困难，我们也要把人撤出来。"

王华总领事很忙，因为在另外一个安置点里，还有上千位中国公民等着飞机回国，他笑着对我说：："你也要注意安全，我得去另一个地点看看。"

说完，王华匆匆上了车。天色已暗，只能看见两盏汽车尾灯的光，在公路上渐行渐远。而在王华总领事设下的安置点里，却还有着很多"惊心动魄"的故事。

日本大地震风暴
THE STORM OF JAPAN EARTHQUAKE

飞进新潟华人安置点
直击新潟撤侨

从东京开车前往新潟，经历了一年的四季。东京天气晴好，温度宜人，但一进入山区，气温便开始下降；走到一半时，天空开始飘起了雪花；再向前走，雪花变成鹅毛，漫天飞舞。四周一片雪白，茫茫无尽，高速路上扫雪车堆起的雪，足有一人之高。气温降到了零下一度，这样的低温，一直伴随我们进入新潟。如此低的温度，中国的受灾民众如何御寒？新潟市共有三个安置点，加起来总共能够安置3000人到4000人，而东区的体育馆则是最大的一个，这里最多时容纳了1400多名受灾同胞。走进体育馆，是一道厚厚的玻璃门。进入门内，温暖如春。体育馆有两块场地，很多来自灾区的同胞或在躺着睡觉，或是坐着看书。一旁领事馆的工作人员正在排号登记回国的顺序，"只要中国的包机来了，大家就可以回家了。"

要说经历的传奇，谁也比不上五名来自福岛南相马市的姑娘，请记住她们的名字：谢天静、陆玉婷、吴柏霞、伍仕春和庄芳芳。她们都是普通的赴日打工妹，但她们在地震、海啸与核辐射三大危险中，居然全部安然脱身，不可谓不是传奇人物。南相马市就在福岛核电站20公里范围内，而五位中国姑娘打工的服装厂，距离海岸线也就三四公里，离福岛第一核电站只有不到10公里。

一切，都发生得那么突然。

2011年3月11日下午2时46分，正在服装厂上班的五位姑娘，突然感觉天旋地转，厂房就像在跳舞般，剧烈摇动。"地震了！"在一同上班的日本女工，都冲出了厂房。这时五位姑娘才回过神来，老板娘连忙带着她们跑到厂房前面的一辆中巴车上躲避。年轻的谢天静，从来没有见过这样的阵势，吓得哭了起来。日本老板娘此时已冲进二层高的办公楼去拿东西，姑娘们只能等在车里，等着地震过去，她们抱在一起，相互安慰着。突然，车门打开，老板娘扔进一个手提包，大叫着"不好"。五人并不知道发生了什么事，老板娘很快点火，发动汽车，一踩油门，向前猛冲同时向后一指。28岁的庄芳芳回头一望，吓得魂飞魄散。通过车后窗，她看到的是黑压压的一排巨浪向厂房扑去，水中还卷着硕大的物体，物体在翻滚着，撞上一幢房子，瞬间将房子推翻，带着房子撞向她们工作的厂房。"厂房一下子就没有了。"庄芳芳现在想来还有点心惊，"我们都惊叫起来，要老板娘快开。"中巴车快速向地势高的地方驶去，后面就是海啸卷起的巨浪。汽车向右一拐，却遇上了红灯。"老板娘居然把车停下来，等着红灯变绿灯。"谢天静都吓呆了，"幸好红灯很快变成绿灯，中巴这才驶过马路，那巨浪的后劲也到了头，停在了马路中间，随后退去，木料等垃圾撒了一地。"中巴一路狂奔，开到了地势较高的第一小学。庄芳芳等人才发现，自己的身上除了存折外，什么都没有带，包括护照。在避护所躲了半天后，她们壮起胆子，回到工厂所在的位置。眼前的一幕让人震惊，厂房早已不知去向，地上堆起了几米高的杂乱之物。以为她们已经离开人世，前来寻找尸体的旁边工厂的朋友，见到五位姐妹后，抱着号啕大哭。海啸造成的损害是惊人的，死人成堆，看之难受。庄芳芳壮着胆子，上了厂房一边的办公室。办公室居然没有被推走，里面也是堆满了乱泥杂木。她翻呀，找啊，找了近5个小时，终于在墙脚的木板下，找到了已被海水浸泡了两天的护照。庄芳芳掏出了护照，递给记者看。护照已经被很细心地擦了干净，但海水浸泡的痕迹，十分显眼。

日本大地震风暴
THE STORM OF JAPAN EARTHQUAKE

飞近日本"核难民"
撤还是不撤，那是心中永远的伤痛

那里曾经是一片美丽的家园。街道虽然不大，但干净整洁。人口虽然不多，但民风淳朴，互相尊重。在城市外面，是大片的农田，大棚里面，养的是惹人喜爱的鲜花。

渡边淳一喝了一口绿茶。平时这个时候，他一定坐在家门口的阳台上，望着远处的小树林。身边的小桌上，摆着一杯绿茶，那是老伴给他准备的，还有他最喜欢吃的点心。绿茶入口，再吃口点心，茶香与甜味混合在一起，味道好极了。

可是现在渡边坐在离家福岛县双叶町300公里远的新潟市丰荣统合体育馆的过道坐椅上，没有熟悉的小桌，没有可口的点心。体育馆的门口贴着一张白纸，上面写着：避难所。

从日本核电站20公里以内撤出的"核难民"，他们的家虽然完好，却因为核辐射的原因，有家难回，而且很可能要另寻住所。对于一些上了年纪的老人来说，那意味着背井离乡。"我没有想到，72岁后，我还得为找一个家而发愁。"渡边摇了摇头，旁边的妻子井田美奈子差点落泪。

不敢说是福岛20公里内的

负责新潟市北区的丰荣统合体育馆的北区役所组长村上正忙着指挥工作人员发放矿泉水。体育馆以前是新潟市的多功能综合馆，可以举行篮球、排球比赛。现在则改成了避难所，要安置500位从地震灾区过来的灾民。进体育馆内，要先脱鞋，换上拖鞋后，便可以进入室内。室内很大，也很空旷，因为这个避难所前日才刚刚设立，现在的灾民人数只有108名。"三天之内，这里将会住得满满的，我们最大的承载人数是500人。"室内有些冷，灾民铺着厚厚的垫子，一位父亲抱着女儿，正在打着电话。"大部分的灾民都出去了。有的去泡澡，有的去超市买东西。"村上告诉记者。在新潟市有一个温泉澡堂，住在这里的灾民可以领一张免费的洗澡票，而一日三餐和水都是保证的。"那从20公里内撤出来的人，他们都经过了核辐射检测了吗？"记者问道。"这个，"村上欲言又止，想了想，"我们不会强制他们去检查的，如果他们进来说自己检查过了，我们就登记一下，如果他们没有说，我们也不好问。"村上压低了声音，"我们也不想引起大家的担心，再说，20公里这个半径范围，谁去量过？又有谁知道自己具体是多少公里？"

上千万日元打了水漂

按照村上的说法，共有23人称做过核辐射检查。坐在体育馆过道边上的渡边淳一就是其中之一。"这是我们离开家的第二站了。"戴着帽子，渡边淳一那花白的头发还是忍不住地钻了出来，显得有几分苍老。渡边住在双叶町市，人口仅有6000多，是一个农业市，务农就是他们的唯一快乐与生活来源。"我有很大的一个花棚，我是花农。"渡边比画着，"种着可好看的花了，而且卖得挺好，不少花店早早就向我下了订单。"本来今年将是一个好收成年，可是地震的到来，改变了他们的生活。"地震其实没有什么可怕的，我们家的房子还好好的，大棚也只是塌了一部分。我第二天就把塌的部分给修好了。"原本以为很快会恢复正常，结果迎来了附近核电站的坏消息。"一号机组爆炸后，政府先是说10公里内要进行撤离。我们算是10公里外一点，所以没有动。没想到14日三号机组也爆炸了。"渡边手有点抖，老伴井田拍了拍他的背。"撤退范围扩大到了20公里。我们以为只是出去躲几天就没事了。"渡边与老伴只收拾了几件衣服，带了毛毯，15日开车就去南相马市躲。"在南相马市，我们住的是酒店。原来要收3000日元的酒店，我们只需要花2000日元。"可没有想到，事态的发展越发不可收拾。"在南相马市住了几天后，本来想要回去的，可发现路已经封了，我们回不去了。"

后来，南相马市也不安全，渡边开着车，本想去东京投靠亲友。但一路上汽油供应紧张，他只能开到新潟，住进这个避难所。直到现在，渡边牵挂的还是他的花棚，那里花的价值高达上千万日元，那是渡边的心血，可现在他只能眼睁睁看着心血化为泡影。"损失太惨重了。"渡边叹了口气，"以后的生活怎么办，我真还不知道。"

是走还是留 真是个问题

"我们还是要回去的。"渡边的太太井田说道。"住了一辈子的地方，有感情了。我们的家在那里，你说我们又能到哪里去？"井田也知道，现在的家乡，已变成"毒乡"了。"福岛生产的水果不能吃了，福岛生产的大米不能吃了，福岛的水不能喝了，福岛土地也不能种东西了。"井田与渡边相视望了望，那种无奈与痛苦，写在脸上。"我们务了一辈子的农，没有土地，我不知道能干点什么。"提到核辐射，渡边也有些担心，"那东西看不见，也摸不着，可它确实能让人生病。我与老伴年纪都大了，只想留在自己的家里。所以等着核电站的问题解决后，我们就回家。"两位老人手握着握，相互支持与鼓励着。"但核电站是个坏东西。"渡边突然变了脸，"早在十多年前，我们就不同意在那里建设核电站。我们知道总有一天会出问题。但最终这个核电站还是建立起来了，我总是担心有一天会影响到我们的生活，没想到这一天来得这么快。"

日本大地震风暴
THE STORM OF JAPAN EARTHQUAKE

**飞进海啸重灾区陆前高田市
唯一想寻找的，就是照片**

地震前的陆前高田，是一个海港城市，平静，安详。落日的余晖洒在海面上，染成了一片火红。海鸥划过天际，鸣声温柔可人。

但海啸改变了一切。中田代子带着7岁大的女儿川流洋子与5岁的幸子站在一片乱木堆前，默不作声。两位可爱的女儿显然被这个杂乱的场面所惊吓，拉着母亲的手，头往母亲的身体里埋去。"这是我们的家。"中田代子凝视着这堆木头，神情有些肃然。

海啸所到，像垃圾场

THE STORM OF JAPAN EARTHQUAKE

这是地震之后，中田第一次带着两个女儿返回这里，眼前的场景，已超出了她的心理承受预期。"地震之后，我们就撤到了地势较高的学校，躲过了一劫。"海啸以无法形容的巨大威力，冲破了防堤，让整个陆前高田市70%的土地都成为泽国。巨大的冲击力，将木质结构的房屋连根拔起，瞬间肢解，散架。汽车就像玩具般，随着海水东碰西撞。中田代子的漂亮房子，就在那时成为废墟。

木堆下面，隐约可辨梳妆台以及破碎的玻璃。大量的海泥，散发出很浓的腥味。中田试着走上前去翻翻东西，但横七竖八乱倒着的木条，阻碍着她的前行，在试了两次后，她放弃了。"其实人活着，就是最大的恩惠了。我的这个家已经完了，什么都没有了。我这次就是带女儿来再看一眼，唯一想寻找的就是照片，那些珍贵的记忆不能失去。可不知冲到哪里去了。孩子们很害怕，我得赶紧带她们离开，我不想让她们的心灵受到伤害。"中田的眼神中带着失望和无奈，她的衣服有些脏，头发有点乱。天

一片狼藉，海啸的力量太可怕。

很冷，飘着零星的雪花，风吹得人脸生疼。中田拉着孩子们，走在一条清理出来的小道上，两旁的房子残骸伫立着，虎视眈眈。

中田只是千万户受灾居民中的一家。这条长达五公里的海岸线，能见到的，只是废墟。这是一场彻底的损毁，无论我如何开动脑筋，也还原不出海啸之前这里的样子。

若井浩二是个很酷的汉子，他是当地有名的船长，他的渔船每次出海总能捕到鲜美的肥鱼。昨日，若井浩二终于把在山上的家中的淤泥清理干净，抽出时间来看看他在海边的房子。"什么也没有了。"若井在乱木堆上四处看着，"我在找我的船，，一艘漂亮的渔船，可怎么也没看见。"远处，一条白色的渔船被冲到了房子边上，另一条则底朝天，覆在乱木之上。"那都不是我的，我的要比这两条大，唉，也不知被推到哪里去了。"若井说他的生活就靠着那船，"现在全完了。陆前高田是日本最有名的海产品市场，只要说来自陆前高田，价钱都能卖得高些。但我不知道这里什么时候能够恢复正常，现在还是一片狼藉。"

的确是一片狼藉。偌大的海滨之城，寂静无声。乌云密布，风吹起朵朵浪花，拍着破损的堤坝。一幢二层高的水泥小楼孤独挺立着。二楼上的空调挂在半空，屋顶已不知飞到哪儿去了。几位灾民在各自的"家"前翻捡着，看能否找到还能用的物品。一位老人翻到了一个灵牌，但不是他家的东西。他将灵牌擦拭干净，放在还剩半截的墙体上，以方便寻找的人看到。

原本这都是一些幸福的家庭。散落的相片能够说明一切。那一张张笑脸，如阳光般灿烂，但照片上的人，是否还安好？在一座座"家"的上面，有小孩子喜欢的毛绒玩具，有学习英文的录音带，有一个白色的排球，还有一瓶没有开启的啤酒。十来名东北警备署的警察刚刚结束了搜救工作，井上队长称，"我们还在找可能的幸存者，或是遗体。"

"就是不在了，我也想看看她的样子"

雪越下越大。但在陆前高田一中的礼堂里，煤油炉前正围着数位老人在烤火。那是陆前高田的一个避难所，里面住着600多位受灾者，大厅里十分安静。几天前，19位在这里避难的中国研修生在回国前合唱了一首中国歌曲，唱者动情，听者流泪。

江玮是哭得最厉害的一位。她没有回国，因为她的家就在陆前高田。江玮的老公是日本人，她在此次海啸中受到了重创：一家8口人，只剩下了4人。现在，她最大的愿望，就是等着她那可爱的2岁零8个月大的女儿的消息。"就是不在了，我也想看看她的样子。"江玮开始哽咽，这位江苏女人在承受着巨大的痛苦，"四位亲人都不在了，能叫人不伤心吗？"

地震那天，江玮与丈夫前田都在大船渡市上班。地震后，江玮急着开车回家，却发现油有些不足，于是调头想去加油。地震后10分钟，海啸来了。江玮看着前方的海水铺天盖地而来，急忙调转车头。而一群中国研修生正不知所措地朝厂区走去，江玮边开车边大喊："快往高处跑，海啸来了。"

江玮开车去了位于高处的一所学校。海啸把她回家的路给淹没了，没办法，江玮只能在学校待了一夜，直到第二天水退了一些，她又急忙开车回家。孩子！江玮的脑子里只有这两个字。江玮的孩子叫前田亚希，还不到三岁，是一位可爱漂亮的女孩子，也是一家人的掌上明珠。幼儿园就在海边上，早被冲得不知去向。"老师说地震之后，我丈夫的祖母就把孩子接走了。"江玮说，74岁的老祖母和江玮的二叔（她丈夫的弟弟）那时都到了幼儿园接亚希。

江玮以为女儿安全了。但她挨个去找陆前高田的避难所，都没

飞进海啸重灾区陆前高田市
唯一想寻找的，就是照片
The Storm of Japan Earthquake

漂亮的房子，变成了一堆垃圾。

有看到亚希的身影。在此之前，老公前田已经找了一遍。前田是抓住一根钢筋才没被海水冲走，他走了30公里才走回陆前高田，但他没有找到孩子。后来，江玮与老公、婆婆在避难所相见，抱头痛哭。公公、老祖父、老祖母、二叔、亚希都没有消息。三天后，江玮的公公回来了。江玮的公公是日本东北银行气仙沼分行的行长，海啸发生后，为了防止有人趁乱抢金库，他与几位同事守着金库，三天后才回到陆前高田。亲人一个个出现，让江玮觉得这是一个好信号。然而，很快坏消息传来。先是警方找到了江玮二叔的遗体，老祖父的遗体随后也被找到。"他们很惨，很惨。"江玮叹了一声，"现在我每天晚上都做噩梦梦到海啸。"

这时突然地震了。整个礼堂都在晃动，剧烈的摇晃让人难以站稳。江玮显然还有些害怕，她抓住我的胳膊，眼睛盯着天花板，不停地说："又来了，又来了。"江玮的老公前田跑了过来，安慰着她。"我的女儿在哪啊？"江玮念叨着。按幼儿园老师的说法，二叔应该与祖母、亚希在一起。现在二叔的遗体找到了，难道说祖母与亚希都……

江玮情愿相信这不是事实。她掏出钱包，从里面拿出一张女儿的相片。"这居然变成了唯一的一张。"亚希笑得很甜，这是她二月份回中国时拍的，"她现在开始学中文了，她很聪明，也喜欢中国。"江玮知道，亚希活下来的可能性只有不到1%。"但就算只有1%的可能，我也要等。"

这对任何人来说，都是沉重的打击。江玮在等着"宣判"那天的到来。"我想好了，如果亚希真的去了，我要把她埋在日本，我要陪着她，看着她。"江玮本来可以通过中国总领馆的撤离而离开日本回到中国的，但她放不下这里的家，"我的婆婆、公公也受到了沉重的打击。他们辛苦了一辈子，花了10年的积蓄，修了漂亮的房子，现在都不存在了，而且自己的亲人也不在了。在这个时候，我不能离开他们。"

江玮还在等着女儿的消息，而其他的日本灾民，则在等着板房的消息。操场上，岩手县的第一批板房就要完工。六排共24间板房整整齐齐排好，工人们在做最后的调试工作。"板房将首先分给老人和有小孩子的家庭，我们就不去争了。我还是守在这里，等着我女儿的消息吧。"

天色渐晚，雪越发大了。江玮回到了婆婆身边，老人将一床毯子围在她的身上，毯子里，是抖动的身子。

日本大地震风暴
THE STORM OF JAPAN EARTHQUAKE

飞近世界第一防波大堤
再大的防波大堤都不是万无一失

巨浪面前 我们不再自信

一辆皮卡停在工棚前。一位白发老太太颤巍巍地从车斗里拿起一幅裱了的字。字上有些泥，老太太仔细地擦了擦，但被水浸泡后留下的痕迹，却怎么也擦不掉。马路对面，是一个落差20米的平坝，原本是井然有序的一幢幢房子，在海啸的冲击下，散落成了乱木。老太太与老伴，就是从自家的一堆乱木中，捡拾着还能够用的物品，然后用小皮卡送到上面的工棚里。工棚不大，10多平方米，已经堆了好些东西。相册是最多的，一共有十二本，记录着这个家族的快乐时光。相册摊开放着，每本都是湿的。"最重要的就是相册还在，我们以前的美好回忆，全指望着这些相册了。"老太太名叫川岛洋子，她们一家就住在马路下边的荒川村。荒川村靠着海港，风平浪静，一片祥和，而不和谐的，是那杂乱的房屋残骸。

松木娟子帮着母亲拿着那幅裱了的字画。字画上是这样写的："孤学不鸣。赠松木娟子——釜石市长野田武义送"。原来，十年前，野田武义在竞选釜石市长时，松木娟子出了很大的力，帮着他拉选票。当选后，为表示感谢，特意题了这样的字。"还好，海啸没有把这个冲走。"松木娟子轻轻把字画放在一边，又从怀里掏出一个相框，那是一张黑白头像，"我的父亲。他今年刚去世。"老人没有看见海啸摧毁的一切，松木娟子也同样没有亲眼看见。海啸来时，她正在釜石的市府工作。"我从不相信海啸会把我的家彻底摧毁。因为我的家在釜石，釜石有着世界上最大的防波大堤，按理说是不会受灾的。"

顺着松木娟子的目光所及，离海岸6公里处，隐约可见一段白色的大坝，以及一些残垣。海啸没有理会所谓的世界第一，在海的眼里，人类最伟大的工程，也只不过是个玩具而已。对于这点，岩手县县土整备部港湾课综括课长野中聪也是在此次大海啸之后才有了新的认识："世界上没有万无一失的东西，我们应该随时警惕。"

岩手县釜石港的世界第一防波堤，被此次的大海啸彻底摧毁，在与自然的较量中，人类再次败得毫无还手之力。

在投入1220亿日元，花费30年时间之后，2009年，壮观的防波

大卡车骑在墙上。

大堤终于建成，釜石市全市欢庆。就像当年的泰坦尼克被称为永不沉没的巨轮一样，釜石的防波大堤也被称为可以挡住几乎所有的海啸袭击。防波大堤分为南北两段，在距釜石港6公里处，呈八字形。北堤全长990米，南堤长670米，中间留出300米的空隙，以方便过船。大堤之所以称为世界第一，是因为它的巨大：大堤全高63米，满潮时露出水面高度为4.5米，水下为58.5米，比站在釜石港口小山上的釜石大观音还要雄壮。

"防波大堤设计的防波高度是7.9米，波过防波大堤后将降成3.9米，也就是说可以挡住4米的海浪。"作为防波专家，野中聪的自信源自2009年3月的落成典礼。日本港湾空港技术研究所特地发表题为《使居民免遭海啸袭击的釜石港防波堤》的特辑，称赞这是"港湾工程史上前所未有的防波堤"、"首次真正进行了抗震设计的防波堤"。"当时所有的人都相信，有了这样的巨无霸，海啸将不再骚扰釜石，这座城市将从此过上平静的生活。"根据釜石市志介绍，这座海港城市屡受海啸的破坏：从明治29年起到昭和35年之间，数次大的海啸夺走了无数的生命。最严重的是明治29年的海啸，共有3700人一夜间殒命。因此，当日本政府与岩手县厅决定联手修建"一劳永逸"的防波大堤时，全市都热血沸腾。

在野中聪的办公室，2009年吉尼斯世界纪录总部颁发的世界"最大最深防波堤"证书被装在一个纸袋里。野中聪将证书拿出来，放在桌上，脸上的表情有些复杂。釜石港的防波大堤的确是世界上最大的，但这又能怎样？泰坦尼克最终也没能逃过沉没的命运，而釜石的防波大堤，在这次的海啸中，几乎全军覆没。"在巨浪面前，我们不再自信。"

釜石港的大观音面对着大堤。大观音全高48.5米，全身通白，立在港口最高处。观音目睹了海啸如何将比自己还要高的巨型防波堤如扭麻花般撕成数段，最后"吞食"在肚中的；北段已全部损毁，仅剩几小段还证明着曾经的存在，而南段则被海水冲推移位，已起不到防波作用。"这次的大海啸浪高10米，超出了我们的设想，所以这座防波大堤，也变成了一个道具，没有起到防波作用。"海水冲破大堤，携着破山移石之力，冲进了港口，冲进了城市。自大堤修好之后就不再相信海啸还能威胁自己的釜石人，被海啸的巨嘴吞噬。在釜石港口，来自新株会社的田德饭树望着一堆堆如废铁的汽车出神。无论是什么牌子的汽车，什么性能的汽车，如今都同玩具般，躺在地上，面目全非。这些车辆，都是田德饭树的公司从港口两边的水道中打捞出来的，这一周来，他的任务就是打捞汽车，只有把汽车打捞完了，轮船才能驶进航道，救援物资才能够按时抵达岸边。

海面上还漂着一艘翻倒的小船，随着波浪的起伏而摆动着。港口的道路被地震震裂，而一辆汽车直接骑在了墙上。"还需要一周作业吧，才能把这里清理干净。"田德饭树的同伴们都在一辆中巴车里睡觉，打捞这活，可费体力。"没想到这个大堤也没能防住海啸，真是没想到。"田德饭树喃喃地说着。

作为专家，野中聪也不相信，但又不得不相信。"现在我们刚开始分析到底问题出在哪里。是底座基石部分出现问题，还是上面的大堤出了问题，这需要时间。"釜石的防波大堤是由6500吨级的海上打石机一块一块拼打出来的，再通过运作、安装手段放到了现在的位置上。之所以放成八字形，也是考虑到海浪流速等诸多因素影响。因此可以说是想到了一切的可能性。但现在一切都变得不太确定，包括以后是否还需要重建防波大堤。"经过此次海啸之后，我想我们的思路可能会改变一下。不能完全依赖于防波大堤，也不能无限制地加高防波大堤。政府应该全盘考虑，包括城市应该如何建设等等。防波大堤曾是我们的骄傲，但教训是惨痛的。这个世界没有万无一失之事，我们应该时刻警惕，所有的人在听到海啸警报后，都应该作好逃走的准备，而不是一味相信所谓的世界第一。"

日本是一个岛国，所有的C字形海港，都会修防波堤，但大多数都是建在海岸边上，以起到一个小小避风港的作用。野中聪课长对日本的防波大堤了如指掌，"全日本能称得上防巨浪的大堤，只有三个，分别在釜石港、大船渡港和高知县的须崎港。还有一个久慈港防波大堤，只修了三分之一，因为缺钱而暂时停工，现在还不知道会不会继续修下去。"在此次大海啸中，大船渡的防波大堤全部被毁，三座完工的大堤，只剩下须崎港的还存在着，因为它位于日本南端，并没受到本次海啸的袭击。"大船渡的防波大堤已建成50年了，本来计划明年进行一次加固与整修，日本政府已把加固整修的资金下拨下来了，如今整个大堤都不在了，是否还会重建，现在并没有一个说法。总之，依靠防波大堤来抵抗超级海啸的想法，现在看来是不可行的，我们还会与其他专家一道进行分析与讨论，看能否想出更为安全与有效的方式，在大海啸面前，尽可能保全人们的生命。"

THE STORM OF JAPAN EARTHQUAKE

HUMMER

四川企业收购悍马风暴

THE STORM OF HUMMER ACQUISITION

悍马收购失败，谁的责任？

四川企业腾中收购悍马，最终没能成功。但腾中却因为收购悍马一事，从默默无闻到引发全球关注。一个来自四川的企业，如何一步一步与悍马这个在世界上享有声誉的品牌搭上关系，又是如何一步一步的运作，参与到收购之中，并从众多企业中脱颖而出，最终成为参与收购的唯一一家？2009年初冬，正在密苏里新闻学院学习的我，接到报社的指令，飞赴通用公司总部，对当时的悍马首席执行官吉姆·泰勒进行了长达两小时的专访，从中知道了腾中收购悍马不为人知的每一个细节。泰勒先生那时对收购一事抱有很大的希望，甚至还专程到成都与腾中的当家人李炎进行了密谈，商定悍马落户四川后管理团队的待遇问题，似乎已是板上钉钉。但仅仅几个月后，并购没有得到中国商务部的通过，悍马被迫关闭。

悍马到底有没有存在的必要？如果悍马足够的好，为何通用还要卖掉这个品牌？

说实话，我是很喜欢悍马的，特别是那彪悍的外形，"阳刚"是不足以形容的，应该是宇宙刚。第一次亲眼见到悍马，还是在2003的休斯敦，火箭的后卫穆奇，身高只有1米80的小个子，就开着一辆H2。相比之下，当时还开着丰田车的姚明，就显得太掉价了。当然，姚大哥很快就换了一辆宝马745LI，让他在队友心目中的地位也得到了提升。我曾经问过姚明，为什么不买一辆悍马，开着多威风？姚明说，悍马看起来个子大，但里面的空间小，他坐着不舒服。到底坐着舒不舒服？当时我没有机会去坐，但有机会时，却一坐就是9个小时，我算是把悍马"彻底看透了"。

一大早，悍马公司的媒体总监尼克先生就开着一辆红色的H3来接我，此行的目的，是去位于印第安那的悍马训练基地，那是一个很牛的地方，基地不但是民用，也是军用。美国的FBI，CIA，特种部队，都要在那里接受驾驶培训。从底特律出发，要开3个半小时才能开到那里。H3的块头比起H2来说，又小了一些，尼克称，它与JEEP的个头是一样大的。里面很宽敞，皮椅，GPS，电动后视镜，倒车雷达。这种型号的H3，在美国的市场上要卖将近5万美元。在高速路上跑起来，悍马是很威风的，由于底盘高，看得远，很有一种君临天下的感觉。不过，要说舒适度，在高速上确实比起姚明的宝马车来说，是差了一些。我坐过姚明的宝马，他在休斯敦的610高速上跑起来，车内基本上没什么噪音。尼克称，悍马的最高速度，也就是90迈左右，再快，轮胎就受不了了。不过，美国的高速，基本上限制在70迈，所以也无所谓了。悍马之所以是悍马，并不是悍在高速路上。很快我就体会到它的强悍了。

抵达基地时，几十辆军用悍马，也就是哈姆维停在一边，非常壮观。这个基地非常大，由专业生产军用车辆的AM General公司租下，专业开发悍马的培训项目。你可以看到非常陡的坡地，超级不平的路面，一根根横在地上的树木，水池，总之在野外你能遇到的最艰苦的条件，这里都有设计。也只有在这里，悍马才找到了自己的天空。

根据设计，H1可以爬60度的陡坡，H2可以爬50度，H3可以爬48度。H1可以入水30英寸，H3是24英寸。我们先在超不平路面上感受。一般的车是不可能通过这种路面的，底盘肯定玩儿完，但在山区这样的土路应该不少见，一个深坑接一个深坑。坐在里面，悍马开始表演。应该说悍马是很聪明的车，过这种路面，你不需要太多的驾驶技巧。在控制仪上有四个按键，按下一个键后，悍马开始过路。"你不需要踩刹车，也不需要给多少油，速度不要快，它自己就能够过去。"指导师chris说道。果然，悍马就像会动的章鱼，它的轮子甚至有两个悬在空中，然后转动，降下，再前进，感觉就像在跨栏。你能体会到荡秋千的感觉，或是在翻山越岭，但车子却很顺利地前行，通过了这条根本不可能通过的路。

接着，我们去了一个森林。里面的路况更差，深坑，泥路，斜坡，横倒在地的树，很陡的石板路。"在这种路况下，一般来说，你需要四个轮胎保持同速运转。开悍马过这种路况，90%靠的是车，10%靠的是驾驶。但问题一般都会出在后面的10%。"在按下另外两个键后，悍马又一项一项地完成不可能完成的任务。"我想说的是，如果你是一辆车单独行动，那你最好要小心点，因为如果陷了车，你只能等着别人来救你。"在经过一个很深的烂泥水坑时，尼克在转弯时没能冲上半米高的岸，车后轮陷在了水坑里。"你还得学会如何在这种情况下救援。"chris电话联系了另一辆在森林里训练的悍马。不一会儿,一辆H1出现了。一个18岁的小伙子在他爷爷的陪同下,开着H1过来。两辆悍马用粗绳相连,只见那小子猛踩油门,H1急速后退,不到3秒的时间,陷在水坑里的H3就被拖了上来。小子满脸是笑,老爷子更是高兴。

H1是最接近哈姆维的民用车,但在2006年后就停产了。问及原因,尼克称,H1的技术成本太高,一直降不下来,通用又没能投钱去改进,致使一辆H1的价格高达15万美元。而H1又很耐用,一辆车用上15年没有问题,这导致了小众购买之后,市场就更加不好。但说实话,当你看到H1时,你才能体会到什么叫霸王。

尽管国内的媒体都认为悍马是被美国民众抛弃的品牌,但说实话,我在那些悍马车主的脸上,看到的都是满意的笑容。美国每月都有悍马车友会,大家一起开着悍马到一个城市集合,然后一起去翻科罗拉多山,过尤他的大沙漠,去大峡谷探险,那种幸福,只有经历过了,才能体会到。

回到最开始的问题。既然这么好,为何又要变卖?我的理解是,首先,由于去年的油价高达4美元,再加上经济不景气,也确实让一些买马人退却。再者,一些买马人又因为悍马这个品牌到底能不能存在持有怀疑,所以也迟迟不下手。第三,悍马是野外探险的好马,因此只有喜欢去探险的人或是生活在路况复杂地区的人才会体会到悍马的好处,才会去买马,这个市场本来就是小众的。一个一辈子生活在城市里,也不喜欢去郊游探险的人,也许一辆日本车就足以满足需要了。不过,尽管中国的悍马车主不少,但中国并没有悍马授权的经销商。如果悍马品牌消失,中国悍马车主的权益多少会受到影响。悍马公司媒体总监尼克告诉我,悍马在中国的确没有经销商,不过就算悍马停产,通用公司也会继续为销售悍马的国家与地区提供相应的技术支持与零部件配给。

悍马被收购风暴
THE STORM OF HUMMER ACQUISITION

飞近悍马公司首席执行官吉姆·泰勒
收购如果失败,将是所有人的耻辱

是马到成功，还是马失前蹄？

在2009年10月9日与腾中签完最终协定后，悍马首席执行官吉姆·泰勒心里悬在半空的石头才稍稍降了一些，但仍没有落地，他在等待两国政府的审批，这也是整个交易过程最后的重要环节。一旦审批未获通过，一切付出可能会前功尽弃。

美国当地时间10月13日中午（北京时间10月14日凌晨），坐落在底特律近郊的Edisson餐厅一角，吉姆向我敞开了心扉，他希望能够通过我的报道，让中国读者真正了解悍马，了解他所做的工作，了解这次与腾中的结合，并非人们所想象的仅仅是秀而已。"我非常认真。"吉姆说道。

曾经还有一家中国汽车企业试图买悍马品牌

记者：腾中收购悍马品牌之事，现在只差两国政府的最终同意了。那从最开始接洽到最后谈定，到底经历了多长时间？是谁先找的谁？

吉姆：大概有一年吧。事实上我们是在去年11月向世界各大银行与企业投送了出售意向书。此书包括了悍马的品牌介绍，历史，它的商业前景，经销商等等，这是一本很厚的书。一些投行看到我们的意向书后，就问询了它们的客户是否对此感兴趣。大概有15家企业表示，他们想对此有更多的了解。于是我频繁与他们交换意见。而腾中就是其中的一家。后来腾中表示，他们愿意到底特律来亲眼见一见。于是，我于今年2月，在底特律进行了一次介绍会。

记者：他们来了多少人？

吉姆：他们来了12人，包括腾中总经理杨毅，包括来自信用瑞士银行的，包括律师事务所的人。他们是有所准备的。从一开始，腾中就为此项目请了很大的顾问团队。我们带他们去亲自试驾悍马，感受悍马的越野性能，还带他们去参观了悍马的生产车间。他们在这里待了一个星期，与我们进行了很多次沟通，提了很多问题。

记者：那时只有腾中一家企业有购买兴趣吗？

吉姆：今年2月时大约还有五家企业的购买兴趣浓厚。但并不是任何一家企业想买就能买下悍马品牌的。我们委托了花旗银行对每家企业的资金、资源情况作了很详细的调查，我可不想把时间浪费在没有结果的事情上，这不是游戏，也不是玩笑。从2月到6月，五家企业变成了三家、两家直到一家。今年6月我们签了一个谅解备忘录，从6月到今年10月，我们一直在进行着最终协定的准备，直到上周签署。

记者：腾中是唯一一家中国企业表示有收购意向的吗？

吉姆：还有一家。那是一家中国的汽车制造商，但并不是什么大厂，我们经过调查后发现他们的购买诚意以及购买能力都不足，很快就被我们从名单上删除了。

吉姆·泰勒是位好CEO，但他最终没能拯救悍马的命运。

李炎证明能拿出数十亿美元

李炎，这位低调的四川富翁，通过收购悍马而变得名声大振。不过，李炎在收购悍马的行动中，却并没有前往美国。吉姆是在成都见到了李炎，在他的眼里，李炎仍然很神秘，但却很有能力，至少向他证明了能够拿出数十亿美元来开发悍马。

记者：2月时李炎来底特律了吗？

吉姆：他没有来过。事实上在今年4月我去成都时才与李炎正式接触。

记者：你怎么会选中腾中这家企业的？事实上这家企业在此之前并没有什么名气，甚至很多四川人都不知道它，再者，它并不是一家汽车制造商。

吉姆笑了：这是不是有点难以置信？我也读到了很多中国媒体对此的质疑。事实上，在最开始，我们也有同样的质疑。但对我们来说，最重要的是金融资源，这才能保障并购后悍马能够继续存在并且发展。你要相信，我也不愿意跟着一家没有能力的企业谈半天才发现他其实并不合格。我们有着一整套金融审核程序，首先李炎和腾中通过银行向我们证明他们有收购悍马品牌的能力。其次，当谈判进行到现在这种地步，他们更要很正式地向我们提供资金凭证。我们不是仅凭信任就随便谈判的，没有确定的凭证，这是不可能的事情。

记者：那标准是什么？

吉姆：首先是要有能力支付通用品牌转让费。其次是能够在未来三到四年里提供悍马的研发以及保障等一系列的费用，这可是一笔很大的数额，这也是我们最为看中的地方。李炎与腾中向我们展示了他们有这样的能力。你知道我在展示会上所说的第一句话是什么吗？我说的是，"如果你拿不出数十亿美元，请你立马回家。"因为汽车公司是一项非常昂贵的"运动"。

记者：李炎与腾中有数十亿美元？

吉姆：确切的说，不一定是他们有，而是他们有这个能力，有这个资源去银行借到这笔数额。我不知道李炎有什么样的关系，他很神秘，他的公司也挺神秘，但他确实能够向我们证明，他能够融到足够让悍马继续发展的钱。

记者：李炎给你的第一印象是什么？

吉姆：我想李炎代表现在中国企业家的形象，年轻，干练，富有，资源丰富。李炎有他自己的梦想，他的梦想就是拥有一家汽车公司。但要知道，就汽车行业来说，从零起步是非常艰难的，而如果你去买一家大的汽车公司，又相当的贵。因此，悍马对于李炎来说，是最好的选择，他所需要买的，就是两家工厂，以及人数有限的管理团队而已。因此，对李炎来说，这笔收购是合算的。

记者：所以，你对此深信不疑。

吉姆：当然，你知道，如果此次并购失败的话，对通用是一个耻辱，对腾中是一个耻辱，对信用瑞士，对花旗来说，都是耻辱。

记者：由此可以说，你对李炎是比较了解了？

吉姆：这样说不太公平。我只在成都待了一周时间，与李炎吃过几次饭，有过几次交谈。这就像谈恋爱，你跟新认识的女友总要谈一些最基本的东西，才能决定是否继续交往下去。我们在一起谈了各自的期待，他希望我的团队能带给他什么，我们又能从中得到什么。我很高兴在最初的交谈中，李炎能够认可我们这个团队，同意我们将总部设在底特律，同意接收两家工厂。当然，如果当初他不同意的话，我们也没有接下来的谈判了。

记者：那等收购完成之后，会不会有这种可能，悍马的总部将会转移到成都？

吉姆：李炎是很希望能够开发中国市场的。所以这并非不可能。但你知道，在底特律，我们有很专业的悍马设计专家，有很专业的汽车工程专家，有很专业的销售人士。而腾中并不生产汽车，所以要想迁移总部，我们还需要派出专家去进行必要的培训，总之这不是一个短期可以完成的目标。

记者：据称未来悍马将在成都或是德阳建造生产工厂。这两座城市你都去过，你觉得选哪家的可能性大些？

吉姆：选择哪里作为生产工厂，这要看哪里提供的条件最为优惠。就像我们在美国选择生产工厂一样，哪州的条件最好，我们就将工厂设在哪里。不过，是否需要在中国建造工厂？这还得取决于我们对中国市场的调查结果。中国的卡车市场到底有多大，中国对悍马的需求到底有多大？就是要建工厂，到底建多大的规模？我们是生意人，我们对待这样的事是很慎重的。当然，李炎是希望在中国有悍马的生产厂，所以我们会尽最大可能，把事情做好，但肯定不会急匆匆地去做。

如果并购失败，悍马就不存在了

吉姆认为此次的收购，是悍马的最后机会。如果失败了，悍马的命运，或是他的命运，就将非常不妙。因此，对于收购悍马是一场秀的问题，吉姆有点激动，"花数百万美元来作一场秀，这场秀的成本也太高了。"

11月，对于吉姆来说，是决定命运的一个月。在这个月签下的协议，按照惯例，将在30天内得到政府的反馈。吉姆说，一提起11月，他的心跳就在加速。

记者：假如，中国政府最后没有同意这起交易，悍马的未来是什么？

吉姆：如果真的是这样的话，我们除了哭，没有其他的办法了。通用公司已经明确表示，如果这次的交易失败，他们将不会等待或是再寻买家，而是直接关闭悍马。而悍马这个品牌，也就不存在了。短期来说，美国又将增加3000到4000名失业人员，长期来说，中国也将失去3000到4000个就业机会。

记者：就真的没有机会了？

吉姆：是的，通用的主席弗里茨是一个没有耐心的人。他只给我们一次机会。所以，如果那天真的到来的话，对我们来说是一个悲剧，那将是很悲惨的一天。就像"土星"，没有人买，第二天就关闭了。这是真的，所以我既期盼又害怕11月的到来。

记者：那在与腾中进行接洽之时，你就没有考虑到可能的因素吗？你认为中国政府拒绝这宗交易的可能性有多大？

吉姆：我是这样来看待的。中国目前的政策是鼓励投资，鼓励国内企业去国外投资，更希望得到一些高科技与技术含量高的企业，所以我想悍马是符合中国政策的。因此，我对结果是乐观的。再说，李炎与腾中也都对此进行过大量的分析，他也认为通过的可能性较大，不然他不会花那么多的钱，派人来美国，请大量的顾问来谈并购了。

记者：有种说法称，这其实是一次很大的炒作？你看，腾中通过并购，成为天下皆知的企业。而且，你们签备忘录时，李炎的公司正要在香港上市。

吉姆微微一惊：秀？我不这样认为。要知道，李炎请律师，聘专家，找顾问，完成谈判，已花了数百万美元。如果你花上数百万美元去玩这个秀的话，那么这个秀的投入也太大了。况且，李炎公司的IPO(首次公开募股)在6月就已经结束了，他为何还要跟我们签最终协议？我不认为这是在作秀。从我与李炎的接触来看，他是一个讲信用的人，一个诚实的人。（吉姆提高了声音）我们投入了如此多的心血，注入了如此多的期待，如果这只是一场秀的话……我希望这不是真的。

腾中不必为3000人开工资

在吉姆的脑海里，未来悍马将符合很多条件，包括节能。他希望有一天，在中国的道路上能跑着小悍马，"除了体积小点，悍马的外形，它的越野能力，它的舒适度一点也不会变。悍马是在发展的，不是一成不变的。"

记者：有消息说此次收购的金额是1.5亿美元，这是真的吗？

吉姆：我知道有媒体报道了可能的收购金额，从1.5亿美元到5亿美元不等。事实上我们有三次报价。第一次是2月在底特律进行介绍时，第二次是在今年6月签备忘录时，第三次就是签最终协议时。但到底是多少钱，通用公司的规定是，在最终收购完成之前，不能透露具体金额，所以我现在无法给你一个准确的答案。

记者：如果此次收购成功的话，至少有3000个工作岗位得到保全。这是不是意味着腾中要为这3000人开工资？

吉姆：事实上，这种理解是错误的。因为悍马的工程技术人员事实上也是通用的员工，因此他们与通用有合同，工资由通用开。而悍马工厂的工人，比如H2是由AM General的工厂生产，工人是与那家公司签的合同，因此工资是由那家公司开，而H3是在通用制造，则由通用公司支付。还有不少人是由经销商雇的，悍马在美国有150多家经销商。因此，腾中真正要支付的，其实是很小一部分人员的工资，现在算起来也不过100人左右。在收购完成之后，我们与通用就完全没有关系了。下周我将带着我的团队前往成都，会见李炎，商谈我们的合同问题。

记者：那未来的悍马到底是什么样的？悍马的油老虎形象能改变吗？

吉姆：其实，人们对悍马有误解，认为悍马是最不省油的车。但事实上，悍马的油耗与其他一些品牌的SUV的油耗是一样的，甚至悍马比那些车还要好一些。所以我们接下来要做的，是纠正人们对悍马的不准确认识。接下来，我们也会对悍马进行一些改进，比如改成汽油发动机，比如采用混合动力，比如让车体变轻一些，体积变小一些，以便适应人们对节能的需求。

记者：可是，如果悍马变成跟其他轿车一样的话，悍马还是悍马吗？你如何保证这个品牌的认知度?

吉姆：这个问题问得好。我们也对此想了很久。到底什么让悍马变成了悍马？我们仍然在思考着。不过，你可以看到，当我们造出悍马2时，它的体积就比悍马1小。但人们仍然知道那是悍马。当我们造出悍马3时，它的体积又比悍马2小。所以我想我们可以让悍马再小一点，人们应该还是认可的，悍马独特的外观是不会改变的，悍马的独特性能是不会改变的。我们需要进行一些改变，来适应规则的要求，比如欧洲对尾气排量有限制。时代在进步，悍马也在进步，它不是一成不变的，所以我认为悍马将有一个很光明的未来。我认为无论是百姓，还是政府，都应该看到新一代悍马所具有的潜力，而不是"从三岁就看到老"。悍马的体积，也可以根据市场的需要进行改变，比如美国的空间大，停车位大，悍马车可能会大一些，而对中国与欧洲来说可能小悍马更适合。我想在未来，中国的道路上会跑着小型悍马，欧洲也会一样。当然，悍马也不会变得很小，太小了，那就变成笑话了。不过，我们会先造出样品，试试顾客的反应，然后再决定是否走下去。

记者：据称腾中会投入8亿到20亿美元来提升悍马的品牌？

吉姆：我觉得这样来说更合适一些，这笔数额的钱对于开发不同款的新车型来说是必须的。如果只是开发两三种新车型，可能只需要几亿美元，如果开发五六种新车型，那真的需要十来亿美元了。当然，这也取决于李炎或是腾中愿意投入多少钱，银行能够借多少钱。

在接受完我两小时的专访之后，吉姆走了，开着他的悍马。他说，他将来到成都，与李炎商谈悍马团队的合同，"我希望此次的商谈能有结果，明年的薪水能有地方领。"然而，这居然成了一个美丽的梦，在费尽周折之后，悍马的生命，仍然没有找到让其生根发芽的土地，李炎以及他所代表的腾中，最终没能成为悍马的那根救命稻草。